现代管理心理学理论与实践研究

季 芳 著

燕山大学出版社
·秦皇岛·

图书在版编目（CIP）数据

现代管理心理学理论与实践研究 / 季芳著. 一秦皇岛：燕山大学出版社，2021.10
（2026.1重印）
ISBN 978-7-81142-871-1

Ⅰ.①现… Ⅱ.①季… Ⅲ.①管理心理学一研究 Ⅳ.①C93-051

中国版本图书馆 CIP 数据核字（2019）第 245769 号

现代管理心理学理论与实践研究
季芳 著

出 版 人：陈　玉
责任编辑：张　蕊
封面设计：于文华
出版发行：燕山大学出版社 YANSHAN UNIVERSITY PRESS
地　　址：河北省秦皇岛市河北大街西段 438 号
邮政编码：066004
电　　话：0335-8387555
印　　刷：廊坊市印艺阁数字科技有限公司
经　　销：全国新华书店

开　　本：700mm×1000mm 1/16　印　　张：16　字　　数：252 千字
版　　次：2021 年 10 月第 1 版　印　　次：2026 年 1 月第2 次印刷
书　　号：ISBN 978-7-81142-871-1
定　　价：68.00 元

前　言

人类已经结束了经验管理和物本管理的历史，进入科学管理和人本管理时期，人本管理和心本管理结合将把人类管理能力和水平带入一个全新的时代。管理的主体是人，管理的核心是人。现代管理科学强调，管理的最高境界是通过提高人的管理能力和水平，充分调动人力资源的潜能，满足人的需要，服务人的福祉。

十八大以来，中国共产党非常重视全面提高社会管理水平，做好各方面的管理工作。习近平总书记在十九大报告中，20 多次提到“管理”，强调“建立全面规范透明、标准科学、约束有力的预算制度，全面实施绩效管理”，并且要求“加强社会心理服务体系建设，培育自尊自信、理性平和、积极向上的社会心态”。在 2018 年 11 月 26 日中共中央政治局第十次集体学习会议上，针对传统绩效考核手段“痕迹管理”的弊端，习近平总书记指出：“要用科学办法进行管理，切实管到位、管到点子上”，“切实防止形式主义，不能搞花拳绣腿，不能搞繁文缛节，不能做表面文章”。

我在 2006—2009 年攻读行政管理专业硕士研究生期间，导师李玉杰教授把我带入管理心理学研究领域，开始了管理心理学学习和研究的历程。我的硕士学位论文《当前我国政府领导力建构研究》就是从管理心理学视角撰写的。硕士研究生毕业的这些年，我一直跟随导师的团队开展各项研究。自从我在河北对外经贸职业学院教授管理心理学课程以来，一直想写这样一本书，记录下从事管理心理学教学的心灵感悟和研究心得。因此，在本书撰写过程中，比较多地引用了导师和我的相关研究成果。

作为一部学术性著作，本书以管理心理学理论为主线，系统分析和论述了社会认知理论、情绪情感理论、态度转变理论、人格差异理论、角色心理理论、行为激励理论、群体心理理论和领导心理理论及其在管理实践中的应用问题，力求既有专题研究的深度，又体现出整体性的逻辑层次与结构框架。关于心理制约系统、非正式群体、情操与情感关系、角色心理法则、性别角色、职业角色、岗位角色、责任伦理，以及现代领导的影响力、领导力和执行力等问题，提出了个人观点。本书特别注重理论研究与实践分析的统一，对每一个选题的设计，大都采取了“基本原理—理论探讨—实践分析”这一思维逻辑模式。特别是对印象管理、育情管理、宣教管理、用人管理、责任管理、绩效管理、团队管理、冲突管理、领导班子管理等方面进行了具体的实践分析，提出了对策性研究的建设性意见。

衷心感谢本书从酝酿到成稿过程中领导、老师、同事与家人的关心与帮助。本书在撰写过程中，大量参考和引用了国内外学者的著述与观点，在此一并致以最诚挚的谢忱！受笔者能力水平所限，本书中的缺点和错误在所难免，热望同人与读者不吝赐教。

目　　录

第 1 章　现代管理与管理心理

第二次世界大战以后，以美国为首的西方国家的现代化大生产得到了迅速发展。这就使生产劳动的性质和劳动力的结构发生了深刻的变化，“知识性的劳动”和“知识性的劳动者”所占的比例越来越大。据统计，体力劳动和脑力劳动耗费的对比，在机械化水平低的情况下，一般为 90∶10；在中等机械化水平下为 60∶40；在全自动化情况下为 10∶90。特别是进入电子计算机信息管理时代，要求员工进行更高级的脑力劳动。随着员工知识化程度的提高，泰勒制的“胡萝卜加大棒”的管理方式已难以有效地调动员工的积极性。人的因素在生产中显得越来越突出。于是就迫使一大批心理学家和行为学家进行新管理理论和方法的研究。正是这种社会化大生产的发展和科学的进步，为管理心理学研究提供了前提条件。

1.1 现代管理概述

管理作为一种人类活动，贯穿人类进化发展的全过程。历史上尽管也曾有过若干成功的管理实例，但总的说来，管理作为一门科学，产生于 19 世纪末 20 世纪初的西方。

1.1.1 管理思潮的演进

从发展的历史及内容来看，管理思潮的发展大体经历了古典管理学派、行为科学学派及当代管理学派三个阶段。

（1）古典管理学派

古典管理学派形成于 19 世纪末 20 世纪初美、法、德等国。当时，由于管理水平落后，经济发展水平和企业劳动生产率远落后于当时科学技术成就和国内外经济条件所提供的可能性。这种状况引起了技术人员和管理人员的注意。很多人开始致力于把科学技术的最新成就应用于企业生产和管理，寻求提高劳动生产率的途径，由此产生了最初的管理理论和方法。其代表人物有美国的泰勒、法国的法约尔、德国的韦伯等。

泰勒（F. W. Taylor）被誉为“科学管理之父”，他主要致力于研究提高企业劳动生产率的问题，其代表作是1911年出版的《科学管理原理》一书。他所构想的科学管理方法是：先对劳动过程进行系统研究，找出完成工作最有效的办法；同时进行管理的系统研究，得出控制工人最有效的办法。为了达到上述目标，他制定了四项“最基本的管理原则”：①建立真正的科学的劳动过程，用科学的方法调查和研究一个普通工人在最适条件下能完成的最大日工作量，以此确定合理的日工作量；②科学地挑选和不断地培养工人，挑选工人，使其具有与工作相应的体力和智力上的条件，接受训练，并给其进一步发展的机会；③将经过挑选和训练的工人与科学的劳动过程相结合；④管理者和工人之间亲密和持久地合作，这主要是指管理人员要不断证明他们与工人没有两样，他们的决定也必须服从于建立在科学基础上的劳动过程。同时，他还提倡实行有差别的、刺激性的计件工资制。此外，泰勒等人还对计划与执行职能的划分、职能管理制的采用及组织结构上的管理控制原理等进行了探讨。

法约尔（Henri Fayol）的管理理论是以大企业的整体为研究对象的，代表作是1916年发表的《工业管理和一般管理》一书。其突出贡献表现在以下三个方面：①将企业全部活动划分为六类，即技术活动、商业活动、财务活动、会计活动、安全活动和管理活动；②提出管理有五项基本职能，即计划、组织、指挥、协调、控制，成为管理职能的经典分类；③提出十四条基础管理原则，包括分工、权限与责任、纪律、统一命令、统一指挥、个别利益服从整体利益、报酬、集权、等级制、秩序、公平、保持人员稳定、首创精神、集体精神。法约尔还特别强调管理教育对学会管理和提高管理水平的重要性。

韦伯（Max Weber）的主要贡献在于提出了所谓“理想的行政组织体系理论”，主要包含以下内容：①把为实现组织目标所需要的全部活动划分为各种基本作业，作为任务分给组织中的各个成员，每个成员都有明确的权力和义务；②按照职位的等级原则，组成一个指挥体系或阶层体系；③每一职位上的成员必须称职，主要通过考试或教育训练来实现；④除了按规定必须通过选举产生的公职外，官员是委任而不是选举的；⑤管理者不是其所管理单位的所有者；⑥组织中成员之间的关系是一种不受个人感情影响的关系，以完全理性原则为指导；⑦管理者领取固定薪金，有明文规定的升迁制度；⑧管理者必须严格遵守组织中既定的规则和纪律，这些规则和纪律是不受个人情感影响而在任何情况下都适用的。同时，韦伯还对权力的类型和管理制度进行了研究。

古典管理学派从泰勒等人开始从事管理实验和理论研究起，距今已将近一个多世纪。这一学派不仅在当时起了重要作用，而且对后来管理理论和实践的发展也有着深远的影响。

（2）行为科学学派

行为科学学派是 20 世纪 20 年代随着资本主义社会矛盾的加剧在西方兴起的管理理论。古典管理学派的理论和方法把工人等同于机器部件，等同于会说话的工具，大大挫伤了工人的劳动积极性，严重影响了劳动生产率的提高，使工人不得不用罢工、消极怠工等各种各样的方式进行反抗。一些西方学者为了克服古典管理学派的缺憾，把西方心理学、社会学等知识引进企业管理领域，提出用调节人际关系、改善劳动条件等办法来提高劳动生产率，于是行为科学学派便应运而生。

行为科学学派的发展可分为两个时期。早期的行为科学理论着重研究生产中的人际关系，研究作为“社会人”的员工及其社会需要的满足问题。这一时期的主要代表人物是美国哈佛大学教授梅奥。他 1927 年到 1934 年参加了在美国西方电器公司霍桑工厂进行的有关工作条件、社会因素与生产效率关系的实验。在实验的基础上，他创立了著名的“人际关系学说”。这一学说指出，工人是“社会人”，是不仅有经济需求更重要的是有心理需求的复杂社会系统中的成员；企业中除了“正式组织”之外，还存在“非正式组织”，这种“非正式组织”对成员的行为产生着很大的影响；新型领导的能力在于正确处理人际关系，通过满足员工的需求来提高士气。此后，行为科学学派又在以下五个方面得到了发展：①关于人的需要、动机和激励问题，具有代表性的是需要层次论、双因素论、期望理论、强化理论等；②企业管理中的“人性”问题，如 X-Y 理论、不成熟－成熟理论等；③企业中的非正式组织以及人与人之间的关系问题，如团体动力理论、敏感性训练理论等；④领导问题，如领导方式连续统一体理论、支持关系理论、管理方格理论等；⑤组织变革与发展问题，如动力场理论、Z 理论等。

（3）现代管理学派

西方现代管理学派是指继古典管理学派和行为科学学派之后，特别是第二次世界大战以来出现的一些理论学说。这些学说在历史渊源和论述内容上互相影响，盘根错节，被称为“管理的丛林”，并认为它是向统一的管理理论发展的必然过程。这些学说主要有以下六种：

①社会系统学派。创始人是美国管理学者巴纳德（Chester Irving Barnard）。他从系统分析的角度对组织问题进行了深入的研究，认为社会的各级组织都是一个协作的系统，即由相互协作的个人组成的系统。这些协作系统都是正式组织，都包含着三个基本要素：协作的意愿、共同的目标、信息联系。非正式组织也起着重要作用，在某些方面对正式组织产生积极影响。在这样的系统中，管理人员应当主要致力于建立和维持一个信息联系的系统，招募和选拔能最好地作出贡献并协调地进行工作的人员，规定组织的目标等。

②决策理论学派。主要代表人是美国人西蒙（Herbert Alexander Simon）和马奇（James G. March）。他们认为管理就是决策，决策贯穿于管理的全过程，因而管理研究的重点应是决策。其研究内容包括决策的阶段、决策的准则、决策技术、决策机构等。

③系统管理学派。主要代表人物是约翰逊（R. A. Johnson）、卡斯特（F.E. Kast）和罗森茨韦克（J. E. Rosenzweig）等。其特点是把组织看作一个复杂、开放的社会技术系统，运用系统的思想和方法来研究组织与管理的问题，认为管理是从属于组织这个大系统的分系统，只有确保组织内部的稳定与平衡，才能达到高效能、高效率和使组织内部成员满意等多种目标。

④经验主义学派。主要代表人物有美国的德鲁克（Peter F. Drucker）、戴尔（Ernest Dale）等人。他们认为科学的管理应该从企业管理的实际出发，以管理实践为主要对象，以便在一定的情况下把管理实践加以概括和理论化。

⑤权变理论学派。主要代表人物有英国的伍德沃德（Joan Woodward）、美国的菲德勒（Fred E. Fiedler）等。权变理论强调组织的多变性，认为不存在某种普遍适用的、最好的管理理论和方法；有效的管理总是一种随机制宜、因情况而异的管理；强调权变关系是两个或更多变量之间的函数关系；权变管理就

是依据环境自变量和管理思想及管理技术因变量之间的函数关系来确定的一种有效的管理方式。

⑥管理科学学派。主要代表人物有丘奇曼（C. West Churchman）、伯法（Elwood S. Buffa）等，特点是利用运筹学、系统工程电子计算机等手段，对管理进行定量研究；认为管理就是制定和运用数学模型与程序的系统，就是用数学符号和公式来表示计划、组织、控制、决策等合乎逻辑的程序，求出最优的答案，以达到组织的目标。

从古典管理学派到行为科学学派再到当代管理学派，管理理论经历了一个不断发展、不断完善的演进过程。各学派的特点是与当时的社会总体发展水平尤其是其他科学技术的发展水平密不可分的。不同学派之间是一种递进与补充而不是完全取代的关系。

1.1.2 现代管理原理

（1）整分合原理

整分合原理是现代化管理的一个基本原理。“整”，就是要对工作的整体全貌及其运动规律有充分细致的了解。“分”，是指在了解整体的基础上，把整体科学地分解为各个组成部分或要素，弄清各部分或各要素的功能，据此明确分工，使每项工作规范化，建立责任制。“合”，是在整与分的基础上，按科学规律进行总体组织综合，以取得最佳效益。整分合原理中，整体观点是大前提。因为如果不了解整体及其运动规律，分工就是混乱和盲目的，但分工又是关键，因为分工明确合理，整体才能成为一个有序的整体，规范也才能制定得科学具体；分工又是协作的基础，没有分工，谈不上协作，有了分工，才能有效地组织协作。

（2）弹性原理

弹性原理是指管理必须保持充分的弹性，及时适应客观事物各种可能的变化，才能有效地实现动态管理。弹性原理的提出，是基于管理的三个特性：第一，管理所涉及的因素往往是多方面的，而且各因素间联系密切、复杂。这就要求管理者考虑问题必须力求全面、缜密。但智者千虑，终有一失，任何一个领导者都不可能时时、事事、处处“滴水不漏”。因此，管理必须留有余地。第二，世界上的一切事物都在运动变化之中，管理更具有不确定性。某种管理方法在彼时彼处能够奏效，但到此时此处则可能失灵。因此，管理要有弹性，不能绝对化。第三，管理是行为科学，它有后果问题。在复杂的管理活动中，一个细节的疏忽都可能导致巨大的失误。所以，管理者应使管理从一开始就保持可调的弹性。这样，即使出现较大的变故或疏漏，也可拿出对策，应付自如。

（3）动力原理

管理必须有强大动力，才能使管理持续而有效地进行下去。这里的动力是一个广义的概念，它不仅指管理的能源，而且包括制约因素。一般说来，管理中有三种不同而又互相联系的动力。第一是物质动力。物质决定精神，物质动力是一种根本动力。第二是精神动力，它包括信仰、精神鼓励和日常的思想工作。精神动力不仅本身有巨大力量，它还常常能补偿物质动力的不足。第三是信息动力。在知识经济时代，没有信息的传递是不能生存的。信息的传递可以使人了解各国的现状及同业的现状，从而促进竞争。可以说，这是一种经常性动力。一个领导者，必须随时随地注意运用上述三种动力，这样才能收到事半功倍的效果。

（4）能级原理

能级原理是现代物理学中最重要的概念之一，指原子状态的能量按大小排列，犹如梯级，所以叫能级。和社会阶层一样，组织“分层结构不是一成不变的，而是处于不断演变的动态过程中”[1]。现代管理中的能级原理，是指通过建立不同层次、不同能量的组织结构，使管理的内容动态地处于相应能级之中的管理方法。在管理中运用能级原理的主要原则是：第一，能级的确定必须保证管理结构具有最大的稳定性；第二，对不同能级应授予不同的权力、物质利益和精神荣誉；第三，使人的才能与岗位能级动态对应，使人尽其才，各尽所能。

（5）封闭原理

封闭原理是指任何一个系统内的管理手段必须构成一个连续封闭的回路，才能形成有效的管理运动，才能自如地吸收、加工和做功。不封闭的管理等于不成回路的输电线，线再粗也输不出电。管理系统的基本封闭回路是：作为管理手段的机构来说，执行机构必须确切无误地贯彻指挥中心的指令。为了保证

[1] 李玉杰．论高等教育对社会分层与社会流动的影响 [J]. 教育科学，2009（1）：72-75.

这一点，应设有监督机构。另外，还需要反馈机构根据实践的后果，提出修正指令的可供选择的方案。实现封闭管理的主要方法是：首先，从评估后果出发加以封闭，杜绝偏离目的的后果；其次，从各种后果中循踪追迹，特别要选择可以反馈控制的主导线，加以封闭；最后，赏罚严明，直接从后果封闭。

（6）功效优化原理

功效优化原理，是指在管理工作中要注意选择效能高、成本低的最优管理方法。组织管理的“价值取向和行为选择并不是随意进行的，它需要在统筹兼顾企业内外环境的基础上，综合考虑企业行为对环境的影响以及环境变化对企业结构和功能的影响”[1]。这一原理的核心就是以最小的代价、成本，获得最大的经济效益。在实际管理工作中，体现和衡量这一原理的是价值原则，可以用“价值工程”中的一个公式来表示：V（价值）$=F$（功能）$/C$（成本）。

1.1.3 现代管理特征

美国是世界上研究与应用管理心理学较早、较发达的国家。管理心理学产生初期，主要应用于企业的组织管理，内容仅是如何激发员工士气，提高生产效率的问题。20 世纪 60 年代至今，管理心理学被广泛地应用于机关、学校、科研、医疗等各个领域。管理心理学的理论和应用成为各类管理人员必须具备的基本知识之一。美国工业联合委员会曾做过调查发现：90%的公司的管理人员曾经读过管理心理学的文章；80%的公司对行为科学感兴趣；75%以上的公司曾派人参加过行为科学的训练班。很多管理心理学家、行为科学家担任了企业顾问、咨询和领导工作。像惠普公司、汤普森公司等许多大型企业现代管理的成功，很大程度上得益于管理心理学等现代化管理科学的帮助。

现代管理的特点主要有四个方面：

第一，管理体制高效化。管理体制就是管理体系的制度化。管理体制一般包括决策权限、组织形式、机构设置、调节机制、监督方法等等。现代管理要求建立合理完善的管理体制、精干高效的管理机构，健全灵活的管理制度，讲求科学分工，明确职责，充分调动人的积极性，保证管理体制的高效。

第二，管理人才专业化。现代化管理需要各级管理人员必须具备广博的

---

[1] 刘志峰，李玉杰，金福子，季芳．中小企业生态位原理与识别体系研究 [J]. 生态经济，2010（5）：75-77，171.

知识，精通管理业务，熟练地掌握管理技能，并懂得相应的专业知识。因此，建立一支数量大、质量高、结构合理、专业齐备的管理干部队伍，是实现管理现代化的战略措施。

第三，管理方法定量化。方法定量化，是指解决一切重大决策问题要采用现代数学方法，进行定量分析，从中找出最优的解决方案。信息时代的到来，大数据在管理过程中的应用，使得定量分析更加精确、更加普遍。定量分析可以从数量上明确事物之间各个方面的制约关系及影响的程度，避免决策者的主观偏见和感情用事；可以科学地推断未来，为决策提供依据；可以在既定目标和约束条件下，计算出该条件的最优解。系统科学方法、运筹学方法、数理统计方法、计算机模拟等，都是管理定量化的得力工具和有效手段。

第四，管理手段自动化。现代社会的问题日益复杂，参变量增多，信息量也急剧增大，对信息的搜集和处理的速度和准确性要求更高，很多工作如靠手工操作容易造成错误和耽误时机。这就需要把电子计算机等先进的技术手段应用于管理，搞好定量分析，并自动地监督和控制活动的过程，以实现最优控制。

1.2 现代管理心理学研究的兴起

管理心理研究及其发展对企业管理的科学化和现代化产生了重大影响，它改变了传统管理理论对人的错误认识，从忽视人的作用变为重视人的作用。自从管理心理学产生后，现代管理由原来的以事为中心发展为以人为中心，由对组织纪律的研究转为对组织中人的行为的研究，由原来的监督管理转变为激励管理。管理心理学的出现，反映了组织管理理念的重大变革。以往的管理理论将营利性的经济组织——企业作为组织研究的主要对象，强调经济效益和效率是组织活动的中心，从有效的产品开发、市场营销、生产制造到增加企业对股民的吸引力，都是管理活动追求的重点；员工和其他资源一样被看作是一般性生产要素，甚至对员工的激励仅仅是实现利润的手段。现代管理强调，树立以人为本的管理理念，只有真正认识到企业发展中人才的重要性，把人放在人力资源管理的首要位置，才能促进企业的发展。[1] 人力资源

---

[1] 季芳，张玲．企业人力资源管理创新发展研究 [J]. 产业与科技论坛，2017（15）：281-282.

成为组织最重要的资源，因此满足人的需要、提高人的生活质量被看作是组织活动的终极目标。[1]

1.2.1 管理心理学研究的缘起

管理心理学研究的兴起是组织演变、管理理论发展的必然结果。人类对组织活动进行有效管理的历史十分悠久。尽管在古代社会，生产力处于手工劳动的阶段，生产活动一般以家庭为单位进行，各种经济组织如商行、钱庄、作坊等的规模一般都比较小。但是，埃及的金字塔、中国的万里长城等古代建筑奇迹和古代社会完备的国家制度也同样充分地证明了人类组织管理的能力。不过，由于古代社会总体上社会化程度较低，生产技术和劳动分工比较简单，对于组织活动的管理基本上是建立在个人观察、判断和直观的基础上的传统经验管理。

工业革命开创了现代文明的新时代，技术创新和机器生产的发展使社会生产力飞速发展，组织的规模也随之不断扩展。1769 年，英国出现了一个 600 多人的纺织厂，标志着人类具有划时代意义的组织——工厂的出现。工厂这种大规模的生产组织一出现，就向管理者提出了计划性、连续性、规范性、准时性、精确性等要求。相对手工作坊来说，管理工厂的难度更大，管理成本也更高。在这种情况下，大量工厂经营不善，破产倒闭。传统的经验管理遇到了前所未有的挑战，探求如何改进管理、降低组织活动的成本势在必行。于是，小瓦特、亚当·斯密、巴贝奇等理论家开始重视组织管理理论的研究，开始对组织进行较为系统的研究，生产计划、技术、劳动分工、设备的合理使用等成为管理理论研究的重要课题。

英国在组织创新和管理技术上取得的成就曾使其盛极一时，但由于可以从广大的殖民地获取廉价的原料供应和高价向殖民地倾销产品而获得高额利润，技术和组织创新缺乏持续的推动力，加之社会思想趋于保守，此后英国的组织管理理论并没有更大的发展。19 世纪中叶，美国在铁路建设的热潮中建立起现代公司制度。公司制使企业规模突破了个人资本量的限制，使得投资兴建拥有数千数万员工的企业成为现实，企业规模也因此进一步扩大。此后发生的“电气革命”进一步促进了生产力的发展，电能的运用使各个行业的组织规

[1] 董建华．管理心理学在企业中的应用 [J]. 企业改革与管理，2017（2）：22.

模不断扩大，大规模的股份制公司从铁路行业扩展到各个行业，而交通、通信技术的发展又使人际交往和社会联系发生了划时代的变化。一方面，提高了市场交易效率和生产、服务的社会化，促进了一体化的市场的发育并逐步形成了国际市场；另一方面，降低了管理成本，许多企业逐步实现了大规模生产和流通的结合，即产供销一体化经营。在企业规模扩大、跨国公司方兴未艾的同时，企业内部的劳动分工、机构设置进一步复杂化，多层次化。原有的管理方法必然难以适应新的形势，这样，由于组织的创新，产生了对新管理理论的需要。随着股份制公司所有权和经营权的分离，产生了新的职业经理人员阶层，社会上出现了专门从事管理理论研究的人员。

19世纪后半叶，美国兴起了一股社会性的管理研究的潮流——管理运动。丹尼尔·麦卡勒姆、J. 汤普森、亨利·普尔等人对美国铁路企业管理的研究开启了“管理运动”的先河，对其后的管理实践和理论产生了重大影响。1886年，在新成立的机械工程师协会召开的年会上，耶鲁·汤制造公司的总经理亨利·汤作了《作为经济学家的工程师》的主题发言，改进组织管理成为年会探讨的主题。此后，管理运动如火如荼地开展起来，各种管理方法不断涌现，如杜邦等人对企业财务的研究，爱默生对消除浪费、降低成本和直线职能制改进效率的研究，柯克把科学管理应用到教育和市政组织管理上，斯隆创造事业部制，福特发明流水线生产方式等。其中，以泰勒的“科学管理理论”最为著名。以泰勒为代表的一代管理者，成功地运用精确的调查研究和科学的实验方法，创造、发展了一系列提高劳动生产率的技术和方法，使管理理论走上了科学的轨道，成为管理学产生的标志。[1]

管理心理研究兴起与发展过程中，经历了一个理论与方法的准备期，为管理心理学建立奠定了扎实的基础。

（1）心理技术学

心理技术学这一名称是由德国心理学家斯腾在1903年提出来的。但最早进行心理技术具体研究工作的是侨居美国的心理学家闵斯特伯格。1912年，他在发表的《心理学与工业效率》一书中，论述了用心理测验方法选拔合格工人的问题，也研究了工人疲劳与劳动合理化的问题。但是，就其研究的基本方

[1] 俞文钊，苏永华．管理心理学[M].6版．大连：东北财经大学出版社，2018：14-17.

向，仍然是解决人适应机器的问题。尽管如此，闵斯特伯格的一些有关研究仍被列入新兴起的工业心理学的范畴。因此，他被称为“工业心理学之父”。

（2）霍桑实验

1927 年至 1932 年，以哈佛大学著名心理学家梅奥为首的一批学者，在美国西方电气公司所属的霍桑工厂进行了系列实验。经过 5 年的实验研究和观察表明：员工的士气、生产积极性，主要取决于社会因素、心理因素及人际关系，而物理环境、物质刺激只起次要作用。霍桑实验第一次把人际关系问题提到首要地位，并提醒人们在管理实践中要注意人际关系的因素。同时霍桑实验还提出了社会人的概念和非正式组织的概念，主张必须从社会、心理方面来激发人的动力，提高生产效率，重视非正式组织的作用。由此可见，霍桑实验在管理科学史上最早提出了以人为中心的管理思想，这无疑对管理心理学的产生起了巨大的促进作用。

（3）群体动力学

勒温创建的群体动力学为管理心理学中群体行为的研究作出了贡献。勒温借用物理磁场的概念，把人的内在需要看成是内在的心理力场，把外界的环境因素看成是外力场。他认为，当人的需要未得到满足时，会产生内部力场的张力，而周围环境起着导火线的作用。人的心理和行为取决于内力场与外力场的相互作用，而主要的决定因素是内部力场的张力。据此，勒温提出了著名的行为公式：$B=f(P,E)$。1933 年勒温又提出了“群体动态”的概念。所谓群体动态就是指群体活动的动向。研究群体动态，就是要研究影响群体活动动向的诸因素，也就是群体动向的内力场和情境力场。这些研究构成了管理心理学有关群体心理与行为问题的基本内容。

（4）社会心理学

一般认为，社会学诞生是以 1839 年法国思想家奥古斯特·孔德出版的《实证哲学教程》第四卷为标志，心理学诞生以 1879 年德国生理学家冯特在莱比锡大学建立世界上第一个心理学实验室为标志。在社会学和心理学基础上创立社会心理学，是以麦独孤在 1908 年出版的《社会心理学引论》一书为标志的。《社会心理学引论》一书中以本能论为中心建立社会心理学体系，认为个体行为和群体行为都来源于本能，而人的本能由先天遗传而来，是人们一切思想和行为的基本源泉与动力；个人人格在最初只是一些先天的本能，靠社会加以培养而发展；个体的本能有逃避、好奇、生殖等十多种。同年，美国人爱德华·罗斯和英国心理学家麦克道格尔还分别出版了以社会心理学命名的书。可见，无论以哪一本书为标志，社会心理学初创于20世纪初叶，应该是没有疑问的了。不过，事情也并非如此简单。在其后的发展中，奥尔波特的研究和成就更值得关注。奥尔波特通过一系列的实验提出了"社会促进论"，指出团体中的社会刺激因素能使个人工作在速度和数量方面有所增加，而对机械性操作的影响比对智力操作的影响更为明显，但对于困难的逻辑推理活动却起促退作用。他还指出，社会促进还受个体差异的影响，与年龄、能力、性格特征等有关。奥尔波特总结自己的研究成果，于1924年发表了《社会心理学》一书。从此，学者们把社会心理学看成一门实验的科学，奥尔波特所著的《社会心理学》一书亦成为实验社会心理学的经典著作。

（5）社会测量学

社会测量学的创始人是莫里诺。他在从事精神病治疗和研究工作中，创造了所谓的"心理剧"的治疗方法。后来莫里诺从事社会心理学的研究，提出了社会测量的理论和方法。社会测量法主要用于团体成员间人际关系以及团体结构的测定。使用这种方法首先要提出几个与人际关系有关的问题，然后让被试按先后顺序提出1～3个人名。人员选择只限于被试所在团体中，最后使用表格法、数字法或图示法进行统计，从而根据相互选择的人数，反映团体成员间关系的好恶。由此可见，社会测量学为管理心理学研究群体心理与行为提供了科学方法和技术手段。

需要特别指出的是，20世纪20年代，霍桑试验开创了运用心理学和社会学知识综合研究人的因素的新方向，引起了越来越多的管理学者开始关注和致力于对人的行为的研究。40年代，系统论和控制论的提出和应用，进一步促进了各学科的学者聚集在一起共同探讨人的行为产生的因果关系。1949年，在美国芝加哥大学的一次跨学科的讨论会上，提出了如何运用现有学科知识来研究人的行为的规律性的问题，有人提议将这种综合各学科的知识系统来研究人的行为的科学叫作"行为科学"。1953年，美国福特基金会邀请了一批著名学者，经过慎重讨论后，将研究人的行为的科学定名为"行为科学"。行为科学是运用研究自然科学的试验和观察的方法，对员工在组织活动中的行为以及这些行为产生的原因进行分析研究的科学，它涉及员工的需要、动机、个性、情绪、思想和人群之间的相互关系等。从此，行为科学学说成为管理理论的主流学说。由于人类的行为表现是多方面的，所以对人的行为的研究要涉及多门学科，主要有心理学、社会学、社会心理学、人类学和生理学等。在 60 年代中叶，行为科学的一个重要发展方向就是对组织管理行为进行研究，主要论述企业性组织内个体的心理、群体和组织本身的行为，既注意个人的心理因素，又注意组织的行为因素，并由此催生和推动了管理心理学的快速发展。[1]

1.2.2 现代管理心理学的发展

管理心理学的诞生，无疑为管理心理研究提供了巨大的反推力。但在管理心理学产生以后，学界的研究一直存在一个复杂的纠结，即管理心理学和组织行为学的边界问题。通常的解释是：组织行为学研究管理过程中人的行为，管理心理学研究管理过程中人的心理。似乎二者已经泾渭分明，其实不然。组织行为学研究管理过程中人的行为离不开心理研究，因为行为是在心理支配下发生的；管理心理学研究管理过程中人的心理离不开行为研究，因为心理的直接表现形式是行为。二者就这样纠纠结结，恰似一对同卵连体双胞胎，休戚与共，相携走到今天。

确切地说，管理心理学起源于 20 世纪初期，50 年代发展为一门独立的学科。其诞生的标志是 1958 年美国管理心理学家莱维特所著的《管理心理学》一书的出版。管理心理学的产生与发展与其他学科一样是由下列的条件所决定的。组织行为学是随着组织的演变和管理理论的发展而产生的，在探索研究组织行为的过程中，随着组织管理理论和人力资源学派、权变理论学派以及组织文化理论的不断融合，管理心理学也在不断发展，提出了许多现代管理心理学的新理论。[2]

（1）人力资源学派的出现

管理思想史上对人的因素的重视始于 19 世纪初的英国企业家罗伯特 · 欧文，他主张通过改善工作条件、缩短劳动时间、为工人提供各种生活福利等方

[1] 刘永芳 . 管理心理学 [M].2 版 . 北京：清华大学出版社，2016：23-26.

[2] 朱志忠，唐和平 . 组织行为学 [M]. 北京：北京大学出版社，2005：15-23.

法来提高工人的劳动积极性。在实践中，德国的克虏伯正是通过为工人提供住房、子女教育、医疗保险和低息贷款等福利而赢得了员工对企业的忠诚。在美国的“管理运动”中，海尔赛在1891年提出通过合理设计工资报酬制度来提高劳动生产率，这一设想后被泰勒和甘特等人发展为差别计件工资制、工资奖金制。泰勒进一步提出针对不同岗位挑选、录用合格的人员进行培训以提高效率，并在1910年建立起专业化的人事管理部门。与此同时，丽莲·吉尔布雷斯开始研究工人的心理，人群关系理论和行为科学使管理理论深入到对人际关系和个体行为的研究。这一时期，管理理论研究组织对人的管理仅局限于通过静止的制度选择、配备、培训、沟通、考评、薪酬以及给予一定的福利，并没有将人看作是组织中最重要的资源，从人的心理、社会需要方面动态地研究人的行为，调动人的积极性，开发人的潜力。

20世纪50年代后期，在受经济危机影响的情况下，美国迫切需要修正人际关系学派片面强调搞好关系的观点，而此时心理学对个人行为动机、需要和群体动力的研究也趋于深化，加上科学技术突飞猛进，美国成功地实现了轰动世界的阿波罗登月计划，员工的需要和期望发生了深刻的变化。这些客观因素促使行为科学家重新开始探讨激励员工积极性的途径。于是，在人际关系理论基础上发展出一个新的学派——人力资源学派，其中心思想为：企业中发生种种问题的根源在于未能发挥员工的潜力。“人力资源管理的终极目标就是激发员工的积极性和创造力，使员工能够积极主动地投身到企业的发展中，发挥自己最大的价值，为企业发展贡献自己的力量。”[1]

人力资源学派的主要代表人物是阿吉雷斯和麦格雷戈。1957年，阿吉雷斯发表《个性与组织》一书，从组织角度来分析影响员工发挥潜力的原因。他认为，传统的一套组织设计完全依据僵化的规章制度，使员工完全听命于上级，最终变得消极被动，依赖成性，完全束缚了员工创造性和积极性的发展。他抨击人际关系学派的理论导致管理者尽管在福利待遇、增加员工休息时间等方面改善了与员工的关系，但始终未能让员工承担更多的责任、满足员工的成就感，所以无法解决员工的积极性问题。他主张企业管理者要从组织上进行改

[1] 季芳，张玲．企业人力资源管理创新发展研究 [J]. 产业与科技论坛，2017（15）：281-282.

革，鼓励员工多负责任，让他们有成长和成熟的机会。1960 年，麦格雷戈发表《企业的人性方面》一书，在书中他总结了相互对立的两种人性假设的观点——X 理论、Y 理论。麦格雷戈在考察了一些企业管理中存在的问题后指出，传统组织实行金字塔式的组织结构、集中决策和严格的外部控制。这种组织结构和管理方式是建立在“人性恶”和“经济人”的人性假设的基础上的，这种假设对人性的基本概括是：人生性以自我为中心，漠视组织的要求；人生性宁愿接受领导的支配，不愿主动承担责任；人生性缺乏进取心，反对变革，把安全看得高于一切；人生性易受欺骗、易受煽动。他将这种理论假设称为“X 理论”。他认为，这种理论是建立在错误的人性假设的基础上的，现实生活中许多现象并不符合 X 理论的论断，人并不是天生就厌恶工作的。麦格雷戈认为，由于传统管理方式的缺陷日益显著和行为科学的发展，已经对 X 理论提出了挑战，需要建立一个更为科学的人性假设。人生性并非懒惰和不可信任的，组织成员对工作的好恶，取决于他们所处的环境，如果组织给予积极的诱导和激励，成员将渴望发挥其才智，反之则视工作为一种痛苦。强制和惩罚不是促使组织成员实现组织目标的唯一方法。组织成员在执行自愿的任务中能够自我控制和自我指挥。在正常条件下，人能学会承担责任，并能主动要求承担责任，具有相当高的创造力、想象力和解决工作中问题的能动性。但在现代社会条件下，实际上人的才智仅有一部分得到了发挥。对组织成员来说，按成果付酬和委以重任是两种相关的报酬方式，而最大的报酬是使成员自我实现的需求得到满足。麦格雷戈将这种观点称为“Y 理论”。他认为，以 Y 理论为基础的管理方法能够鼓励组织成员参与决策，向他们提供承担责任和挑战性工作的机会，扩大他们的工作范围，便于组织分权和授权；倡导他们对自己的工作进行评价，通过激励和诱导，使他们努力工作以实现组织的目标。[1]

（2）权变理论进入管理领域

在西方管理思想史上，对人进行管理的思想一直都在发展。但是，从科学管理到 X 理论和 Y 理论，都深受 19 世纪决定论哲学思想的支配，其出发点都认为处理管理问题可以有一个普遍适用的组织、授权、分派工作的最佳方

[1] 韩蕾．人力资源管理心理学在组织管理中的运用分析 [J]. 人才资源开发，2017（10）：24-25.

案，这种正确的方案可以适用于各种类型的组织或情景。在人力资源学派成长的过程中，权变理论逐渐进入管理领域。这种理论认为，管理的对象和环境变化多端，简单化的、普遍适用的方案并不存在，没有任何一种方法会在任何情况下都适用。因此，必须按照对象和情景的具体情况选择具体的对策。美国最早论述这一思想的是德鲁克，他在 1954 年发表的《管理实务》一书中提出，不同类型的企业管理应根据不同情况采取不同的解决方法。卢桑斯在《权变管理理论：走出丛林的道路》和《管理导论：一种权变学说》中指出，传统管理学说存在两个缺点：一是忽视环境对企业的影响，二是强调自己理论的普遍适用性。他主张将环境对企业的影响和作用具体化，使管理理论和实践紧密地联系起来，采用最适合本企业的组织结构和管理方式，从而达到最佳的管理效果。心理管理理论就是在这一思想的基础上建立起来的。相关研究认为，遵循权变理论并不等于没有理论，而是告诉人们怎样从错综复杂的情景中寻找关键性变量，然后找出变量与变量之间的因果关系，从而针对一定的情景使用相应的对策。权变理论的优点在于，主张在采取行动之前首先考察情景，而不提倡采用基于对人的普遍性假设的习惯做法。和传统方法相比，权变的方法具有跨学科性更强、更加强调系统导向和研究导向的特点，有助于在组织中运用所有的有关人的现行知识。埃德加·沙因将科学管理的人性观称为“理性－经济人”，将人群关系学派的人性观称为“社会人”，又将人力资源学派的人性观称为“自我实现人”。他认为，人的心理状态是复杂的，不仅人与人之间有差异，同一个人在不同环境、不同时期也会有差别。因此，人不是单纯的“理性－经济人”“社会人”或“自我实现人”，管理者不能将所有的人视同一样，用一个固定的模式进行管理，而是要洞察他们的特点，对症下药，这样才能达到好的效果。

权变理论 20 世纪 70 年代在美国风靡一时，这是因为随着经济、政治、科技的急剧变化，以及员工队伍构成、文化水平的改变，使用这一理论显得极有实用价值；同时也反映了整个 70 年代美国经济处于滞胀危机、企业生产一直在衰退的情况下，企业界为摆脱困境、寻找出路的一种强烈愿望。近几十年，管理心理学对领导行为、激励方式、组织设计、工作再设计等方面的研究，都是在权变思想的指导下进行的。受其影响，尽管目前的理论和方法倾向于人力资源学派，但是对其他学派也兼收并蓄，形成了一个综合性的知识体系，把关于人的管理思想推进到了一个新的阶段。

（3）组织文化研究的兴起

组织文化也被称为企业文化，是组织或企业在长期的经营运作过程中逐步形成的共同的文化观念，是由领导者倡导的、为员工所认同的本组织或企业的群体和行为准则。组织文化的兴起有其历史必然性。二战后，日本经济从废墟中奇迹般地迅速崛起，仅仅 30 多年就在世界经济的竞争中对美国构成了威胁。因此，从 20 世纪 70 年代末开始，一些美国学者对日本企业作了深入的分析研究，总结出导致日本企业在二战后成功的两条基本经验：一是善于吸收外国的先进经验为己所用，无论是中国的仁与礼、和为贵等儒家教义，还是欧美的先进技术和现代化管理手段，它们都乐于引进，而又绝不盲从照搬，所有这些均融合在大和民族的民族精神中，变成了适合日本国情的一整套管理哲学和方法；二是在企业管理中注重文化因素，注重树立全体员工共同具有的价值观念，注重企业中的人际关系，注重做人的工作，这些因素被称为“组织风土”。他们认为，“组织风土”是日本企业经过长期管理实践才产生的通过员工的行为举止表现出来的企业文化。二战后，日本企业正是通过各种手段，致力于企业文化的建设，成功地激发了员工的自觉性、责任感、成就欲，增强了员工对企业的向心力、认同感、凝聚力，使全体员工同心协力为企业目标的实现而努力工作，从根本上提高了企业的市场竞争力。

美国学者对企业文化在日本经济腾飞中所起作用的研究，是管理理论研究的新突破，因为长期以来，美国的管理理论更加注重和强调理性管理。组织文化理论的崛起，首先源自对传统理论中关于人性假设的突破，表现为“观念人”和“生活组织”两个理论假设。“观念人”的假设认为，人在本能上有多种需要，也希望自己的需要不断得到满足。然而，作为一个人，更重要的是有自己的信仰和价值观。因为，人一生的生活就是一个社会化的过程，从自然人成为社会人、成为一个被某一社会群体所接受和需要的人的过程。在这一过程中，人每时每刻都不断地从周围的环境中学习各种行为模式、规范，了解社会对他的期待，并不断地把这些模式、规范内化为自己的东西，即把它们当作理所当然的、正确的、公正的和合乎道德标准的事情接受下来，从而逐渐形成自己的信仰、态度和价值观。模式和规范一旦内化，信仰和价值观一经形成，实际上就成了人们思考问题的起点和行为指南，人们自觉地用它们约束和支配自己的行动。如果将企业的目标变成员工的观念和信仰的一部分甚至全部，其激励的力量是无穷的。而“生活组织”的假设认为，不能仅从单纯的经济角度去考察和认识一个企业，还应该从社会角度来看企业的职能。企业并不仅仅是完成生产和销售的经济机构，也不仅仅是员工的工作机构，它还是人们的生活场所。其次，员工在企业工作的目的不仅是为了谋求物质利益，还要借助于企业这种组织形式向社会证实自己存在的价值，追求生活的意义和成功的途径。人们都期望有一种方式能把自己的物质生活和精神生活联系起来。企业作为管理组织，具有社会和经济两方面的功能。因此，企业成为联系人们物质生活和精神生活的一种可选方案。但是，如果企业作为社会组织不能和谐地运转，那么其作为经济组织的功能也会受到干扰，从而会导致组织运转的紊乱。这种社会性和经济性的双重使命，要求企业在经济意义上生产出物美价廉的产品，取得利润，在竞争中求得生存与发展；在社会意义上担负起社会的责任，提供员工就业机会和物质报酬，同时建立起员工共同的价值观、基本信念、行为规范等。

对于“观念人”和“生活组织”理论假设的突破，客观上产生了以下几个方面的需求：

第一，要求对管理心理学的研究转变到社会文化这一更深的层次。企业文化所体现的是适合于本民族特色的优良管理哲学和管理思想，对于企业来说，其重要性并不亚于经济政策、管理规章和法律条文。企业组织管理和人际关系的协调只有在合作、信任、友谊、团结、奋进等条件下才能顺利进行，但这些条件只有在经过长期的文化均质化后才能达到。这就需要将共同的价值观、信念以及同质化的民族文化重新灌输到企业中每一个成员身上，从而达到统一每一个员工的行为以实现企业目标的目的；同时也要求现代管理者采用的管理策略，要配合文化的变迁，为企业树立积极的、全新的价值观。

第二，要求管理心理学中对企业个体的研究转变为对企业员工整体的研究。企业文化理论的核心是追求一种企业整体优势，即普遍的卓越感和良好的集体感受。企业文化理论力图通过一种“文化优势”创造出一种约定俗成的群体规范，使群体成员在相互作用下，彼此接近并趋同，导致个体产生从众行为。共同的价值观在团体中会形成一种无形的压力，虽然没有强制性，但它在个体心理上所产生的影响，有时反而比权威、命令的效力大得多，更能改变个体行为，使之与集体行为一致起来。

第三，要求创新管理心理学中关于人性的假设。传统企业管理理论把企业中的人看成是如同机器一样的“经济人”，行为科学的产生又强调企业中的人是生活在一定社会环境中的“社会人”。企业文化理论发展了关于企业中人性的假设，认为应当帮助员工树立正确的价值观和信念，只有这样，才能建立起企业内人与人之间的信任和平等关系，员工才能充分发挥自己的才能、潜力和创造性，达到一种自由全面发展自己的境界。

企业文化理论的出现，使人们对企业管理本质的认识从硬性的方法制度转变为软硬兼备的艺术技巧。根据企业文化理论的要求，对企业中人的管理方式应该是非正式规则的约束、文化的微妙性暗示以及集体精神的感召。未来的管理者不能只依赖管理工具和制度，而是要越来越多地深入到管理的艺术层面，加强软性的管理，如作风、观念、人员、最高目标等。希克曼和席尔瓦在《创造卓越》一书中提出“战略－文化结合模式”。他们认为，卓越的基础在于战略与文化的配合，企业领导人应凭借企业文化精心拟定战略，并使之付诸实施、取得成效；同时，应加强对人的管理，发现人才，爱护人才，调动人的积极性和创造性。

（4）组织行为与组织过程研究

20 世纪 80 年代以来，经济全球化的浪潮使市场机制和跨国公司在比过去更为广阔的范围内发生作用。信息技术的发展、应用，改变了企业的交易方式、管理手段和运作流程，使原有的企业组织方式发生了巨大的变化。80 年代初开始，许多企业进行了组织变革的尝试；到了 90 年代初，基于信息技术而对企业运作流程进行重新设计的组织变革技术被总结为“公司再造”而大行其道，并在许多企业中产生了奇迹般的效果。这些变革使企业组织呈现出一种与传统的科层制完全不同的新特点，被称为“新组织的兴起”。这些新兴的组织具有以下特点：

①网络化。竞争的加剧要求企业最大限度地利用内外资源，对顾客的要求做出尽可能快的反应，并与环境中的变化因素建立网络以求稳定，减少经营

风险。在组织内部，网络化表现为跨职能的团队成为基本的活动单位，从而使水平和垂直的信息共享广泛实现；在组织外部，网络化表现为企业与环境的高度依存，共享信息。

②扁平化。信息技术的发展和员工素质的提高使管理跨度的扩大成为可能，企业出于对环境和技术变化快速灵活反应和成本控制的需要，通过向基层授权使中层的传递功能弱化，减少管理层次，这样就使得原来金字塔式的组织扁平化。

③灵活性。企业环境越来越不可预测，企业要满足顾客等利益相关者的需求，就必须注重结果，不拘泥于成规，鼓励创新和个性，增强企业自身的竞争优势。

④多元化。企业的员工和利益相关者及其观点、文化观念越来越多元化，激励制度和职业道路也随之灵活多样。

⑤全球化。国际间的交通和通信成本大大降低，全球市场开始形成。充分利用不同国家和地区在社会资源和生产要素方面的相对比较优势成为增强企业竞争力的重要途径，企业的员工、资金、设备、原材料和中间产品都可能来源于不同国家，都可能向其他国家提供自己的产品和服务，都要学习国外企业管理的先进经验。跨国经营成为企业活动的必然趋势，每个企业都面临着外国企业的竞争，因此必须考虑来自国外的供应商、顾客和竞争者。

新组织的兴起，为组织理论的研究提出了许多新的课题，如团队的组成结构、员工的能力结构、企业运作中的互动关系、跨文化的沟通、冲突解决系统的建立、组织的学习与界限管理、新型激励制度和劳动关系的建立等。与这些变化相适应，信息时代的组织始终处于动态的、持续性的变革中。因此，组织研究的重点便由偏重结构的行为研究转变为注重变化的过程研究，这是现代管理心理学研究的一个新动向。

（5）现代认知心理学的发展

认知心理学的发展，经历了相对漫长的历史。最早的冯特，心理学之父，构造学派，对心理现象进行了分类，认为研究心理学内省就行了；之后机能学派，代表人詹姆斯，认为心理学的意义在于应用，单纯的研究心理现象是没有意义的；之后格式塔心理学，代表有考夫卡、科勒等人，认为整体大于部分之和，不能割裂的单独研究某一种心理现象；精神分析学派的代表弗洛伊德，认为意识分为意识、前意识以及潜意识（无意识），心理学应该研究无意识，并认为性冲动（他称之为力比多）是人类活动的根本动力，同时将人格分为本我、自我与超我，自我作为意识的体现，与作为无意识的本我相抗争。他的学生荣格，提出了人格面具，认为人活在世上都会伪装自己，看不到自己的本我。行为主义代表华生、斯金纳以及班杜拉，认为之前的心理学研究都是不科学的，心理研究应当可操作可量化，主张“刺激—反应”这一最简单的公式，对于人的所有行为，都可以看作是条件反射，并做了一系列的动物实验加以证明；斯金纳重视强化与惩罚在行为塑造上的作用，而班杜拉则强调了社会学习的重要性，他们被看作是新行为主义代表。认知心理学派，起源于皮亚杰以及斯滕伯格，但他们都是教育学家，而真正的代表人物奈赛尔，重点研究人的认知过程，在他们看来刺激与反应之中还有一个认知过程，这才是研究的重中之重，其中托尔曼对于认知地图的研究比较经典；人本主义心理学代表是马斯洛和罗杰斯，他们认为“人之初，性本善”，应当对人性更多地给予肯定。[1]

认知心理学有广义、狭义之分，广义的认知心理学是指凡是研究人的认识过程的，都属于认知心理学，而目前西方心理学界通常所指的认知心理学，是指狭义的认知心理学，也就是所谓的信息加工心理学，它是指用信息加工的观点和术语，通过与计算机相类比，模拟、验证等方法来研究人的认知过程，认为人的认知过程就是信息的接受、编码，贮存、交换、操作、检索、提取和使用的过程，并将这一过程归纳为四种系统模式：感知系统、记忆系统、控制系统和反应系统。强调人已有的知识和知识结构对他的行为和当前的认知活动起决定作用。现代认知心理学的基本观点就是把人看成信息传递器和信息加工系统。提出短时记忆中有三种编码：①听觉编码，即声码；②视觉编码，即形码；③语义编码，即意码。现代认知心理学认为人是按事物的各种性状将其分成三种编码分别贮存在三个不同的位置，而后可以用声、形、意三种不同的途径来检索这一记忆。

现代认知心理学起始于 20 世纪 50 年代中期，60 年代以后飞速发展，1967 年正式形成。1967 年美国心理学家奈瑟《认知心理学》一书的出版，标

[1] 李景春，李玉杰．认知心理与社会行为研究 [M]. 秦皇岛：燕山大学出版社，2016：1-6.

志着认知心理学已成为一个独立的流派。现代认知心理学与冯特心理学有一脉相承的继承关系，且倍受格式塔心理学思想影响。当代认知心理学的发展产生了两个鲜明的趋势：第一是认知心理学与其他相关学科之间的互动明显加强，尤其是与神经生理方面的研究相互验证；第二是认知心理学的研究更加注重生态效度，即更重视在一定的文化背景和情境中考察认知活动。

（6）组织行为学与管理心理学的关系

《美国管理百科全书选编》中写道："行为科学是运用研究自然科学那样的实验和观察的方法，来研究在一定物质和社会环境中人的行为和动物的行为的科学。已经确认研究行为所运用的学科包括心理学、社会学、社会人类学与研究行为有关的其他的科学。"行为科学的研究对象主要是人的行为规律，是一门应用极其广泛的学科。行为科学没有特定的服务对象。组织行为学是研究一定组织中人的行为规律的科学，是专门为一定组织服务的。这种组织包括企业、机关、学校、医院、军队等。由于两者的研究内容大致相同，只是研究范围广窄不同，因此，有人把行为科学叫作"大行为学"，把组织行为学叫作"小行为学"。管理心理学与行为科学、组织行为学的联系是，研究人的心理活动和研究人的外显行为是不可分割的。管理心理学研究组织中人的心理活动规律，离不开对人的外在行为的研究。行为科学和组织行为学研究人的外在行为规律，也离不开对心理奥秘的揭示。研究人的心理与行为，两者相互联系、相互促进。

管理心理学与组织行为学的区别主要是研究对象的侧重不同。管理心理学研究的侧重面是把心理学原理应用于管理，主要揭示组织中人的行为的内在的心理活动规律及相应采取的管理对策；组织行为学研究侧重于人的心理活动的外在表现的行为规律。

由于管理心理学与组织行为学的应用领域都是一定的组织，研究内容大同小异，所以我国很多学者认为，这两个学科是通用的，可以称管理心理学，也可以称组织行为学。诺贝尔奖获得者西蒙教授来华讲学时也指出："在管理心理学与组织行为学之间，可能别人认为不同，我没有看到真正的差别。"顺便说一下，在本书的架构与撰写中，笔者也尽力协调二者之间的关系，力图兼取二者之长。

1.2.3 管理心理学研究的使命

管理心理研究的科学使命，是帮助管理者改进管理，提高组织的管理水平和工作绩效。因此，管理心理学的研究内容，主要是个体心理与行为、群体心理与行为、领导心理与行为、宏观组织心理与行为四个层次。[1]

（1）研究个体心理与行为，充分开发人力资源

人的心理，是客观现实在头脑中的反映，是对感觉、知觉、记忆、思维、想象、注意、情感、意志、动机、兴趣、能力、个性等心理现象的总称。按心理现象的性质，又可把它分为心理活动过程和心理特征两部分。人的认识活动、情感活动和意志活动的相互联系和影响就构成了人的心理活动过程。所谓心理特征，就是人们在心理活动过程中表现出来的比较持久、稳定的心理特点，即个性差异。

组织中人的心理活动既要受外部条件的制约，又要受主体内部条件的影响。对于同一件事物、同一个问题，由于人的内外条件的不同，所产生的心理反应也各不相同。人的心理现象是世界上最复杂的现象。尽管如此，它和世界上任何现象一样都有其发生、发展的客观规律性。这是因为，任何心理现象都是由内、外刺激引起的，这些刺激是客观存在的；人的心理活动总是依赖于大脑和神经系统的活动进行的，而人脑和神经系统的活动是有客观规律的；人的心理活动总是通过一定的外部行为表现出来的。因此，只要我们通过对引起心理活动的主、客观刺激和人的外部行为进行细致的观察和深入研究，就可以揭示和掌握员工的心理活动规律。如组织中人的积极性为什么高低不同，管理心理的研究揭示了激励力量与效价、期望之间的联系：激励力量＝效价 × 期望。这个公式告诉我们，一个人对实现目标的价值估计越高，对获得成功可能性估计越大，那么他的积极性就越高。根据这条规律，我们要提高员工的积极性，就要从提高员工对工作任务、目标的效价和期望值入手。

组织是由为组织目标而工作的个人组成的。没有个人的工作绩效，便没有组织的效率和成就。因此，能否充分开发组织的人力资源是现代组织生存、发展、成功的关键。要充分开发人力资源，既要知人善任、合理用人，又要善于最大限度地调动人的积极性、主动性和创造性。这就必须掌握不同个体的

---

[1] 刘玉玲，崔德英．新编管理心理学 [M]. 北京：中国经济出版社，2001：6-9.

心理特点及其活动规律。为此，管理心理学把个体心理和行为作为第一个层次的研究内容。个体心理与行为的研究，主要包括对人的知觉、个性、情绪与情感、态度、需要、动机等内容的研究。研究的核心是激励问题，即如何激发人的工作动机、调动人的积极性的问题。[1] 由此可见，员工的心理活动虽然很复杂，但都是有规律的。管理心理学就是要研究组织中成员的种种心理现象，探索制约其心理活动的内外因素和条件，揭示其客观规律性，为提高各类组织的管理水平和工作、生产效率提供心理依据。

第一，揭示不同个体的心理活动特点及其与行为和工作效率的关系，为管理者知人善任、因材施教、合理用人提供理论依据。组织中的个体不仅能力、特长各异，而且气质、性格、需要、兴趣等千差万别。一个管理者要将每个人安排到能级匹配的岗位上，使人适其事、事得其人、人尽其才，同时驾驭这些不同个性的人去实现组织的目标，就要掌握人的个性差异，应用个性差异知识合理地进行人员选择、培训与考核、奖励。不仅研究个性理论、个性差异的特征，而且还提供了各种科学地测定个性和个人绩效的方法。掌握这些理论和方法，对于管理者正确地认识人、管理人、使用人大有帮助。如，以精于用人而著称的美国人事管理专家波特夫人，她的用人决策就是以个性心理差异规律为依据的。

第二，认识、掌握组织中个体共同的心理活动规律，提高对成员行为的预测、控制、诱导能力。管理心理学在个体心理研究中，不仅研究了不同个性类型的人的心理特点及其对行为和绩效的影响，而且还揭示了个体心理活动的共同规律，即个体对客观事物的知觉规律；态度形成、改变的规律；挫折的心理防卫规律等。管理者掌握了这些规律，就有利于采取行之有效的管理措施和方法，诱导人们的行为按社会规范的要求发展。例如，掌握了知觉的首因效应和近因效应，就可帮助管理者巧妙地安排长篇报告的顺序，以给听众留下深刻记忆；注意踢好工作的“前三脚”，发挥第一印象的效应等。[2]

第三，掌握个体动机激发与行为选择、强化的规律，充分调动人的积极性和创造性。个体积极性的调动与潜能的发挥要靠激励。大量的研究表明：受

---

[1] 程正方．现代管理心理学 [M].5 版．北京：北京师范大学出版社，2016：12-15.

[2] 刘永芳．管理心理学 [M].2 版．北京：清华大学出版社，2016：248.

到激励者的潜能发挥是无激励者的 4 倍。因此，管理心理学将激励作为个体心理研究的核心问题。激励理论的研究，不仅揭示了需要产生动机、动机支配行为、行为导向目标的个体行为规律，而且还介绍了大量激发动机、诱导行为的方法与措施，为管理者实施有效的激励，最大限度地调动员工的积极性，取得最大的工作绩效提供了科学的依据。如需要理论所揭示的“剥夺主宰律”“满足激活律”和“挫折回归律”启示我们，要充分调动员工的积极性，既要从满足人的合理需要入手实施有效激励，防止员工高层次需要受挫后进而追求低层次需要进一步满足的倒退现象，又要善于制造匮乏，激发人的心理需要，增强其工作的动力。

（2）研究群体心理与行为，提高人际管理和沟通的艺术

人的心理活动总是要通过外部行为表现出来。对人的心理活动规律的研究离不开对行为规律的揭示。人的行为受政治、经济、文化、心理、社会、组织、家庭等各种因素的影响，表现得千差万别，但是也是有规律的。如，心理学家勒温通过一个公式揭示了人的行为的最一般的规律，即 $B=f(P, E)$。B 为行为，P 是个体内在因素，E 是外在环境，f 是函数。这个公式告诉我们，人的行为是个人和环境交互作用的结果。

管理者研究掌握了人的行为规律，就可提高预测、控制人的行为的能力。所谓预测行为，就是指根据已掌握的行为规律，预见在一定条件下，个体、群体或组织的行为表现。例如，根据“心中无贪不媚人”的规律，就可以根据一个人贪欲较强的特点，预测他一旦有了时机，一定会趋炎附势，成为媚上的人。所谓控制行为是指纠正、改造人们不合社会要求和社会规范的行为，使其按社会规范的要求发展。科学预测是有效控制的基础。预测人的行为不能只凭常识和经验。只有掌握了行为的规律和科学的方法，才能对员工行为的因果关系作出准确、系统和全面的解释，才能更好地预测人的行为、控制人的行为。因此，研究组织成员的各种行为表现，揭示其制约因素和心理活动规律，也是管理心理学研究的重要方面。

群体心理与行为的研究，主要包括群体人际关系形成、发展、变化的规律；群体信息沟通的模式、网络、障碍及其排除方法；群体内非正式群体的形成、作用与利用改造；群体内聚力、士气、规范的形成及其与生产效率的

关系等，分析的重点是组织内的科室、班组、车间等群体与个体之间的相互作用和影响。群体心理研究的主要任务，是帮助管理者改善人际关系，加强信息沟通，正确利用和改造非正式群体，增强群体的凝聚力和向心力。例如，群体心理的研究结果表明，当交往双方的个性或需要构成互补时，就会产生强烈的互择吸引。利用这一心理规律，可帮助我们优化领导班子、班组、科室人员的个性结构。如使脾气暴躁、待人热情、喜欢支配他人的人，与脾气随和、乐意服从他人支配的人共事，大胆、主观、独断专横者，与胆小、谨慎、优柔寡断者合作，就会互补其短，相得益彰，既有利于团结合作，又有利于组织效能的发挥。

（3）研究领导心理与行为，提高领导水平和效能

领导心理的研究分为动态研究和静态研究两大方面。静态研究侧重于探索有效领导者的个人素质、领导班子的合理结构等。动态研究主要探讨有效领导的领导艺术、决策过程，以及如何根据不同的情境采取不同的领导方式等。这些理论研究的主要目的，是揭示领导者的素质、领导方式、作风与被领导者的工作效率的关系，提供正确选择领导方式、提高领导效能的途径和方法，为领导者的合理选拔、培训和考核，为提高领导的艺术和效能提供科学依据。如领导权变理论的研究回答了领导者如何根据员工的心理需要和成熟度及工作性质等情境选择有效的领导方式的问题，对提高领导者的领导艺术大有裨益。

（4）研究组织行为结构与变迁，促进组织的变革、发展和完善

组织行为与心理管理的研究，主要包括组织与其内外环境之间的关系，组织结构、组织设计对组织效率的影响，组织变革与发展的手段及工作再设计的方法原则等，目的是使组织不断适应社会、经济发展的需要，实现组织的最优化和高效化。

综上所述，管理心理学的研究对象，是一定组织管理中人的心理规律和行为规律，目的是帮助管理者提高对人的行为的预测、引导和控制能力，以更好地实现组织的预期目标。要做好任何工作，都必须按客观规律办事。现代管理是以人为中心的管理，管理者要有效地预测、诱导人的行为，充分调动人的积极性，以提高工作绩效，必须研究、掌握组织管理中人的心理和行为规律。管理心理研究的中心内容是组织中人的心理和行为规律，包括个性心理、态度

转变、知觉、需要与动机、人际关系学、群体动力、领导有效性理论、组织设计与变革、发展等各个方面；这些研究成果对实现以人为中心的现代与心理管理，使管理方式、手段人情化，管理制度民主化，人才选拔、使用科学化，组织管理现代化，具有重要的指导意义。

1.3 现代管理理念的变迁 [1]

管理是人类走向文明的产物，管理行为的出现是人类发展史上一次质的飞跃。管理理念的发展是和文化紧密相连的，并且根据不同的文化底蕴酝酿产生的道德准则和制度变化向前演进。迄今为止，人类企业管理理念发展已经过和正在经历着三次飞跃：第一次是从模糊的经验型管理到以科学为依据的以物为本的管理理念的飞跃，第二次是从物本管理到当今世界普遍尊崇的以人为本的管理理念的飞跃，第三次是我们正在经历的从人本管理到以心为本的管理理念的飞跃。

1.3.1 以物为本：人类自我生存的客观需要

以物为本的管理理念开始于 20 世纪初所形成的以泰勒等人为代表的古典管理理论。泰勒等人倡导的科学管理，以提高劳动生产率为目标，在操作规程、工作定额、差别工资制度、职能分工、管理原则等方面，进行了一系列探索，开创了科学管理的新时代。但对人的认识是有缺陷的，一是把人看成“经济人”，过分强调物质刺激；二是把人看成和机器一样的工具。人从属于物、服务于物，因此称之为物本管理。

管理学是研究管理和被管理之间关系以求最优化实现组织目标的科学，物本管理的出现使管理理念从混沌走向科学，实现了人类管理理念发展的第一次伟大的飞跃。理论创建初期适应了生产力发展的需要，在相当长的一段时间里占据着企业管理理念的主流地位。

人类结群而居，为了共同应付自然界的各种威胁和自身生存问题，必须与自然界抗争，获取自身生存的物质条件。从群体的部落到奴隶制的国家，管理思想和管理理念不断地在人们的实践活动中萌芽，作为一种模糊形态物本管理理念随着生产力的发展而发展，逐渐走向经验形态。在工业革命的形成过程中，资本主义生产关系不断确立，管理实践活动的日趋活跃为早期的科学管理

[1] 季芳．论企业管理理念的三次飞跃 [J]．产业与科技论坛，2012（5）：211-212．

理念和管理思想的形成准备了条件。工业革命后期管理理念的形成是和人们对自然规律的认识和科学技术的发展分不开的。在科学理性化的进程中，人们对自身的管理问题进行了更加深入的思考。开始以企业为研究的中心，研究的重点是技术和效率而不是管理本身，并且没有完整的管理思想体系。由于资本主义经济发展较快，企业规模迅速扩大，工业革命的发展和国际市场的开拓为资本主义国家聚集了雄厚的资本，最终形成近代全球大工业的市场体系，为资本主义各国逐步走上工业化提供了物质基础。经济的迅速发展使得产品越来越丰富，而劳动力资源的使用相对来说越来越少，劳动成本急剧下降。由于管理落后，生产混乱，劳资关系紧张，企业的效率低下。

泰勒认为，企业效率低的主要原因是管理部门缺乏合理的工作定额，工人缺乏科学指导。因此，他主张把科学知识和科学研究系统运用于管理实践，科学地挑选和培训工人，科学地研究工人的生产过程和工作环境，并据此制定企业管理制度和措施。泰勒认为管理实践先于管理理论，是管理理论产生的源泉；管理是实践的科学，必将随实践的发展而发展。他重视实践，强烈希望从实际出发来改革企业管理，创建管理理论。泰勒认为："最佳的管理是一门实在的科学，基础建立在明确规定的纪律、条例和原则上。"他的管理实际上是一种规范化、标准化的管理。科学管理论者认为要提高管理人员的效率，其中"制度、培训、监督、激励"等方面的因素最为关键。在围绕如何提高管理人员的工作效率的问题时，以物本管理为核心的科学管理思想明确地指出了管理人员专职化的问题，并主张合理地分配管理部门应负的职责。

提高生产效率是泰勒科学管理思想的出发点和归宿，泰勒靠科学的方法在不增加工人劳动的情况下提高工效的观点，突破了前人只能靠提高劳动强度和延长劳动时间来提高效率的思维界限，使资本主义企业的生产和财富飞速增长。

1.3.2 以人为本：人类自我发展的社会诉求

物本管理是现代管理理论的基础，对现代管理理论的研究依然有很大的借鉴作用，对今天的企业管理也有着巨大的指导作用，对提高产量和提高生产效率等都有着不可替代的作用。但是，随着社会的进步和生产力的发展，物本管理的局限性也逐步暴露出来。物本管理理念对人性的探索仅仅停留在

“经济人”的范畴之内，没有把人作为管理的中心。仅仅把管理对象看作一个客观存在，但是没有以系统理论的方法来对管理对象进行深入研究。物本管理理念的着重点是放在管理客观存在的内部，仅仅把如何提高生产率作为管理的目标。为了追求效率，通过以物本管理理念为核心的科学管理把人训练成机器。当人类生存需求的物质财富达到一定程度的时候，人们开始关心自身的发展为题，以人为本的理念便应运而生，成为人类追求自身解放和发展的迫切需要。

以人为本的管理理念源于 20 世纪二三十年代开始的以梅奥为代表的“社会人”理论，是早期的行为科学理论。行为科学侧重研究人的需求、行为的动机、人际关系、激励理论等，主张通过多种方式激励人的积极性，管理的着眼点从物转到人，实现了人类管理理念的第二次历史性飞跃。

在企业的管理活动中，人、财、物是三要素，其中人力是最活跃、最富创造力的因素。因为人不仅是驱动企业运行的行为者，也是运行过程的实操者；不仅是企业的经营者，也是企业实现价值的利益共享者。企业为人的需要而存在，为人的需要而生产，为人的需要而管理。人是社会经济活动的主体，是一切资源中最重要的资源。人没有活力，企业就没有活力和竞争力。管理的任务在于如何最大限度地调动人们的积极性，释放其潜藏的能量，让人们以极大的热情和创造力投身于事业之中。一支训练有素的员工队伍对企业至关重要，无论是领导人，还是普通员工，都是具有独立人格的人，都有做人的尊严和做人的应有权利。每一个企业都应把培育人、不断提高员工的整体素质，作为经常性的任务。提高员工素质，也就是提高企业的生命力。

在某种意义上说，企业是人的集合，是以人为核心的社会组织，组织中的每一个人都是组织的一分子。管理不仅要研究每一成员的积极性、创造力和素质，还要研究整个组织的凝聚力与向心力，形成整体的强大合力。从这一本质要求出发，一个有竞争力的现代企业，就应当是齐心合力、配合默契、协同作战的团队。根据人本管理理念，在企业管理过程中，应建立起一整套行之有效的动力机制、压力机制、约束机制、保障机制、选择机制和环境机制，使每一个员工不是处于被管的被动状态，而是处于自动运转的主动状态，激励员工奋发向上、励精图治的精神。因此，人本管理，是一项多目标、多因素、多功能的复杂的系统工程。每一个子系统有不同的功能和目标，各子系统互相协调，互相配合，发挥系统的整体功能，以达到组织的预期目标。

人在管理中的地位进一步的提升是人本管理理念在现实的管理实践中的巨大意义。人本管理基于对人性的深度认识，强调挖掘人的潜在力量，强调员工在组织中的主体地位和主导作用，管理者要积极地为员工创造相应的环境和条件，围绕员工的积极性、主动性和创造性进行管理活动。这一理念改变了物本管理理念对于人仅仅是“经济人”的片面认识，运用各种机制和方法发挥人在管理活动中的作用。

1.3.3 以心为本：人类自我完善的必然趋势

时至今日，人本管理理念已经被世界各国普遍认同，形成一种具有现代特色的管理思潮和管理模式。人本管理所强调的“以人为中心”“以人为根本”进行管理，激发了人的积极性和创造性，以实现人的自身价值和社会价值，代表了现代企业管理发展的大趋势。日本当代“经营之圣”稻盛和夫明确提出“以心为本的利他经济学”。反思西方发达工业社会所付出的沉重代价，许多思想家认为企业管理的关键在于挖掘人的潜力。知识经济的发展已经证明，知识经济的灵魂是创新，人的智力和创造能力将在21世纪经济发展中起主导作用。在此基础上，心本管理理念正在悄然形成，预示着人类管理理念发展的第三次飞跃。

以心为本的管理理念产生于20世纪80年代，是国内学者吴甘霖等人结合人本管理和中国传统哲学的心本思想提出来的最新的管理理念。有学者认为，心本管理仍然属于人本管理，因为“心”乃人之心理，人本管理理念中已经包含了心理管理的思想。笔者也认为，心本管理和人本管理在本质上没有太大区别，但与人本管理相比，心本管理更注重关于人心所向和管理者自我管理方面的问题。正如吴甘霖所说：“心本管理是人本位的集中与聚焦。”人本管理是从人身心合一的整体出发，主要强调的是自外在引起的心灵感动，心本管理则特别注重人的智慧、潜能、动机、情感等心理因素，在注意外在感动的同时，更强调内在心灵的自觉；物本管理和人本管理只关注管理者对员工的管理，心本管理则同时非常重视管理者的自我管理和员工的自我管理，注重人与人之间的互动关系；人本管理在强调“社会人”的同时暴露出明显的生物性倾向，心本管理则完全建立于人的社会性精神层面上。心本管理的关键是“强调管理自我，管理好自我的根本是管理内心和心灵。心本管理是人本管理的进一步升华，由心灵的外在感动，转为管理者与员工心灵内在自觉”。物本管理源于人的生物性本能，着眼于自身生存的需要；人本管理源于人类对自身生物性和文化性整合，体现了自身发展的诉求；心本管理则源于人类自我完善的追求，深入到了人类精神的最高境界和心灵的最深层次。因此，把心本管理理念的生成视为人类管理理念发展的第三次飞跃毫无不妥之处。

心本管理理念之所以衍生于中国，有着深厚的历史渊源和国情背景。吴甘霖将西方管理学和心理学理论与中国几千年炼心方法相结合，受“攻城为下，攻心为上”的军事思想所启迪，借鉴古代著名的“无为而治”“格物致知”“诚意、正心、修身、齐家、治国、平天下”的思想和主张，首创中国成功学理论“心力学”。相较于人本管理而言，心本管理更注重管理者心性修养的提高，要求管理者从各个方面提高个人素质。心本管理理念认为，管理者自我修炼是理的前提，团队的凝聚力是管理的基础。管理者必须首先是个自正的人，自正然后正他，自觉然后觉他，才能成为教练型的管理者。“通过沟通、关怀与激励触及人的思想与心灵，让人产生心灵的自觉性，从而自发自动把自己当成组织中有责任的成员，不会感觉外在的强迫，真正充分发挥出人的主观能动性、积极性、创造性，极大地提高劳动生产效率。”在此基础上，建立起心本管理的目标价值体系：管理好自我，管理好他人，管理好工作事务。

现代管理学始于西方，成于西方，却在古老的东方大国找到了归宿，代表了未来管理的人性化方向。“人的存在是一种超越性的存在，即人是迄今为止发现的宇宙中唯一能够打破他所属的那个物种赋予他的生物学限制的物种，超越自然本能的限制，支配自己的生命活动，充任自己生命的主人。”[1] 从这个意义上说，心本管理与人本管理并不矛盾，恰是人本管理理念的升华。心本管理理念是人类管理实践的产物，是人类管理理念的最高境界。我们期待，在全球一体化的当今时代，在人类不断进步的大家庭中，心本管理理念得到更高水平的发展和更大范围的传播。

---

[1] 李玉杰，季芳，李景春. 文明史视域人与自然关系演化的三部曲 [J]. 东北师大学报（哲学社会科学版），2012（6）：246-250.

第 2 章　社会认知理论与管理

社会认知的研究是在 20 世纪七八十年代兴起的，90 年代得到迅猛发展。“社会认知是社会心理学与认知心理学结合的产物，现在已经成为社会心理学中一个非常重要且相当活跃的研究领域。……社会认知就是从社会心理学的角度探讨我们人在认知过程中会受到那些社会学方面因素的影响，以及这些因素怎样影响我们的认知过程。”[1] 管理心理学运用社会认知原理，研究人们在组织管理活动中影响组织行为效率的需要、兴趣、动机、态度与人格等，对人的行为进行心理归因，并依此整饰个体形象和组织形象。因此，要提高组织活动的有效性、塑造好组织和个体的良好形象，就要研究、掌握社会认知的规律和印象管理的方法技巧。

2.1 社会认知理论

当前，社会认知领域中存在严重的学科分裂。[2] 一方面，人类学家和社会科学家虽然注重对社会交互作用的研究，但很少关注个体认知方面的问题；另一方面，心理学家和认知科学家虽然集中于研究个体能力（individual capacities），但似乎未意识到交互作用过程对社会认知的重要性。[3] 其实，两个视角结合起来研究会更为全面。社会认知的过程是根据认知者的过去经验及对有关信息的分析而进行的，必须通过认知者的思维活动对信息进行加工、推理、分类与归纳来进行，是认知主体、认知对象和认知情境等因素交互作用的

[1] 陈俊．社会认知理论的研究进展 [J]. 社会心理科学，2007（1-2）：59.

[2] De Jaegher H，Di Paolo E. Making sense in participation：an enactive approach to social cognition[M]//F Morganti，A Carassa，G Riva． Enacting Intersubjectivity：a cognitive and social perspective on the study of interactions. Amsterdam：IOS Press，2008：33-47.

[3] 武建峰．基于生成进路的社会认知理论建构 [J]. 山西师大学报（社会科学版），2017（3）：68.

复杂过程，是个体对社会刺激加以分析与综合的结果。

2.1.1 社会认知类型

社会认知的对象是社会刺激，而社会刺激是多种多样的，由此所形成的社会认知也是多方面的，主要包括识他认知、自我认知、人际认知。

（1）识他认知

识他认知是指在社会交往过程中，通过对他人外部表现及特征的观察以了解其内心品质的过程。识他认知表现为两个相互联系的方面，一是对他人外部特征及表现的观察，二是对他人内心世界的理解。在这个过程中，认知主体不仅要了解他人的物理特征，如仪表、风度、言谈、表情、服饰、打扮、相貌等，还需要对他人的许多内在特点，如气质、能力、动机、性格、情感、意志等作出判断，形成完整的印象。识他认知必须通过长期交往和观察，通过与他人一起活动才能达到全面准确。

概括起来，对他人内心世界的理解主要有两个方面：一是对他人情绪、情感状态的认知。情绪和情感往往通过人的外在表情表现出来，可以大致地反映其心理活动的基本状态。人们常以“愁眉苦脸”“笑逐颜开”等表情表达人的哀与乐，只有正确把握他人喜、怒、哀、伤的情绪，才能恰如其分地采取适宜的措施和交往方法。二是对他人人格的判断。人格是个人在长时间内形成的较为稳固的心理品质，集中反映了一个人的精神风貌以及他不同于别人的独特的心理类型。认识他人的人格，有助于我们全面地了解人并顺利地与之交往。

对他人人格的认知既要了解其过去的生活经历，又要长时间内通过察言、观色、睹行等途径去概括和推测。人们在最初的交往中，最先引起注意的往往是人的仪表是否吸引人。一个气度潇洒、相貌英俊的人，比一个面孔丑陋、身体肥胖的人更能打动人；一个衣着得体适宜总比一个衣衫不整的人给人们的第一印象好。因为一般人觉得仪表端庄、穿戴整齐者比不修边幅的人更有教养，更懂得尊敬别人。行为学家迈克尔·阿盖尔（Michael Argyle）做过试验，他本人以不同的打扮出现在同一地点。当他身穿西服以绅士模样出现时，无论是向他问路或问时间的人，大多彬彬有礼，而且本身看来基本上是绅士阶层的人；当他打扮成无业游民时，接近他的人多半是流浪汉，或是来对火、借钱、借烟的。在交往中，仪表是一种无声的“语言”。穿着打扮虽属于个人爱好，但与人们的看法密切相关。一个管理者的衣着得体适宜，会使人觉得他是一个有勇气、有冒险精神、希望尝试新的构想、喜欢接受新事物的人。如你总是穿着一身端庄或保守的衣服，人们会认为你是一个拘谨、严肃的人；你衣着时髦、花样翻新，人们会认为你是个性格活跃、开放的人；你衣衫不整、不修边幅，人们会认为你是个不拘小节、邋遢不羁的人；你一贯衣冠楚楚，每件衣服都烫得笔挺，大家就会认为你是个细心而讲究小节的人。在某种程度上，一个人改变自己的服饰，实际上是在改变着自我形象，改变他人对自己的看法。

表情是心理的外观，眼睛是心灵的窗口。科学家研究发现，人的脸部就能做出大约 250 000 种不同的表情。美国社会心理学家奥尔波特（F. Allport）对面部表情与肌肉变化的关系进行研究发现，愉快的表情多半是口角上提，两颊上举，眉平；不愉快的表情常常是口角下拉，两颊向下伸长，眉皱。我国心理学家的研究发现，高兴时额部肌肉舒展，眉梢下降，嘴角上翘；悲哀时额中皱起，面颊和眼睑下垂，嘴角下倾。有的研究还发现，面部的某些特定部位可以主要地表达某些特殊情感：表现厌恶的关键部位是鼻子、颊和嘴，表示哀伤的关键部位是眉、额、眼睛和眼睑，表示喜悦的主要部位是嘴、颊和眉、额。笑是一种情绪的反应，通常用来表达喜悦高兴的心情。目前，心理学家已记录到开怀大笑、手舞足蹈的笑、不自然的苦笑、不怀好意的冷笑、嘲笑等 180 种笑。在各种感官对刺激的印象程度中，视觉占 83%，听觉占 11%，嗅觉占 3.5%，触觉占 1.5%，味觉占 1%。，眼睛对刺激的反应最为强烈。在人的所有表情部位中，眼睛的重要程度是第一位的，人的一切情绪、态度和感情的变化，都可以从眼睛里显示出来。

（2）自我认知

自我认知是自己对自己的认识，是个体对自己的心理和行为状态的认知。根据自我认知的对象，一般把自我认知的结构划分成物质自我、社会自我、精神自我三部分。物质自我是指对自己的容貌、身材、风度、健康等物质机体的认识，又称生理自我认知。物质自我影响着对自己的评价，并伴随着自尊与自卑的体验。社会自我是指对自己在社会活动中的地位、名誉、财产及与他人的相互关系的认识，是个体对自己被他人或群体所关注的反映，不据此构成自我概念。自我认知结果，对个体自信心的形成影响很大。一个人如果认为自我是有地位、有威望、受欢迎和重视的，他便会对自己充满信心，对社会和他人满腔热情，体会到自己生活在世界上的用处和价值。精神自我是个体对自己的智慧、能力、道德水准等内在精神素质的认识，也称心理自我。精神自我是个体自我认知的核心，使个体根据主客体的需要调节、控制自己的心理与行为，支配自己去追求真理和高尚的精神生活，确立信念和信仰。[1] 在心理学中，有两个英文词都被译作自我，一个是 ego，另一个 self。除了精神分析学派，绝大多数心理学家都是在 self 意义上研究自我的。

ego 是弗洛伊德（Sigmund Freud）精神分析理论的核心概念之一，指人的个性中从本我（id）分化出来，指导个人适应现实社会生活，使个人行为超越简单快乐原则而遵循现实原则的个性部分。弗洛伊德在他的心理学中阐述了 ego 的概念，提出了“三我”结构理论，认为人格由本我、自我、超我所组成。[2] 本我（id）指人格中原始的非理性的冲动和本能，如性本能和攻击本能，生本能和死本能。本我没有价值、善恶与道德观，它信奉享乐原则，唯一内容就是力求发泄的本能冲动，而这些冲动便构成了基本的心理能量，即力比多（Libido）。本我由于压抑的缘故，处于人心理中的无意识层，但是抑制不能使之消亡，它总是试图冲破压抑表现自己，因此作为人格中的一个永久存在的成分，扮演着重要的角色。自我指人格中的理智而又现实的部分，它产生于本我，借助压抑和抵抗而与本我的一部分脱节，所以它只是部分处于意识状态，其余的则处于前意识甚至无意识状态。自我按现实原则行事，具有应付外界现实、感受并满足本我需要、接受超我监督三重功能，调节本我与外界的关系以及本我与超我之间的矛盾。超我从自我发展而来，指人格中的道德部分，代表良心、理想，处于人格最高层。超我遵循至善原则指导自我，限制本我，以便达到自我典范或理想的自我的实现。正是人格中的这一侧面表达了人的性格特点，使人按照价值观念和各自的理想行事。超我规定行为规则，不论本我或外界给自我造成多大的难题，超我要求自我按规则行事，若自我没有按它的要求做，就会处罚自我，产生焦虑，表现出自卑感与自罪感。

在弗洛伊德之后，精神分析学派的继承人又提出了一些新的观点。阿德

---

[1] 程正方．现代管理心理学 [M].5 版．北京：北京师范大学出版社，2016：99-104.

[2] 西格蒙德·弗洛伊德．本我与自我 [M]．林尘，译．上海：上海译文出版社，2011：274.

勒（A. Adler）提出创造性自我，认为它是人格中的自由成分，使个体能在可供选择的生活格调和追求目标之间进行选择。它是活动的唯一动机，调动个体的全部力量去追求优越。霍妮（K. Horney）把自我分为真实自我（个人的全部潜能）、理想自我（个人凭空在头脑里设想的形象）和现时的自我（个体此时此地身心存在的总和）三个部分。她指出，自我的功能是根据现实调整行为，取得人与环境，人与人的互动与协调。当代精神分析论的代表，美国精神病学家沙利文（H. Sullivan）将人格发展分为六个阶段：婴儿期、儿童期、少年期、前青春期、青春早期和青春后期或成熟期。每个阶段的年龄和一定的成熟度差不多。他认为，在人格发展的每个阶段，生理成熟与社会认同之间的冲突会导致焦虑、回归和以自我为中心的人格。[1] 自我的发展来自与他人接触时所体验的感受，其最重要部分是与焦虑和安全体验有关的部分，包括与愉快相联系的“好我”，与痛苦和安全受到威胁相联系的“坏我”，以及和难以容忍的焦虑相联系的“非我”或拒绝的自我。[2]

在科学心理学史上，詹姆斯（W. James）是最早系统研究自我的心理学家。他认为，self是个体意识中最重要的部分，是我们所有经验的中心。他把自我分为主我（I）和客我（me）。主我也称纯粹自我，指认识者、思想者，即暂时的、主观的当事者思想。客我也称经验自我，指人们可能经验到的一种对象，是与世界的其他对象共存的、个体经验中有关自身的部分，是心理学上所说的物质自我。精神自我和社会自我就是客我的内容。在詹姆斯之后，很多人都愿意把自我用一个简单的公式来表达：主我 + 客我 = 自我。

心理学家库利（Charles Horton Cooley）发展了詹姆斯的社会自我概念。他从个人与社会的关系中，提出“镜中自我”的概念。他认为，一个人的自我观念是在与他人的交往过程中，根据他人对自己的反应和评价而形成的。他人对自己的态度就是一面镜子，通过这面镜子扮演着他人的角色，回过头来看自己。根据库利的看法，自我是一种社会现象，源于各种社会关系。镜中自我实际上是一种社会自我，它包含三个主要成分：对自己在他人眼里的形象的想

---

[1] 许文静．沙利文人格理论及其对幼儿人格教育的启示 [J]. 教育现代化，2017（52）：321.

[2] 李玉杰，李景春．现代组织行为理论与管理心理研究 [M]. 北京：团结出版社，2015：53-58.

象，他人对自己所作的评价和判断的自我想象，自己对自己怀有的某种情感。

社会心理学家米德（George Herbert Mead）在继承和批判詹姆斯、库利的理论的基础上创立了符号互动自我理论，也提出类似库利“镜中我”的观点。他认为，自我产生于社会经验，不能把人的有机体和自我混为一谈。人的有机体是生物进化的结果，其神经生理不过是自我出现的一个条件。只有当人的个体成为他自身的客体，自我才会再现，人才能成为真正的人。米德对詹姆斯的主我和客我作了进一步的论述，认为主我是行动的我，并给人格以动力性和独特性；客我是社会的我，它依赖角色扮演，反映的是社会的经验，是通过社会互动中概括他人对自己的态度后形成的。

认知心理学家马卡斯（G. Markus）认为，自我应被看作是一种认知结构或图式。自我图式是指影响个体对关于自己信息的编码、储存和提取的认知结构，是对自我的认知类化，它来源于过去经验，组织并引导着有关自我的信息加工过程。马卡斯把自我区分为实际自我与可能自我。可能自我是指人们认为他们将来可能成为什么，愿意成为什么或害怕成为什么的自我。可能自我不仅有助于组织信息，还具有强大的动机影响，指导和形成当前实际自我的行为，指导我们成为某种东西而不成为其他东西。

谢夫尔逊（R. Shavelson）等人综合了前人的研究成果，从系统论的角度提出了一个多维度多层次的自我结构模型，来代替过去笼统的自我概念。这一模型将自我分为三层：第一层是一般自我；第二层分为学业自我和非学业自我；第三层具体将学业自我分为数学自我、英语自我、历史自我、科学自我等，将非学业自我分为社会自我、情绪自我、身体自我。在三层次之下，还可以继续具体细分。

费茨（W. Fitts）认为在评价个体的自我概念时，不仅要考虑自我概念的多维性，还应考虑个体的总体状况。他把自我概念分成两大部分：第一部分是个体的综合状况，即自我总分与自我批评。第二部分分成两大维度：一是自我概念的结构维度，从认知、情感、行为三方面来分析，分为自我认同、自我满意、自我行动；二是自我概念内容维度，可分为生理自我、道德伦理自我、心理自我、家庭自我、社会自我。

自我认知的有效途径主要有三条：以他人为镜来认知评价自我，通过分析活动的结果和自我观察来认知评价自我。

第一，以他人为镜认知、评价自我。人对自己的认识与评价，都是以社会上其他人的认识和评价为参照点的。柯里（G. Coery）指出："人与人之间相互可以作为镜子，都能照出他面前的人的形象。"艾里斯（Albert Ellis）和霍姆斯（J. Holmes）1982年通过实验研究说明了这一途径的真实性和有效性。但是以他人为镜认识、评价自己，并不是指某个人对自己的某一次评价，而主要是指从自己有影响的、关系较为密切的周围人的一系列评价中概括出来的某些经常的、稳固的认知与评价，这才是自我认知的基础。

第二，通过分析活动的结果认识、评价自己。个体的活动是他内心世界的外化，活动的结果是他本质力量的对象化。因此。通过分析自己活动的成果，可以达到认识自己的目的。许多研究表明：成功的活动经验与自信心的形成有正相关。西尔斯（David O. Sears）对此曾进行了实验，结果显示：成功组的自信心较高，且符合实际情况；失败组的自信心较低，所估计的结果有的还低于自己的实际成绩；而混合组的自信程度高低不等。实验表明，成功的经验会提高人的自信心和志向水平；相反，失败的经验会降低个人自信程度和志向水平。

第三，在安静的、沉稳的心境状态下，通过自我观察、自我分析来认识和评价自己。一个人的自我认识与评价既依据于客观的活动成绩和他人的认识与评价，又取决于自己的心理结构、自我期望和自我要求等主观因素，从而决定了自己对自己的感情与态度，决定了自己对自己的判断与估计。例如，有的人本来成绩平平，却自我欣赏，自高自大；有的人成绩突出，他人评价很高，却自感不如他人，缺乏自信；有的人在他人眼里觉得生活、工作条件都不错，但自己却常常自怨自艾；有的人生活很艰苦，却知足常乐。这些都表明了自我认识与评价既是客观的又是主观的。

(3) 人际认知

人际认知是指对人与人之间相互关系的认知，包括认识自己与他人的相互关系及他人与他人的相互关系。在社会生活中，人们总是要和其他人频繁交往，使每个人都处于各种复杂的人际关系之中。自己是否得到别人的好感，自己和其他人关系处于什么状况，周围其他人的人际关系怎样，这些问题是人们在交往中经常予以观察和分析而了解的。人与人关系的认知是个相互感知的过程，人们按照自己的动机、价值系统去知觉他人，同时观察他人对自己的看法和态度，并以此来修饰自己的行为和反应。此外，人们在交往中还会形成一定的态度，并产生各种各样的情绪表现，如愉快、友好、喜欢、厌恶等，与之相应的行为方式，如相互吸引、相互排斥、相互攻击等。在一个团体内，甲乙双方的相互关系绝对不仅仅受甲乙方特点的影响。阿希（Solomon Asch）研究发现，三个人所组成的群体中，甲与乙的关系同时受甲与丙、乙与丙的关系影响，在人数多的团体中，这种圈圈交错的情形将更加复杂。一个人要得心应手地处理好这种复杂的人际关系，就要首先对团体内外的各种复杂关系有一个正确的认识和了解。这是协调人际关系的依据。

心理学家塔基乌里（B. Tagiuri）曾对人际认知进行过一项实验，他请了10 名互不相识的被试组成了一个实验小组，先让他们在小组内自由交往，自由谈论，畅所欲言，使被试之间相互增进了解。然后进行问卷，让他们回答三个问题。问题 a. 这个小组里你最喜欢谁？问题 b. 你认为这个小组里谁最喜欢你？如果被试选出的是同一对象，如 A 提出自己喜欢 B，并认为“B 也喜欢我”；B 提出自己喜欢 A，并认为“A 也喜欢我”。那么 A 与 B 的人际认知就有了相应的一致性，表明对双方关系的认知是正确的。如果双方提出的人选不一致，如 A 认为自己喜欢 B，而 B 认为自己喜欢 D，那么就表示对于双方关系的认知是不正确的。问题 c. 如果要选小组长，你准备选谁？你估计谁能当选？有哪些人可能选他？如果选出的人与自己估计的是一致的，如 A 选 E，并估计 E 能当选，其他人也会选他，结果 B、C、D、F、G 等其余 8 人都选了 E。E 当选了，这样就表明 A 对人与人之间关系的认知是正确的。塔基乌里通过研究归纳出人际认知中常出现下列三种倾向：第一，由于自己喜欢某人，就可能认为他同样喜欢自己；第二，认为自己所喜欢的某人，其他人多数也喜欢；第三，人缘好的人会偏低估计自己的人缘，而人缘差的人会偏高估计自己的人缘。

2.1.2 社会认知特征

在社会认知机制中，个体通过解读外在环境调整自我认知和行为，最后达到保持与外在环境一致性的目的。社会认知和一般认知一样，具有整体性、选择性、理解性和恒常性等典型特征。[1]社会认知的许多理论是在一般认知的基本原理上建立起来的，但前者着重于对人的认知，而后者则强调对物的认知，二者也有很大区别。[2]

第一，社会认知是认知者与被认知者相互作用的过程，二者之间存在互动性。认知者与被认知者是彼此认知的，有时候也会进行角色转换，而且人能有意识地影响环境，能为达到自己的目的而力图控制环境。而对物的认识表现为单方面的认知与被认知情形，不存在这种相互作用，也不存在无意识的动机。

第二，社会认知在结果的稳定性和精确性上不如对物的认知，并且难于检验。因为作为认知对象的人是复杂多变的，易于随时间和环境而发生改变，难以加以严密控制，这样就不可避免地影响到研究结果的真实性和有效性。因而对人的认知相对不可靠，并且由于认知对象与情境往往难以重复出现，因而很难进行重复验证。而对物的认知则不会如此。

第三，对物的认知更多的是与人的智力相关，可以达到较高程度的客观性；而对人的认知更多地取决于带有较多技巧性与灵活性的智慧，因而更易于出现偏差。[3]

社会认知除了具备上述一般认知特征外，还具有投射性、价值性和复杂性等突出特征。投射性是指人对于一定社会刺激的反应，往往投射主体的知识、经验、情感、态度等多种心理性因素。人们所处的环境不同，社会阅历不同，对社会生活的体验不同，形成各具特色的人格结构，直接影响个体的认知结构。因此，对于同样的社会刺激，不同个体的不同反应中折射着人格结构和认知结构的差异。价值性是指认知对象、认知过程和结果，在认知者看来，价值越大越容易引起强烈的认知欲并产生清晰的认知。和自然客体不同，社会客体对主体的价值问题比较突出，人们总是选择具有较大社会价值的个人或群体作为认知的对象。

---

[1] 李景春，李玉杰．认知心理与社会行为研究 [M]. 秦皇岛：燕山大学出版社，2016：272-275.

[2] 钟皓，田青，白敬伊．基于社会认知理论的员工帮助行为对伦理型领导的作用机制研究 [J]. 管理学报，2019（1）：64-71.

[3] 常若松．健康人格论 [M]. 沈阳：辽宁出版社，2004：113-114.

美国心理学家布鲁纳（J. Bruner）曾做过一个有名的货币实验：实验材料为一套美元硬币，这些硬币的面值分别为 1 分、5 分、10 分、25 分、50 分，均为圆形，但大小不一；还有一套与硬币大小形状完全相同的硬纸片。实验对象是 30 名 10 岁的儿童。实验步骤为：首先把两套材料依次投射在银幕上，让被试依次观看。然后移去刺激物，令被试画出刚才看到的硬币与纸片。结果，被试画的圆形纸片与实际大小比较一致；但所画的硬币圆形却远远大于他们所看到的真正硬币。这个实验表明，由于刺激物本身的社会意义及价值不同，影响了人们的认知结果。复杂性是指和一般认知相比，影响社会认知的因素更多，更复杂。社会生活是极其复杂的，制约认知过程的主体因素、客体因素和情境因素远比一般认知更多，作用更显著。例如，主体的兴趣爱好、客体的社会地位、主体与客体的关系状况等，都对主体的认知产生巨大影响。

2.1.3 社会认知效应

社会认知心理效应又称为“社会认知偏差”，指人们在对他人知觉、判断时出现的一些带有规律性的认识误差。效应即反应，一般指那种有规律的作为结果的反应。而社会认知效应特指那种既有规律又有误差的反应，是人们在对社会现象认知过程中出现的一些带有规律性的认识误差，又称为认知偏差或社会错觉。社会认知过程出现偏差是必然的和正常的，否则是偶然的和不正常的。出现偏差也是必然的和普遍的。这些偏差尽管不合实际，但又难免。掌握其规律性将对于我们正确地认知他人和搞好自己的印象管理大有裨益。[1] 高慎盈曾经专门写了一本书《社会心理效应透视》（1987），任顺元也曾经根据人的认知效应写了一本《心理效应学说》（2004）。目前，人们已经总结出的认知效应达数百种，这里我们只能选择几例典型现象进行阐述。

（1）首因效应

首因效应又称为先入为主效应，指的是在人际交往过程中，最先得到的信息或印象对人的认知具有强烈影响。人们在接触、交往过程中，往往对最早获得的信息印象深刻、牢固，甚至成为一种定势，影响乃至决定人们以后交往的进程。一种解释认为，个人最先接收的信息所形成的原始印象构成了核心

[1] 李景春，李玉杰. 认知心理与社会行为研究 [M]. 秦皇岛：燕山大学出版社，2016：81-83.

知识或记忆图式，后来的信息被整合到已有的记忆图式中去，因此新信息就带上了先前信息的色彩。另一种解释是以注意规律为依据的，认为最先接收的信息受到更多的注意，后来的信息易被忽略。第一印象效应是典型的首因效应。"新官上任三把火""踢好头三脚"等说法表明，人们在生活经验中早就注意到了这一现象。

与首因效应相对的是近因效应，指在人际交往过程中，最后得到的信息或印象对人的认知也具有重要的影响。一般认为，首因效应和近因效应是在记忆过程中前摄抑制和倒摄抑制作用下，早期的认知对后来的认知起干扰作用，最后的认知对先前的认知起干扰作用。首因效应和近因效应作用的程度，会因信息提供方式、认知对象特征和主体特征发生变化。如果关于某人的两种信息连续被人感知时，人们总倾向于相信前一种信息，并对其印象较深，起作用的是首因效应；而在关于某人的两种信息断续被人感知时，起作用的则是近因效应。在感知陌生人时首因效应有重大的作用，如果熟悉的人在行为上出现某种新异的表现则近因效应起更大作用。

（2）定式效应

定式效应指在人们头脑中存在的关于某一类人的固定形象，对进一步认知起限制作用。心理定式是指在认识特定对象时的原有心理准备状态，这种准备状态容易使人对知觉对象以某种习惯的方式进行反应。当我们认知他人时，常常会不自觉地有一种有准备的心理状态，按照事物的外部特征对他们进行归类，从而产生了定势效应。社会刻板印象是定势效应的典型表现。所谓社会刻板印象就是指对社会上某一些事物和人物产生的一种比较固定、概括而笼统的看法，人们的年龄、职业、籍贯、性别等，都可以成为社会刻板印象形成的基础。苏联社会心理学家包达列夫的实验（1965 年）揭示出定势效应在人际印象中的作用。他向两组大学生出示了同一个人的照片。在出示之前，向第一组说，将出示的照片是个怙恶不悛的罪犯；而向另一组说，他是一位大科学家。然后让两组被试用文字描绘照片上这个人的相貌。第一组的评价是：深陷的双眼表明内心的仇恨，突出的下巴表明沿着罪恶道路走到底的决心，等等。第二组的评价是：深陷的双眼表明思想的深刻，突出的下巴表明在认识道路上克服困难的意志力，等等。由此可见，在人际印象中定势效应是明显的。

定势效应的直接影响是导致社会刻板印象。社会刻板印象是对社会集团最简单的固定化认识，虽然有利于对某一群体作出概括的描述，但也容易产生偏差，造成“先入为主”的成见，因而阻碍人际正常的认知与交往。大多数人都知道，刻板印象是由我们的偏见经合理化而得来，如认为群体有某种特性（事实上并不一定有），而推论他的每一个成员亦必然具有这种特性。社会刻板印象的形成及作用是不易觉察的，直到进一步的经验修正或予以否定之后，才得以改变。社会心理学家在社会刻板印象的研究中，多数是研究对各国国民的刻板印象。美国一些心理学家调查了普林斯顿大学学生对各个民族与国家所具有的刻板印象，发现被试的看法相当一致。例如，认为美国人是勤劳、聪明、有雄心、进取、实利主义的；犹太人是精明、勤奋、贪婪的；日本人是聪明、勤奋、进取、精明、狡猾的；英国人是有绅士风度、聪明、因袭守旧、爱传统、保守的，等等。1970 年我国台湾学者杨本华、杨车枢用类似的方法也进行过这方面的研究，得到了与国外学者较为一致的结果。国民刻板印象中有许多是道听途说而来的，不是根据自己亲身交往与接触的经验，往往含有种族主义的偏见。

（3）晕轮效应

晕轮效应又称光环效应，指他人的某种品质或特征非常突出，给人以清晰鲜明的知觉，以至掩盖了对他的其他品质和特征的认知。这一突出的品质或特征具有一种类似月晕的作用，使观察者看不到该人的其他品质或特征，从而对一个人作出以点概面、以偏概全的评价。核心品质是形成晕轮效应的重要因素，是指具有影响全部印象性质的品质。晕轮效应是个人主观推断的泛化、扩张和定型的结果。抓住事物的个别特征，以个别推及一般，就像盲人摸象一样，以点代面。把并无内在联系的一些个性或外貌特征联系在一起，断言有这种特征必然会有另一种特征。晕轮效应具有遮盖性和泛化性的特点，如“一好百好”“一坏百坏”。中国的俗话“情人眼里出西施”，就是一种晕轮效应。社会认知中的“马太效应”现象，就是晕轮效应持续作用的表现。晕轮效应实际上是个人主观推断的泛化、扩张的结果。由于晕轮效应，人的优点或缺点一旦变为光圈被夸大，其他缺点或优点就被隐藏到光环的背后令人视而不见了。

（4）期待效应

期待效应又称皮格马利翁效应或罗森塔尔效应，是指人们持续期待和坚信会使事情更多地向着预期方向发展。皮格马利翁是古希腊神话里的塞浦路斯国王，他酷爱自己雕刻的一尊少女塑像，并且真诚地期望自己的爱能被接受，这种真挚的爱情和真切的期望感动了爱神阿芙狄罗忒，爱神阿芙狄罗忒赋予雕像以生命，令其成为活生生的美少女，这位美丽的少女和皮格马利结为终身伴侣。

1968 年心理学家罗森塔尔（R. Rosenthal）和雅各布森（L. Jacobson）进行了一项名为“预测未来发展的测验”。他在美国一所小学，从各年级随机列出“有优秀发展可能”的名单交给老师，8 个月后复试时，名单里学生的成绩增长较其他同学快，并在非智力因素方面也有明显的发展。期待是人的主观愿望，是人们对自己或他人行为结果的某种预期性认知，通过信任和暗示心理的共鸣对人发生引导和动力作用。

（5）投射效应

投射效应指认知者总是假设他人与自己有相同的心理倾向，往往把自己的特性推置于他人身上。投射可以分为两种类型。一类是无意识投射，指主体没有意识到自己具有某些特性，而把这些特性投射到他人身上。另一类是有意识投射，即指主体意识到自己有某些不好的特性，而有意把这些特性加到他人身上，可称之为“以己度人效应”。在社会交往中，惯于讲假话的人最不容易相信别人的话，因为这类人自己骗别人，总以为别人也会骗自己，所以不愿相信他人。对别人怀有敌意的人，总感觉对方对自己也是不怀好意。投射效应形成的心理机制，是个体知识经验和人格特征的差异导致的社会认知的理解性的不同。在现实社会生活中，表现为同一客观刺激物或同一个人，人们对其的理解、评价是不同的，正所谓仁者见仁、智者见智。尤其当某些人职业角色、社会地位和心理特征与自己相同时，更容易出现推己及人。

2.2 行为归因理论

在心理学中，将社会知觉中的因果关系知觉赋予了一个新的名词，叫作归因。归因是指人们对他人或自己的行为进行分析，指出其性质或推断其原因的过程。归因的实质就在于把人的行为过程或自己的行为原因加以解释和推测。例如，一位很熟识的朋友到你家做客，你发现他表现得不像往常那样随意大方而是郁郁寡欢，你就会揣测其原因：是他在外面遇到了不顺心的事，是他的身体不舒服，还是自己冷落了他引起他的不满。而这种归因的结果又会直接影响你下一步的行为：安慰他或表现得热情起来。

我们对他人的知觉总要涉及他的内部心理状态，如动机、情绪、品德、信念等，而这些无法直接观察到，只能依据他的言语、行为去推断，这样就产生了归因问题。人们一般不会问太阳为什么会每天早晨升起、晚上落下；车辆为什么红灯停、绿灯行。所以，对大多数自然事件及人类行为，人们都不会费心地去探究原因。但在下述情况下，人们会进行归因。一是当出乎意料、不寻常的事件发生时，人们就会感到惊奇，就会去寻找原因，以加强自己对世界的预测能力，增强自己的信心与安全感。二是负性事件发生时。糟糕的、痛苦的、不愉快的事件容易促使人们去探求原因，以找到解决问题的方法，使自己生活得更好。如幸福的人通常不会去找幸福的原因，而当一个人很痛苦时，往往会试图寻找痛苦的原因，以解决出现的问题。三是对个体很重要但又不太了解的事情出现时。如当一个同事被“炒鱿鱼”了，其他人就会试图去了解为什么。除了听领导的解释外，他们还可能去寻找背后真正的原因，毕竟避免被“炒鱿鱼”对他们至关重要。[1]

2.2.1 海德的归因因素

美国心理学家海德（F. Heider）被公认为是归因理论的奠基人。他的研究始于 20 世纪 50 年代。他在《人际关系心理学》中提出：可以通过知觉和观察有关行为所掌握的信息，从人的内部倾向因素和环境倾向因素两方面作出行为原因的判断。

海德认为，行为的原因有两种：一是个人的自身因素，包括人格、品质、动机、情绪、态度、心境、努力、能力等；二是情境因素，包括任务的难度，活动提供的奖赏或惩罚、运气等。海德试图从内外归因中去解释一个人的行为，特别是强调人为的内部因素的作用。如果某种行为是由内在的个人因素所引起的，那么这个人将来在同样情况下发生的行为不会有太大的变化。这样，控制好周围环境，就能够预知他人在该环境下会如何行动。

---

[1] 孙萍，张平．公共组织行为学 [M].2 版．北京：中国人民大学出版社，2010：50-53.

海德的模式重在分析行为事件的逻辑结构，寻找作为行为倾向归因的合理指标，虽然未能得到实验的验证，但对后来的归因研究产生了重大影响。

2.2.2 凯利的归因模型

凯利于 1967 年提出了具有说服力的三维理论。此理论认为，一个人行为的原因可能归结于三方面的因素：一是行为者；二是行为者知觉的对象；三是行为者与知觉对象的相互关系及情境。例如，一位员工称赞其领导者的原因可能是：这个员工阿谀奉承；领导者确实值得称赞；当着领导者和其他人的面，只好称赞几句。这三个因素中，行为者因素是内部归因，知觉对象和相互关系及情境是外部归因。对这三个因素中的任何一个因素的归因都取决于下列三种行为特性：

（1）特异性

特异性指行动者是否对其他对象也以同样的方式作出反应，或者说他是在众多场合下都表现出这种行为还是仅在某一特定场合下表现出这一行为。例如，一名今天迟到的员工是否经常表现出自由散漫、违反纪律的现象。如果这名员工经常迟到，则观察者会对员工的行为作出内部归因；如果行为者的特异性高，只是在某一特定场合有迟到行为，则员工行为的原因可能被归于外部。

（2）一贯性

一贯性指行动者的行为在其他时间、地点是否也发生，或者说行动者的行为是否稳定而持久。例如，如果上述员工并不总是迟到，他有 8 个月从未迟到过，则表明今天的迟到是一个特例，行为的一贯性较低，一贯性越低，观察者越倾向于对其作出外部归因。

（3）一致性

一致性指其他人对同一情境是否也作出与行为者相同的反应。如果每个人面对相似的情境都有相同的反应，我们说该行为表现出一致性。例如，所有走相同路线上班的员工都迟到了，则迟到行为的一致性很高，那么，我们一般对行为进行外部归因。

凯利认为这三方面的信息构成一个协变的立体框架，根据上述三方面的信息就可以进行归因判断。但凯利的理论受到了很多的批评。如模型过于理想化，人们通常得不到一致性、一贯性、特异性三种信息，模型的逻辑含糊不清，而且不必那么复杂，等等。

2.2.3 维纳的归因倾向

美国心理学家维纳（B. Weiner）于 1979 年提出的成就归因理论，认为人们对成功和失败的归因通常包含三个维度：

（1）内外维度

内外维度即是将成功和失败归为内部原因，如人格、动机、态度、情绪、能力、努力等，还是归为外部原因，如环境、运气、任务难度、他人帮助等。

（2）稳定不稳定维度

稳定不稳定维度即成功和失败的原因是长期稳定的，还是变来变去的。有些内在原因（如能力等）是稳定的、不会轻易改变的；而有些内在因素（如努力等）是可以通过人的意志改变的，是不稳定因素。同样，有些外因，如法律规则，是多年不变的；而有些外因，如运气，是多变的。

（3）控制点维度

控制点维度即成功和失败的原因是否在个人的控制范围内。如不稳定的内因“努力”一般是可控的，而稳定的内因“能力”一般是不可控的。

不同的归因对人的行为有着不同的影响。例如，如果将失败归因于任务难度、运气等因素，那么就会降低努力程度，因为人们会认为努力也不会起太大作用；反之，将失败归于自己努力不够，那么就会加强今后的努力程度。另外，把成功归于能力，会增加个体的自信心，预期自己将来还会成功，并且更加努力积极；而当一个人把失败归于自己能力太差时，他就会消沉、自卑，从而不再努力。因此，管理者在对行为进行归因时，应该有意识地去分析造成成功和失败的各种内外因素、稳定或不稳定因素，避免片面地看问题。对于一个员工的成功，不仅要看到他的能力，也应该看到他的努力程度、工作任务的难度等因素；而对于一个员工的失败，不能一味强调他的能力差，还要看是否有其他不稳定的内外因素的影响，从而鼓励员工战胜困难，不断前进。[1]

2.3 人际印象管理

在社会生活中，印象问题至关重要。在他人心目中形成的印象如何，直接决定着人际交往的性质和程度。每个人都很在意别人给自己留下的印象，并

[1] 刘永芳. 管理心理学 [M].2 版. 北京：清华大学出版社，2016：143-144.

以此为依据决定和对方如何交往；每个人更加看重自己给别人留下印象的好与坏，并会为给对方留下美好印象而煞费苦心。事实上，人们选择交往对象、交往方式时，多数情况下不是根据对彼此立场、观点或人生观、价值观的深入研究和比较，而是根据彼此在对方心目中的印象进行的。

2.3.1 印象管理原理

所谓印象，就是留在人们记忆中的认知客体的形象。按照心理学家施伦克（Schlenker B. R.）的意见，印象管理是“有意或无意地控制在社会交往中形成的印象而付出的努力”。人们在社会交际中，往往选择一定的服饰，采用一定的言行，以便在他人心目中形成符合自己意愿的印象。

人们对客观世界的认识经历从感性认识到理性认识过程，达到对事物深层本质。感性认识有感觉、知觉、表象三种形式，也是感性认识发展的三个阶段。表象是在感觉和知觉基础上形成的，其特征不同于感觉和知觉，既有感性认识的直接性和具体性，也有理性认识的间接性和抽象性，是从感性认识上升到理性认识的过渡形式。社会认知过程也是如此，在对人的感觉和知觉基础上形成社会表象，即社会印象。因此，社会印象是社会认知的基本形式。

人们在社会交往中，必然要对接触到的形形色色的个体或群体产生一定的印象。印象就是指我们对别人的看法，包含了人们对于认知对象各方面的突出特点，它所反映的是对象的整体性特征。但并不是等到把握了对象的全部特性之后才形成印象的，有时甚至只和对方见了一次面，或者只说几句话，就可以形成一种最初印象，这一印象也是整体性的。准确地说，印象就是人在社会认知基础上形成的心理过程，留在其记忆中的认知客体的形象。认知客体在头脑中的形象，可以是自然物体，也可以是人和群体、社会事件等。社会心理学讲的印象，一般指的是对社会个体、群体及其关系的印象。

有关研究表明，印象在形式上似乎完全是一种感性认识，但在实际的社会认知过程中，人们利用和组织各种信息判断他人的个性和心理品质，进而形成对他人的完整印象。其中，评价对印象的形成具有决定意义，或者说评价是印象的核心成分。奥斯古德（Charles E. Osgood）等人在一项实验研究中发现，被试一般用于描述对他人印象的形象词，主要涉及三个基本向度，即评价（好 / 坏）、力量（强 / 弱）、活动（积极 / 消极）。也就是说，人们基本上是从评价、力量和活动这三个角度来描述对一个人的印象的。一旦某个人被置于这三个向度上，对这个人的印象就被确定了。他们在研究中还发现，这三个向度的重要性并非均等，评价是其中最重要的向度，力量和活动的重要性则偏低。研究者把“评价”作为最重要的向度，是因为在实际的认知过程中，我们一旦在这一向度上对某人形成好或坏印象后，就会延伸到其他情境或其他特质上去。也就是说，一旦我们判断出某个人是好或是坏的时候，那么对此人的整体印象也就基本上确定了。奥斯古德的理论得到了后来许多人的支持，如罗森伯格（S. Rosenberg）和哈密尔顿（D. Hamilton）等人的研究都进一步证明了奥斯古德的结论。

阿希曾做过一个有关核心特性的经典性实验研究，发现“热情”和“冷淡”是影响印象形成的核心特性。凯利在一个更为现实的研究情境中，重复与印证了阿希的结论。一系列研究表明，核心特性的作用可能要比阿希和凯利的发现更为复杂。威尔纳（C. Werner）等人指出，某一特性是否成为核心特性，在一定程度上取决于与此特性同时呈现的其他特性。换言之，如果关于其他特性的信息很多，“热情”和“冷淡”的具体作用就可能被削弱。尽管如此，社会心理学仍然认为，中心特性在大多数情况下对印象的形成有着重要的影响。

在印象形成过程中，几乎所有的人都表现出一种“合理化”倾向，将他人视为某种“内部一致”的人，对人的不同的特质形成较为一致的评价，尽管事实上未必如此。一般不会将一个人看成既诚实又虚伪、既热情又冷酷、既通情达理又粗暴野蛮的人，甚至当有关某人的信息出现相反的特性时，人们仍力图消除这些不一致，从而把对方看成是一种特性一致的人。为了印象的“一致性”，人们往往在对他人有了基本的了解后，就去推论他其余的大多数行为和人格特征。

2.3.2 印象管理模型

印象的形成依赖主体的认知能力，这种认知能力在人的生命早期就已经存在了。在婴儿身上，可以观察到对人的视觉注视和微笑反应。当婴儿出生后 3 ～ 6 个月时，就可观察到他对周围刺激物作出的分化反应。当给婴儿看其他非人的刺激物时，婴儿则无微笑反应。婴儿的这种对人的刺激物才有的微笑反应被称作“社会微笑”。如果说婴儿降生的第一声啼哭是向世界宣布他的来临，表明人对外部世界探索的开端，那么“社会微笑”的出现也许意味着人的社会认知能力开始发展。也有人认为，婴儿的这种对人的微笑反应实际上是一种具有生物学意义的适应行为。一些动物的幼仔从一出生时就能够追随其接触到的东西，这种现象被社会生物学家劳伦兹（K. Lorenz）称作为“印刻效应”或追随反应。这种反应对动物来说具有重要的适应意义，因为这类动物既无攻击能力，又无防御本领，在遭遇侵害和袭击时唯一的出路就是奔跑逃命，否则就难免被伤害甚至丧命，这就要求幼仔生下来就具有奔走的能力。

在社会认知过程中，人们获得有关他人的各种不同的信息，怎样把这些零散的信息整理成一个系统的印象呢？社会心理学家安德森（N. Anderson）等人从不同的实验研究中提出了累加、平均、加权平均三种模式。

（1）累加模式

累加模式认为人在形成印象时将各种品质累加起来形成总的印象。例如，甲乙两人，多识（+4）、机智（+3）、自信（+4）、正派（+3）、洒脱（+2），加起来得分为16分；乙除具有上述品质外还有坦率（+2）、热情（+4）、多嘴（-4），累加分为18分。根据累加模式，那么人们对乙形成的印象比甲略好些。

（2）平均模式

安德森1965年的一系列实验发现，用累加模式表示印象的形成不甚精确，由此提出了平均模式。平均模式认为，人们在形成印象时使用各种品质的平均值。例如，上述甲的平均得分为3.2分，乙的平均分是2.25分。按照平均模式，人们对甲的印象比乙的好。那么，两种法则究竟哪一个更有道理呢？安德森通过实验证明平均法更正确。他发现当一个中等合意的品质与先前很合意的品质结合时，总的评价不仅没有增加反而降低了，如果再加上一个很消极的品质，其所产生的印象更坏。

（3）加权平均模式

上述两种模式得出的结论截然相反，安德森通过实验证明平均模式更为准确，但仍然没有找到产生两种模式悖论的原因。经过进一步的研究，安德森又提出了印象形成的加权平均模式。这种模式认为，人们在对他人形成印象时，虽然将所有品质平均起来，但有些品质，如极好和极差的品质，比一般品质影响更大。也就是说，印象的形成一般根据平均模式，但对于极端品质应予以加权。这些具有影响力的极端品质叫中心品质。凯利通过实验证明，“热情 / 冷酷”这一对品质对人们的印象影响较大，而“礼貌 / 生硬”则对印象影响较小。

2.3.3 印象管理策略

印象管理又称为“印象整饰”或“印象控制”，指通过改变自身形象，控制他人对自己形成印象的过程。在人际交往中，我们每个人通过以恰当的言语、适度的行为和得体的装扮来修饰自己的形象，以期给对方留下一个良好的印象。无论是外观仪表上还是内在人格上，都尽可能展示自己的魅力，把缺点和不足掩饰起来。外国人重形象，中国人好“面子”。形象和“面子”含义大体相同，不过也有差异。形象比“面子”更完整，“面子”比形象更温情，饱含着不同的文化底蕴，来源于不同的传统习俗和生活方式。在现代生活中，“文明健康生活方式的形成需要一定社会力量的引导，包括一定群体的榜样示范”[1]。形象问题已经远远超越了个人的视域，成为各级各类组织都非常关注的问题，“形象设计”已经成为企业、事业、政府、党派等部门或团体倾力打造的社会工程。

（1）保持一致策略

心理学家库利和米德发现，每个人都会试图“站在别人的角度”上，模仿别人的方式去观察自己。这不仅能够预知别人对自己的感觉和反应，而且还能据此调整自己的言论与行为，使之产生令人满意的结果。戈夫曼（I. Goffman）曾经提出一种“戏剧理论”（dramaturgical theory），把社会交往比喻为一种剧场的演出，每个人都在表演自己的节目，而所谓的“节目”就是一套选择用来表现自我的言语和非言语的活动，每个人都会尽量使自己的表演赢得他人的好评。为此，每个人既要保全自己的脸面，又要顾及他人的面子，所以常常会运用印象管理的手段。根据这种心理现象我们可以巧妙地利用“踢门槛”效应和“留面子”效应。

“踢门槛”效应，又叫得寸进尺效应。当个体先接受了一个小的要求后，为保持形象一致，他便可能接受一项大的、甚至不合意的要求，这叫作“踢门

[1] 季芳，侯嘉伟. 和谐社会视阈下社会生活方式变革研究 [J]. 投资与创业，2012（7）：27-29.

槛”效应。美国社会心理学家弗里德曼（J. L. Freedman）等人通过实验证明了这个结论。人们都有保持自己形象一致的愿望，一旦被标定为助人合作的形象，为寻求首尾一致的印象，即使别人后来的要求有些过分，人们也愿意接受。也就是说，门踢开了一点，就会容易进去了，但贪得无厌超过限度，也会遭到拒绝。“踢门槛”效应启示我们，对他人的要求不能一下子提得过高，更不能操之过急。即使需要提出大的要求，也要分步提出，不断强化，逐渐到位。否则，就会引起反感遭到拒绝。

“留面子”效应。对于一个自我形象很好的人来说，拒绝了他人一个大要求，或者做了损坏自己形象的事，就会转过来接受他人的小要求。这叫作“留面子”效应。也就是说，我们提出一个大的、别人不易接受的要求，然后再提出一个小的要求，那么别人接受小要求的可能性，要比以前不曾提出大要求的可能性要大。美国社会心理学家查尔迪尼（R. B. Cialdini）等进行过相关的实验说明，当人们拒绝了他人提出的大要求后，便认为损坏了自己富有同情心、助人为乐的形象，为了挽回面子，整饰自己，便会欣然接受第二个小的要求。留面子效应启示我们，当想让别人为自己办某事之前，可先提出一些别人根本不可能做到的要求，待别人拒绝且怀有一定的歉意后，再亮出自己真正要求对方办的事。由于拒绝得太多，人们往往为留些面子会尽力接受最后这项要求。

（2）讨好策略

讨好是一个人有意投其所好来增加他人的喜欢，从而获得良好的印象。当对方需要时，真诚地给予称赞是非常有效的。个体都有自尊倾向，喜欢以肯定的态度对待自己，真诚的称赞会产生特殊的心理效应。从心理学上讲，讨好的主要方式是称赞、附和和施惠。

称赞既可通过口头语言，也可通过表情语言，如微笑、赞同的目光等。称赞能否使对方产生好感，关键在于要恰到好处。为此，应注意：①避免在他人认为你“有求于他”的时候去称赞他。如果的确有求于他，一定要拉开时距才好。②不要在例行公事的场合过分称赞他人。③必要时，可由第三者转达称赞，这样可以增加称赞的可信度。④在称赞的同时，不妨指出他人无伤尊严的小毛病，或已非常明确的缺点，这样显得称赞更真诚。⑤对他人已经非常明确的品质可以少称赞，对他人很注重的但尚不能肯定的品质应多称赞，会使他感到莫大的鼓舞和欣慰。⑥如果甲乙两人情况相当，不要在一方面前过多称赞另一方。⑦在乙面前称赞甲，再表示乙比甲好，一般是乙和甲没有明显的差距或乙希望自己比甲好，这时效果更好。⑧如果别人问："你看我这个人怎么样？"这时，就该明白他需要的是称赞不是批评。有教养的人称赞不必直截了当，含蓄委婉一些可能效果更好。

附和是个体在思想和行为上表示与他人相同。在现实生活中，一般人都喜欢价值观、信念和自己一致的人。因此，在大多数情况下，附和可以增加他人对你的好感。但附和必须恰到好处：附和他人时要在他人关注的事件上表示相同，在无关紧要的事件上，可以充分表示与他人不同，避免给人留下见风使舵、毫无主见的印象。如果他与第三者有分歧，此时附和他会产生明显的效果。当他遭到议论时，你却坚持己见，力排众议，由此他会将你视为知己。

施惠是个体给他人以物质上的好处。施惠如果恰当，同样会获得受惠者的好感。但施惠者必须避免对方产生心理性的抗拒，有效的方法是让受惠者感到无求于他。另外，还必须注意方式，考虑到对方的人格特点。施惠一般不宜在大庭广众之中，最好在两个人之间。

（3）自我表现策略

印象管理是社会生活中的自我表现方式，是对自身特征的优化整合，也是人际关系的自我调适过程的重要环节。有关研究表明，自我观念和社会身份是印象管理过程中的两个重要元素。自我观念是个人逐渐形成的对于自己的认识和评价，而社会身份则是指个人在社会互动情境中得到的认同和肯定。一个是自我心中的我，一个是他人心中的我，两个我构成了印象管理的原则和标准。人们都说自我表现参照物是现实生活，但实际上人们经常有意识地按照这两个主观自我来整饰印象，希望给别人留下一种预期的印象，并借此达到某种目的。

SOLER 模式。社会心理学家艾根（G. Egan）1977 年根据研究发现，在同陌生人初次相遇时，按照 SOLER 模式来表现自己，可以明显增加别人对于我们的接纳性，使我们在别人心目中建立起良好的第一印象。SOLER 是由五个英文单词的词头字母拼写起来的专用术语。其中：S 表示"坐（或站）要面对别人"；O 表示"姿势要自然开放"；L 表示"身体微微前倾"；E 表示"目光接触”；R 表示“放松”。当我们按照 SOLER 方法来表现自己时，会给人一个“我很尊重你、对你很有兴趣、我内心是接纳你的、请随便”的轻松、良好的印象，有效地增加别人对我们的好感，增加别人对我们的接纳性。人际关系学卡内基（D. Carnegie）在他的《怎样赢得朋友，怎样影响别人》一书中，根据大量来自实际生活的成功经验，总结出了给人留下良好第一印象的六条途径：真诚地对别人感兴趣；微笑；多提别人的名字；做一个耐心的听者，鼓励别人谈他们自己；谈符合别人兴趣的话题；以真诚的方式让别人感到他自己很重要。卡内基曾经以他的经验总结帮助了许多人成功地改善了建立人际关系的技巧，并使他们获得了事业上的成功。

研究发现，人的自我表现策略很多。适宜暴露自我策略，可能令他人产生被信任之感，因而获得好感，甚至被视为知己；虚无呈现自我策略，即从反面间接地表现自我，如正话反说、以退为进、声东击西、阳奉阴违，对于那些高傲自大的人可能很有效；放大呈现自我策略，可展示自己能干的魅力，获得对方的好感；收敛呈现自我策略，在心胸狭窄人面前，采取自我克制的态度可满足对方的心理需要，获得他的欢迎；等等。但是，各种自我表现策略的运用皆应因人而异。所谓因人而异，一是因自己而异，二是因对方而异。

第3章　情绪情感理论与管理

对于“人类情感”，众多的史学分支领域形成了一致的认识：人的情感随着时间、地点的变化而改变；历史上无论是社会的变革或停滞，情感因素都扮演了重要角色。[1]情绪、情感和情操均以“情”为核心，是人的社会生活体验的基本类型，反映人们内心感受的五味杂陈。我们的生活总是充满着复杂的情绪情感体验，有时欣喜若狂，有时焦虑不安，有时孤独恐惧，有时满腔怒火，有时悲痛欲绝，有时舒适愉快等；有些人和事我们很喜欢，有一些则令我们感到十分讨厌。这一切使我们的生活时而阳光灿烂，时而阴霾密布，时而晦涩呆板，形成了一个纷繁复杂的心理世界。例如：当人们看一场喜剧电影时，会高兴得捧腹大笑；思念远方的亲人，会不禁潸然泪下；做了违背社会公德的事，会良心久久不安；经过艰苦的思索，攻克一道难题，会满心欢喜。这种伴随着认识活动产生的喜、怒、哀、乐、爱、恶、欲等心理现象，就属于人的情绪情感过程。

3.1 情绪情感理论

斯托曼（K. Strongman）曾经将情绪定义为：“情绪是感受，是与本身结构有关的身体状态，它是粗糙的或经过精化的行为并发生于特定的情景之中。”[2]这个定义中“情绪是感受”揭示了情绪区别于其他心理现象的本质在于“感受”，但后边两句话的说明就不够准确了，显得多余且离题。情绪是一种主观体验，是客观事物是否满足主体需要的内在感受。它不是意识，却常常受意识的影响而产生不同的感受。决定情绪状态的基本要素是需要，无论是显在的

[1] 诺亚·索贝. 教育史中的情感与情绪研究[J]. 华东师范大学学报（教育科学版），2016(4)：48.

[2] K T 斯托曼. 情绪心理学 [M]. 张燕云，译. 沈阳：辽宁人民出版社，1986：12.

需要还是潜在的需要，其满足状态决定情绪状态。一般情况下，当主体需要获得满足就会产生轻松或愉悦的情绪，而当需要得不到满足就会产生紧张的或激愤的情绪。[1]

3.1.1 情绪及其类型

情绪本身不能以积极或消极、正确或错误、正面或反面来区分，因为在社会生活中，绝大多数情况下都是那种因需要没有得到满足的否定性体验，对人生起着巨大的、积极的推动或促进作用。当然，不良情绪也是引发民心恶化或行为出轨的重要原因。有关研究表明，绝大多数的暴力行为都和不良情绪有关。同时，如果人的需要获得过多的满足，也会滋生自满和消沉的情绪，弱化为实现人生目标而不懈奋斗的动力。

情绪具有两极性，如喜与悲、爱与恨、愉快与忧愁、满意与不满意等。情绪具有波动性，在两极之间经常变动着，只有其中间状态是一种平静的心态。情绪具有情境性，置身于不同的环境之中会刺激人产生不同的情绪，但受情境左右的情绪往往是短暂的。

在影响情绪的各种因素中，第一位的是需要，第二位的就属认知了。相同的刺激物、同样的社会环境，会使不同的人产生完全不同的情绪体验。当客观刺激物作用于人的时候，常常首先感受刺激的是认知，这时人们便运用各自的已有知识经验有意或无意对刺激物进行诠释。只是在更多的情况下，我们的诠释过程很难意识得到，通常是已往阅历中形成的经验性的东西以固有的条件反射的方式发生作用。反过来，情绪对人的认知过程也有着巨大的影响。轻松、愉悦、恬淡的情绪能够使人的思维镇静而敏捷，进行全面而深入的思考，不时地迸发出灵感的火花。烦乱的情绪则使人思维零乱，心智机能下降，理不清头绪，很难作出正确的判断和合理的推论，甚至令人无所事事。

关于人的基本情绪，中外学者说法不一，从几种到几十种，各有其道理。因为人的情绪体验太复杂了，细分的话可能会找出数百种。综观各种理论，我们还是觉得中国古人“七情”说概括得最好。《礼记·礼运》中说的“七情”是喜、怒、哀、惧、爱、恶、欲，《黄帝内经·举痛论》中说的“七情”是喜、怒、忧、思、悲、恐、惊七种情志活动。尤其是《黄帝内经》，不仅列

---

[1] 李玉杰. 心理学 [M]. 沈阳：辽宁教育出版社，2009：115.

举了人的基本情绪，而且从医学角度论述了“七情”对人身心的影响，指出：“怒则气上，喜则气缓，悲则气消，恐则气下，惊则气乱，思则气结”，“喜伤心、怒伤肝、思伤脾、忧伤肺、恐伤肾”。这里的喜、怒、忧、思、恐又被称作“五志”。同时，《黄帝内经》还记载了以情胜情的心理疗法：“怒伤肝，悲胜怒”；“喜伤心，恐胜喜”；“思伤脾，怒胜思”；“忧伤肺，喜胜忧”；“恐伤肾，思胜恐”。谚语说：“笑一笑，十年少，愁一愁，白了头。”传说伍子胥过文昭关，一夜之间须发全白，乃过分忧愁所致。《儒林外史》记载了范进中举的故事，说他数十年寒窗不得志，一旦中举，高兴得举止发狂，疯癫而目不识人。可见，中国古人对情绪的研究全面而深刻，至今仍有其重要的科学价值。

现代心理学把情绪分为心境、热情、激情和应激四类。

心境即内心环境，是一种指微弱而持久的情绪状态，具有弥漫性特征。在人的情绪当中，心境是最持久的情绪状态，有些心境可能持续几小时，有些可能持续几周、几个月或更长时间。例如，人取得了重大成就以后，可能在相当长一段时间内处于积极、愉悦的心境中；生活中的重大打击往往使人较长时间处于郁闷之中。尤其那种人们关注的又长期悬念的生活事件，会使人一直处于烦乱与焦灼状态。例如，“非典”时期，许多人的情绪长期处于焦虑之中。我们经常说的“逆境成才”之“境”，一是指外部环境，二就是自我的内在心境。

热情是指在某种特殊刺激物作用下，或受到某种诱惑和感染而产生的对某一对象相对强烈和持久的情绪状态。与心境比较，热情比较强烈。热情是人们生活和事业的一种必要条件，如果对生活缺乏热情，就会表现出消沉甚至颓废，如果对工作缺乏热情，则不可能取得显著的业绩。但是，热情有度，不及就是一般的心境，过度热情则转化为狂热。狂热是指人对某一事物表现出盲目的、过度的、不合情理的热情。狂热状态下的人常常丧失理智，违反行为规范甚至出现越轨行为。狂热多发端于人际交往，一般在迷恋、倾慕、感染和冲动的情景下发生。例如，追星族“偶像”崇拜的狂热性，情绪冲动导致的待人接物上的过分热情，在群情感染下产生的对某种社会事件的过分投入，等等。有时因为不恰当地服用某种兴奋剂，大脑中产生了大量的多巴胺和肾上腺素，导致难以抑制的亢奋，表现为对某种活动的狂热。

激情是一种强烈而短暂的情绪状态，通常是以对个人或社会有重大意义的事件为刺激物引起的情绪反应，多表现出过度兴奋、言语紊乱、动作失调。例如，狂喜、绝望、暴怒、极度悲伤、异常恐惧等。激情爆发时往往伴随着显著的生理变化和外部行为表现；暴怒之时全身肌肉紧张，怒目而视，怒发冲冠；狂喜时眉飞色舞，手舞足蹈；极度恐惧时目瞪口呆，甚至呆若木鸡，严重者导致精神衰竭、休克；等等。激情在社会生活中具有两重性：一方面，激情是人们从事某种活动的必要的动力性因素，例如战场厮杀中激情能促使人奋勇杀敌，诗人在激情状态下才能写出慷慨激越的诗章。另一方面，激情状态下人往往出现“意识隧道”现象，即认识活动的范围缩小，理智分析能力受到抑制，思考问题不全面、不深刻，自我控制能力减弱，甚至出现行为失控。

应激是一种典型的应对心理，指人对某种意外的环境刺激所作出的适应性反应。人们遇到某种意外危险或某种突然事变时，必须运用自己的智慧和经验，动员自己的全部力量，迅速作出选择，采取有效行动，此时人的身心处于高度紧张状态，即为应激状态。应激状态的产生与人面临的情景及人对自己能力的估计有关。当情景对一个人提出要求，而他意识到自己无力应付当前情境的过高要求时，就会体验到紧张而处于应激状态。

加拿大医生塞里（H. Selye）等人通过羊和狼的实验，最先提出了应激心理过程理论。他们将两只同样健康的羊分别关在两个笼子里，一只生活安定，另一只可随时看见一只狼。两个月后，后者因过度紧张而死。应激是由一系列生理和心理反应过程组成的，是有机体在面对不良情境时的生理和心理上的自我防御过程。人在应激状态下，会引起机体的一系列生物性反应，如肌肉紧张、血压、心率、呼吸以及腺体活动都会出现明显的变化。这些变化有助于适应急剧变化的环境刺激，维护机体功能的完整性。塞里把这种变化称为适应性综合征，并指出这种适应性综合征包括动员、阻抗和衰竭三个阶段。

（1）动员阶段

动员阶段是惊觉到险情或灾难，机体通过自组织功能动员身心免疫系统参与应激的适应和自我保护过程，伴随着一系列生理和心理方面的变化。下丘脑是控制应激反应的关键部位，当下丘脑接受大脑皮层传下的有关应激源的信息时，脑垂体接收大脑皮层发出的对应激源评价的信号，分泌出一种叫作促肾上腺皮质激素的化学物质，这种化学物质通过血液循环扩散到全身的各组织器官，于是引起机体的一系列紧张的生理和心理反应，如心率加快、呼吸加快、皮肤温度下降、皮电位发生变化、血糖含量升高等等。同时伴随着一系列心理上的变化，如紧张、恐惧、愤怒、悲伤、思维狭隘、缺乏自信心等。如果应激源在短时间内消失，或是通过自我调节、自我控制，机体很快就会恢复到正常状态。

（2）阻抗阶段

阻抗阶段是指应激源持续存在或缺乏自我调控能力时，警戒反应会使机体的生理和心理变化升级，将全身心的各组织器官全部动员起来，应付当前的应激状态。机体竭尽全力地参与应激，试图通过与紧张状态抗争，恢复原有的正常状态。如果机体所做的努力获得了成功，机体也能重新恢复到正常状态。

（3）衰竭阶段

第二阶段应激努力失败，由于机体能量大量耗散，以至于出现衰竭状态。因为在阻抗阶段机体已经耗费了大量的生理能量和心理能量，继续损耗机体便会受到严重的损伤。由于长时间的能量消耗，机体变得反应迟钝，各器官的免疫能力也在不断下降。如果个体心理承受能力脆弱，又不能及时调理，很容易引起心理和行为异常，导致各种生理疾病，严重者会引起休克、精神病甚至死亡。

3.1.2 情感及其类型

情感是主体对与交往对象关系的内心体验。常言道："人非草木，孰能无情？"鲁迅说："无情未必真豪杰。"这里的"情"，指的是情感而不是情绪。社会情感的交往对象多数是人，但也有人以外的事物，例如：乡情中既有对故乡人的依恋之情，也有对故乡土的爱恋之情；爱岗敬业是对所从事职业的热爱情怀；"恋物癖"是对某种物的畸形依恋等。本书主要探讨人与人之间的情感问题。

情感与情绪都是人的内心体验，它们之间也有许多不同之处。首先，产生的基础不同。情绪体验来自自身需要满足状态，特别是那些与自然需要（如食、饮、住等）相联系的主观体验，是人与动物共有的；情感则来自人与人之间的关系状态与人的社会性需要（如劳动、交往、友谊、求知）是否得到满足而产生的主观体验，是人独有的。其次，稳定性不同。情绪具有情境性，往往易受情境影响，随情境的变迁而变化，因而比较肤浅；情感不仅有情境性，而且具有稳定性和深刻性，如慈母爱、赤子情等都比较稳定，一经产生则持续时间较长。最后，深刻性不同。情绪多是浅层的体验，带有更多的冲动性和外显表现，比如欣喜若狂、手舞足蹈、怒不可遏、暴跳如雷等，某种强烈情绪一旦发生往往一时难以冷静或加以控制；情感多是较为深刻的体验，比较深沉，大多处于意识支配的范围之内，情境性不显著。

情感的产生和发展受社会认知制约，但就情感本身而言，是一种非理性现象。人们常说："爱还需要理由吗？"正如有一首歌所唱："这就是爱，说也说不清楚；这就是爱，稀里又糊涂。"在生活中，每个人都会遇到情理冲突的困扰，难于处理"情通理不通"或"理通情不达"的矛盾。在世界上，汉语言的词汇量是最丰富的，但在情感心理学研究中，我们确实经常感到那种"只可意会，不可言传"的困境。一方面有语言表意的有限性，另一方面是由于情感具有我们确实没有办法说清楚的非理性。沉湎于某种情感之人，就可能因理性的缺失而产生偏激行为。因此，无论任何社会都要用道德与法律来规范人与人之间的关系。

情感具有感染性。情感的感染性可分为两类，一是共鸣，二是移情。共鸣性感染有两种表现：首先，交往双方互相感染。一般来说，双方交往总有主动与被动之分、先行与后行之别，一方对另一方的好感会感染另一方，唤起另一方的好感回馈。在正常的情况下，正是这种相互感染，导致了人与人之间情感的升华或恶化。其次，交往双方的情感对其他人的感染。例如，看到老弱病残的孤独与忧伤，会唤起人们的同情与怜悯；听了"孟姜女哭长城"的故事，会引起许多男人对孟姜女的喜爱。在现实生活中，人们崇尚英模，不仅是对英模的高度评价，也包含着人们对先进人物的敬爱；人们鄙视毒枭，既有对毒品危害社会的深刻认知，也有对贩毒者的切齿痛恨。移情是指与交往对方的情感会迁移到与对方密切相关的人或事物，从而产生性质相同或相近的情感体验。如"打狗看主人""朋友之友，亦为吾友""老吾老，以及人之老；幼吾幼，以及人之幼"等爱屋及乌的情感体验。

情感具有层次性和多向性。俗语云：“亲戚有远近，朋友有厚薄。”说的是人与人之间的情感关系不相等，有远近亲疏之别。同样是友情，但不同朋友处在不同的情感层次上。而所谓的层次，一是情感体验的层次，二是心灵沟通的层次。普通朋友情感体验较浅，要好的朋友情感体验较为深刻，密友彼此间有深层的心灵沟通，知己层次的朋友情感体验和心灵沟通最深。常言道：“人生得一知己足矣”，“万两黄金容易得，知心一个也难求”。对每个人而言，朋友的数量与情感的层次成反比，浅层交往的朋友可以有很多，像俞伯牙和钟子期那样的知音太难得了。

新友、故友、密友、诤友、挚友、畏友、盟友、知己、忘年交，既表明了友情的不同类型，也包含着情感的不同层次。情感不仅有层次性，而且有多向性。人一生可以交很多朋友，也可能产生多种爱情体验。正因如此，专一才成为恋人之间的一种期待。特别是在一夫一妻的社会之中，对爱情的专一已经成为社会法律和道德所维护的准则。爱情具有排他性，但这不是爱情的本质，而是情感的共性。凡是情感均具有排他性，排他性与情感层次成正比。一般交往产生的浅层体验没有明显的排他性，随着情感层次的加深，排他性愈加明显。所谓“情到深处人孤独”和“情到深处无怨尤”，正是情感关系达到一定层次的两种不同的体验和境界。由于人在社会生活中所发生的关系的多样性，决定了人的情感体验的多样性。在复杂多变的社会生活中，人类体验到了依恋、怜爱、思念、感悟、伤感、仇怨、憎恨、嫉妒等多种基本情感，并且区分出亲情、友情、爱情、业情、乡情等多种人们所熟知的情感类型。关于这些情感类型，在心理学、社会性、人际关系学等学科中都有详尽的阐述，早已成为人们的共识。但是，有一种特别的、极其重要的情感，即自情，还没有得到应有的重视，缺乏相应的理论。

自情是指主体与自我关系的情感体验，是主我对与客我关系产生的内在感受。由于整个人类长期存在的自我迷失，人与自我的关系一般不被视为基本的人际关系或社会关系，自情现象没有受到关注。在现代心理学中，自我认知问题早已有人系统研究和论述，自我情感问题还缺乏必要的研究。事实上，自尊、自怜、自爱、自信、自强、自立，或与之相反的自卑、自怨、自恨、自疑、自罪、自弃等自我心理，不能完全归结为自我认知，其中最为显著的是自我情感，也包括自我意志、自我人格等成分。也就是说，人类反映客观世界所产生的各种心理现象都有一个自我反映的问题。人在反映客观世界的时候心向指于外部，当心向指于自身就产生了自我心理。因此，自我是人类心理的基本现象，自我认知、自我情感、自我意志和自我人格都是基本的自我心理要素，自情也就应该成为人类基本情感之一。近年来我们从各种媒体都可以经常听到或看到这样的话："一个连自己都不爱的人怎么能够去爱别人呢？"暂且不论自爱与他爱的关系论的正确与否，这一现象起码让我们看到人们对自情的初步认识和开始重视了。[1]

3.1.3 情绪情感功能

情绪"影响着生活、工作、学习、娱乐等一切活动，保持良好的情绪状态，创造积极的情绪氛围，对于改善生活质量、提高工作业绩和学业成绩，具有不可忽视的作用"[2]。情绪情感对人的行为和社会生活具有一系列重要功能，动力功能则是其最重要的功能。情绪和情感与人的需要密切相关，需要是人的行为的第一动力系统，情绪情感则是第二动力系统，对于人的认知和行为具有巨大的推动或阻碍、加速或延缓作用。在现代生活中，情绪情感功能管理已经成为人类生活中无论个体生活还是组织生活的重要关注点。

（1）情绪情感的动力功能主要表现

愉快的情绪、高尚的情感能激发、强化人们的需要动机，在认识和行动之间起着很重要的中介作用，并可巩固、再现其行为；不愉快的情感、情绪阻碍良好认识转化为行动，并会使人改变行为趋向。有关研究认为，情绪情感的动力功能主要表现在三个方面：

第一，高尚情感的推动力。情动力最大的是同人的社会性需要联系在一起的高层次的情感，如爱国感、责任感、正义感、集体感等，对人们的学习、工作起着独特的推动作用，是人们献身事业、积极进取、忘我奋斗的力量源泉。范仲淹的爱国感和责任感，使他在个人屡遭打击、仕途坎坷的情况下，仍然"不以物喜，不以己悲"，"孜孜于善、求民族于一方，分国忧于千里"；杜

[1] 李玉杰，李景春．现代组织行为理论与管理心理研究 [M]．北京：团结出版社，2015：80-86.

[2] 杜春霞．"RULER 方案"如何管理情绪情感 [N]．中国教师报，2015-08-05（11）．

甫的爱国感和责任心使他“以饥饿之身，常怀济世之想，处穷迫之境而无厌世之心”，“穷年忧黎元，嫉恶怀刚肠”。心理学家通过研究影响科学管理人才成长的因素发现：爱国感、责任心、事业心、好奇心、热情等对科技人才成长的作用相关系数非常显著。因为人只有献身社会，才能找到人生的意义。往往“最坚强的人，是热情的心灵上压着沉重无法推卸的工作担子的人”。

第二，真挚爱情的促进力。爱情是高层次情动力中一个很有诱惑力的要素。当人们真挚地追求友谊和爱情，并把自己无私的爱倾注于所爱的对象时，就会产生一种神奇的力量，激励着他们的学习和工作。例如，英国青年诗人白朗宁对女诗人伊丽莎白·巴蕾特的热烈而坚定的爱情，竟奇迹般地鼓舞女诗人离开卧身 20 多年的病榻，重新行走在大自然中。

第三，发愤图强的反激力。当一个人蒙辱、受歧视或打击时，一般会产生一种强烈的失尊、悲愤之感。这种情感既是弱者怨天尤人、自暴自弃的理由，也是强者发愤图强、东山再起的强大动力。奋发图强的例子俯拾即是：司马迁受辱乃著《史记》，周文王受囚演周易，孙子膑脚而写兵法。压力、挫折引起的强烈情感，如与理智、意志联系起来，就会强化人们维护自尊、进行补偿的动机。

（2）情绪性质对动力功能的影响

积极愉快的情绪能激活大脑兴奋中心，促进认识力和创造力的提高。大量史实表明：最珍贵的创造性思维、稍纵即逝的灵感，往往在情绪比较轻松、愉快、恬淡的情况下产生。瓦特发明改进蒸汽机的关键设备冷凝器，是在散步时想出的；凯库勃顿发现苯酚的结构，是在炉子边取火时悟到的；高尔基产生出色的构思，往往是在剧场看戏的时候。心理学家哈洛克（E. Hurlock）通过实验证明，对学生来说，受到表扬而引起的喜悦、快乐、得意等健康情绪，能促进智力发展；反之，受到训斥而引起的害怕、紧张、烦恼等不良情绪，则能阻碍智力的发展。

情绪不良，还会影响人的正常判断。非常高兴的情绪易泛化到被评价的对象上，使评价偏高；恶劣的情绪易使人把本来好的东西也看得不好。例如：有一次，德国著名化学家奥斯特瓦尔德，收到不出名的青年贝齐里乌斯的请求，请他审阅自己的一篇论文。奥斯特瓦尔德正患牙病，情绪烦躁不安。他粗粗看了一下论文，觉得满纸胡说，就把它丢在一边。过了两天，他的牙痛好了，又从纸篓里捡起那篇论文重读了一遍，发现论文提出了一个杰出的思想，有重要的科学价值，马上提笔向德国的一家科学杂志作了推荐。论文不久发表了，贝齐里乌斯的这项发现后来得了诺贝尔奖。可见，奥斯特瓦尔德在情绪恶劣时作出的判断是不正确的。

情绪对人的思维、判断和智力发展产生影响的心理机制是：烦躁、忧郁等不良情绪使大脑的左右半球处于不协调状态，压抑阻碍人的感知、记忆、思维和想象等认识机能。愉快、轻松的情绪，能调动人的智力活动的积极性，易于在大脑皮层形成优势兴奋中心，也易于形成新的神经联系和复活旧的联系，进而促进创造思维和智力的发展。

综上所述，情绪情感作为一种心理现象，除了具有与其他心理现象共同的对人的协调作用外，还具有自己的独特功能。这就是通过它的活动形式，给人的行为染上各种各样的色彩，直接影响着人的行为活动方式和效果，进而影响着管理措施的制定与实施。也就是说，情绪影响着管理活动的全过程。管理者必须对情绪作具体、深入的研究，搞清情绪的活动规律及其对行为、活动的作用，以调整管理方法，实施适宜有效的激励。

（3）育情管理的有效途径

被称为“情商之父”的戈尔曼（D. Goleman）系统研究了情绪情感在一个人成功中所起的作用，提出了与“智商”（Intelligence Quotient，简称IQ）相比较和相对应的“情商”（Emotional Quotient，简称EQ）概念，并出版了《情感智商》一书，论述了他的情商理论，引起了心理学界不小的震撼。据他统计，一个人的成功诸因素中，智商只起决定作用的20%，而情商却高占80%。他认为，情感智商一般包括五种能力：情感的自我知觉能力、情感的自我管理能力、自我激励的能力、识别他人情绪的能力、处理人际关系的能力。在智商相近的人群中，有的讨人喜欢，有的却惹人讨厌，甚至找不到称心配偶；而面对挫折，有的游刃有余，有的却一筹莫展，其差别主要在于情感商数的不同。当然，戈尔曼所说的情商，主要指情绪，也包括情感。无论戈尔曼的理论科学价值有多大，但他确实提出了一个非常值得思考和研究的具有时代意义的科学话题。并且，了解情绪管理的途径，不仅对管理者，而且对每一个人都具有重要的指导意义。

第一，根据情绪情感的两极性，实施以需育情。情绪情感的两极性，是指在情绪情感体验中往往有两种相对立的状态：一是肯定与否定的两极，如喜与悲、爱与恨、愉快与忧愁、满意与不满意等。一般来说，肯定的态度和积极的情绪情感体验与需要的满足相联系。否定的态度和消极的内心体验与需要的受阻相联系。二是积极增力和消极减力的两极。愉快的情绪和积极的情感能提高人的活动能力和效率；而忧愁、悲伤的情绪和消极的情感则降低人们的活动能力。此外，情绪的两极性还表现为紧张与轻松、激动与平静、强烈与微弱等方面。管理者应该从需要出发强化情绪情感的积极面，抑制消极面，培养良好的情绪情感。

第二，根据情绪情感的感染性，实施以情育情。情绪情感的感染性强弱，主要取决于情绪主体表情造型与艺术方式是否真挚、形象、活泼、新颖，是否符合个体的主观需要；取决于个体是否具有境遇的相似性和接受情绪情感的灵敏性。例如，当一个人犯了错误，受到挫折打击的时候，最需要得到他人的尊重、安慰、理解和原谅。此时接受情绪情感的灵敏性最高，往往一句安慰的话，一个爱护的手势，一种理解的神情、关心的姿态，都能唤起他学习的信心和工作的热情。管理者不失时机地安慰失败者，帮助困难者，祝贺成功者，可以收到事半功倍的沟通效果。根据这个心理规律，我们在管理工作中，首先应注意人与人之间情感上潜移默化的影响，重视思想教育中的感化作用。特别是管理者，更应注意以健康的情绪来影响周围的员工。要激发员工的爱国热情，首先自己要有深厚的爱国主义情感；要培养员工团结友爱的集体主义情感，首先自己要有对同志、对员工的满腔热情。

第三，根据情绪情感的理智性，实施以知育情。情绪情感的非理性不是绝对的，人的情绪情感是在认识基础上产生和发展起来的，并且在一定程度上可以接受理智的调控。“情绪是社会心理的重要组成部分，是民众参与社会生活的心灵窗口，热情、激情、豪情能够激发人民群众创造历史的活力。任何社会都需要民众以适度的情绪参与它的各项活动，但是，当情绪脱离了理性和道德的约束，就可能成为破坏社会生活秩序的动荡因素。”[1] 任何一个对象，只

[1] 李景春，刘芳. 论民心之情绪化问题的成因与调适 [J]. 学术交流，2007（9）：22-25.

有对其有所了解、认识，才能产生某一种情绪和情感。例如，一个人只有认识老虎并了解老虎会吃人的属性，当他在森林中突遇老虎时，才会产生恐惧的紧张情绪。同样道理，一个人的爱国主义情感，是建立在他对我们伟大祖国的悠久历史、灿烂文化、广阔疆域、丰富宝藏、锦绣山河、正义事业的认识基础上的。没有对事物的认识、理解，也就谈不上对该事物的情感。一个人对某一事物认识、理解得越深刻、透彻、完整，对其情感也就越深。“知之切，爱之深”，就是这个道理。在管理工作中，必须注意用科学的、丰富的知识滋养员工的头脑，广泛开阔员工的知识视野，用理智调节情绪情感状态。

第四，根据情绪情感的情境性，实施以境育情。情绪情感总是在一定的情境中产生的，并随情境的变化而变化。“触景生情”说的就是情境对人的情绪情感的激发。良好的物质环境、文化环境和政治环境，对组织及其成员的发展起着潜移默化的影响作用。首先，要造成尊重、谅解、友好、关心、体贴、信任、振奋、向上的良好气氛，创设较理想的人际情境。其次，要引导员工处身于积极的社会情境之中，在实际情境中陶冶自己的情操。同时，要注意美化单位的工作环境。加拿大一所牙科诊所的墙上涂上各种层次的蓝色，以减轻病人的痛感；美国有几百个机构都设立了桃红色房间，以便情绪偏激者镇定；许多快食店的墙壁上装饰橙黄色，以刺激人的食欲。工作环境的颜色适宜，能调节情绪，减轻疲劳，提高生产效率。

第五，根据情绪情感的实践性，实施以行育情。情绪情感的实践性，是指人的情绪和情感在社会实践中，随着认识和需要的形成发展而产生发展的。人的情绪情感虽然以对该事物的认识与需要的关系为转移的，但人对事物的认识和需要，又是在社会实践中形成发展的。因此，社会实践是情绪情感产生发展的源泉。根据情绪情感这一特性，管理者应在各种有益的实际活动中，培养员工的良好的行为习惯，改善员工情绪状态和整体精神面貌。

3.2 道德情操修养

情操是主体对自己或他人履行行为操守状况的内心体验，一般指人的品德和气节，乃为人处世之根本。操守即人的行为规范，不仅是道德层面的行为规范，也包括法律层面和法律与道德之外的日常社会生活方面的规范。情操心理的内部结构是由规范认知、行为方式和内心体验三类要素组成的心理功能系统，其核心是道德情操，对调控人的各种社会行为起着非常重要的作用。

3.2.1 情操的一般特点

情操与情绪、情感虽有共性，但情操与情绪、情感的区别比情绪与情感的区别更为显著。首先，起点不同。情操始于认知，对社会行为规范的不同认知会产生不同的情操体验，明显受习俗、传统等文化因素和个体人格修养制约；情绪的起点是人的需要，需要满足状况决定情绪状态；情感发生于人与对象的关系，特别是人与人之间的社会关系。其次，层次不同。社会体验以情为核心，以情绪、情感、情操为要素，形成一个相对独立的心理过程和心理结构，情绪是最低层次的体验，情感居中层，情操层次最高。最后，强度不同。情绪具有情境性和两极性，体验肤浅，但强度最大；情感稳定，也会不断波动，强度次之；情操平稳，波动不显著，强度表现最低。

与情绪情感比较，情操的一般特点可以表述为：情操是一种深厚、稳固、坚定、高级的社会体验，具有显著的社会评价意义。我们平常所说的培养高尚的情操，就是区别于那种与人类行为规范背离的低劣的情操。在心理学中，长期以来一直存在一个误区，把情操和情感混为一谈，把理智感、道德感和美感视为情感。固然，情绪、情感、情操均以“情”为核心，其间有共性，有交叉，但需严格地界定情感和情操。可以发现，理智感、道德感和美感，即人对真、善、美的追求与感受，是人的道德伦理情操，而不是情感。

3.2.2 情操的基本类型

在社会生活中，情操体验无处不在；在个体行为中，情操体验无时不有。由于人的活动范围不同、行为内容不同而有不同的行为规范，又由于个体心理差异而产生不同的规范认知，并由不同的行为规范和规范认知导致了不同的情操体验，产生了真伪感、是非感、善恶感、同情感、责任感、义务感、公平感、正义感、成就感、良心感、过失感、悔恨感、罪恶感、新异感、力量感、魅力感、和谐感、丑陋感等多种情操体验。理智感、道德感和美感是情操的基本类型。

（1）理智感

理智感是人在智力活动过程中认识、探求或维护真理的行为中所产生的情操体验，包括真伪感、是非感、公平感、正义感、成就感、罪恶感等基本情操。理智感与人们的认识活动、求知欲望、认识兴趣密切相关。例如，人们对自然界的探索中，在认识社会现象或研究社会问题时，表现出的求知欲、好奇心，对一时难解的问题的疑惑感，对久思不解而突然顿悟时产生的兴奋感，对研究成果的真伪感，对科学发现的成就感等，都属于理智感。理智感是人们认识世界、追求真理的一种动力，是学习进步、科研成功的一个重要条件。在社会生活中，人们追求公平，崇尚正义，表现出强烈的公平感和正义感。在法治社会中，罪恶感有两个方向：一是对他人各种犯罪行为嗤之以鼻，怒火中烧；二是自己犯法并醒悟后常常十分愧疚，痛悔不已，都会产生罪恶感。

（2）道德感

道德感是关于人的言论、行为、思想是否符合道德规范而产生的情操体验，包括善恶感、同情感、责任感、义务感、良心感、过失感等基本情操。人们在依据自己的道德观念对他人或自己的言行进行善恶评价时，便会产生种种情绪体验，这就是道德感。例如，对祖国荣誉的自豪感、爱国感，对社会和公共事业的义务感、责任感，对集体生活的集体感和荣誉感，对自己人格的自尊感等。道德感的心理结构包括道德认知、道德体验、道德意志、道德信念、道德行为五方面的要素。

道德感不是一般意义上的道德情感，而是在道德认知、道德体验和道德行为基础上产生的高级体验。道德感是使人们将道德认识转化为道德行为的一种动力和催化剂，道德感缺失或偏激的人很难做出高尚的道德行为。在现实生活中，社会通过舆论调整人们行为的道德规范和心理的道德认知，从而产生强烈的道德感受，使道德感成为激发人的道德行为、调整道德关系的巨大动力。

（3）美感

美感是关于事物和行为是否符合人的审美标准所产生的情操体验，包括新异感、力量感、和谐感、节奏感、魅力感、丑陋感等基本情操。无论是对社会现象，还是对自然现象，人们总是根据自己的审美观念、标准和要求进行这样那样的评价，并由此产生相应的美感体验。对客观事物的美感体验是事物美的形态和个体美的需求的共鸣，对人的行为的美感体验是行为与社会规范的和谐。自然美使人触景生情，心旷神怡，焕发人们热爱自然、热爱生活、热爱祖国山河之情；艺术美能使人获得美的享受和美的陶冶；社会美能净化人的灵魂，唤醒人的良知，鼓舞人的斗志。社会美包括一部分人化自然的美，也包括人的修饰美，但主要指人的心灵美和行为美。由于社会文化和个人审美标准的差异，美既是客观存在的美，又是主观体验的美。同一个事物，有的人认为它美，有的人认为不美；即使同一个人对同一个事物，也会出现有时认为它美，有时认为它不美。审美标准通过人的审美感受、审美趣味、审美理想、审美评价和审美行为表现出来，只有符合审美对象实际的审美标准才能认为是正确的、健康的审美标准。

在情操心理结构中，理智感、道德感和美感三者密切联系，相互交织，辩证统一，任何一种情操都不可能完全独立存在。古往今来，为了民众而杀身成仁、舍生取义的志士仁人，战争年代同仇敌忾、奋勇杀敌、血染疆场的革命先烈，经济建设时期带领民众艰苦奋斗、脱贫致富的英模等，在他们的情怀中，理智感、道德感和美感达到了高度统一。

3.2.3 道德情操的培养

傅腾霄先生曾经这样描写过马克思和恩格斯：“众所周知，马克思和恩格斯所把毕生的主要精力用于科学共产主义的理论研究上。但是，他们为了让抽象的理论变得生动形象，更容易深入千百万无产阶级和劳动人民的心坎，他们都具有深湛的文学和语言素养。”[1] 这短短的话语中，褒赞了马克思恩格斯理智感、道德感和美感的高尚情怀。“探索适应现代管理科学要求的德育工作管理方法，是培养德智体美全面和谐发展的合格人才的需要。”[2] 高尚的情操主要表现为理智感、道德感和美感的崇高，管理者培养员工高尚情操也应从这几方面入手。

（1）理智感的培养

理智感，是人在智力活动过程中认识、探求或维护真理的需要、意愿满足与否时所产生的情感体验。它是和人们的认识活动、求知欲望、认识兴趣相联系的。理智感是多方面的。如在认识事物或研究问题时，对未知问题的求知欲、好奇心，对一时难解的问题的忧虑、焦急，久思不解而突然顿悟时产生的兴奋等，都属于理智感。因此，管理者应培养员工求真务实的精神，鼓励和满

---

[1] 傅腾霄．情操与鉴赏 [M]. 合肥：安徽人民出版社，1985：26.

[2] 季芳．高等学校德育工作管理的 PDCA 循环系统 [J]. 投资与创业，2012（5）：38-39.

足员工的求知欲，激发员工对科学知识的兴趣，提高情操境界。

（2）道德感的培养

道德感是关于人（包括自己和他人）的言论、行为、思想是否符合人的道德需要和道德观点的内心体验。这种体验和人的道德观念以及凭此作出的道德评价相关联。道德感是随着人的道德认识、道德信念和世界观的形成与发展而产生和丰富起来的，同时受到社会舆论和道德经验的影响，使人们的道德认识转化为道德行为。管理者要通过健康的舆论让员工获得直觉的道德感，即由某种情境直接引起的自觉性较低且具有迅速的道德定向作用的情感体验；要充分利用有道德教育意义的文艺作品和先进榜样去感染员工，让他们和模范榜样对照、体验，获得想象性的道德感；通过道德的知识和理论教育，培养员工伦理性的道德感。

（3）美感的培养

凡是符合自己美的需要和观念的人和事物，就会在欣赏和评价中产生快乐、入迷、神往、敬仰、爱慕的情怀，也是美的情操。美感对员工的精神文明和道德教育起着重要的作用。用自然美唤起热爱自然、热爱生活、热爱祖国山河之情；用社会美净化人的灵魂，唤醒人的良知，鼓舞人的斗志；用艺术美净化心灵，陶冶人的情操。培养员工的美感，首先要提高员工的美学知识水平和鉴赏能力。其次，经常为员工提供审美实践的机会，使员工扩充和积累审美经验和阅历。同时，注意引导员工将美的标准和美的需要与民族精神、爱岗敬业精神、求真务实精神联系在一起，追求高尚纯洁的心灵美。

3.3 情绪素质培育

社会是复杂的。人生活于社会之中，分享着社会给予每个人的种种恩赐与关爱，但社会的复杂性常常令我们极度困惑，使我们总是要承受着社会生活带来的种种压力；社会的发展常给我们带来美好的憧憬和希冀，也常常把我们从希望的高空重重地抛下，让我们无可奈何地感受着种种痛彻心扉的挫折；社会像大海的波涛，有时平静得使人在它的广阔的胸襟中陶醉和痴迷，但也常常有骤临的飓风和惊骇的巨浪，令人猝不及防，难于应对。社会系统是最高层次、也是最为复杂的物质体系，因此也必然是科学最难攻克的领域之一。在人类的理性还不能透视社会和驾驭自我的时候，社会常常反过来威胁和伤害人类自身。在很多方面，人们的行为在局部获得了直接收益，而从更广阔的范围看，却要遭受长期的更大的损失，给我们的心理带来各种异常的体验。

心理学研究表明，情绪情感的激活水平对工作和学习效率具有显著影响：简单的操作，高度的激活水平效果较佳；对于困难复杂的工作和学习内容，激活水平较低，情绪较平静、安适效果较佳；一般日常工作，适宜中等强度的激活水平。更为重要的是，情绪情感不仅与人的身心健康有密切关系，而且其本身状态就是心理健康的核心指标。上海第二医学院曾调查 200 例胃癌患者，发现这些病人的病因都有一定的社会心理因素，比如，长期情绪压抑、家庭不和等。美国约翰霍普金斯医学院的贝兹和托马斯作过这样一个追踪调查：他们将 450 名学生按不同性格分成三组。第一组的性格特征是：谨慎、含蓄、安静、知足；第二组的性格特征是自觉、积极、开朗；第三组的性格特征是情绪易波动、急躁、易怒、不知足。30 年后跟踪调查结果表明：第三组学生中患癌症、高血压、心脏病、精神病的占 77.3%；第一组中有 25%；第二组中有 26.7%。大量的事实证明，紧张、抑郁、烦恼等不良情绪会促使癌症发生。为什么不良情绪对人的身体有如此大的危害呢？研究表明，紧张、烦恼、焦虑、压抑的不良情绪，使人体内的免疫系统的器官如胸腺、脾、淋巴结的重量显著减轻，从而导致全身的防疫能力降低，疾病乘虚而入。

情绪能致病，也可以防病。医学临床研究表明：良好的情绪是维持人的生理机能正常进行的前提，有 85%的病患者可以通过自身机能调节而获得痊愈。又据美国资料统计，21 ～ 46 岁年龄段中，精神舒畅与精神忧郁患重病死亡的比例为 2 ∶ 18。“乐以忘忧”，“笑一笑十年少”，讲的便是愉快情绪的卫生保健作用。一个人处于情绪舒畅愉快的状态，其大脑功能是完善的，完善的大脑功能，有利于中枢神经系统的兴奋和抑制的调节，促进内分泌系统、免疫系统、消化系统发挥正常效能，协调平衡，延缓重要脏器的病变过程，避免或减少动脉硬化和其他恶性疾病的发生。值得提出的是，社会处于急剧转型期，社会突发事件频发，社会矛盾激化，人的心理健康状况偏低难以应对各种复杂的社会生活。心理健康素质的培育，特别是抗压心理素质、耐挫心理素质和应对心理素质的培育，至关重要。

3.3.1 抗压心理素质的培育

社会压力心理即主体对社会压力的心理反应，是指导致机体产生紧张反应的刺激，引发机体与环境之间关系失衡，使躯体机能和心理活动发生改变，心理承受能力减弱。当人们面临一定社会压力时会产生一系列心理和生理的反应，机体的自组织功能会主动适应环境变化的需要，唤起机体的潜能，增强承受压力的能力。但如果反应过于强烈或持久，超过了机体自身调控能力，就可能导致心理生理功能的紊乱和疾患。

在各种社会压力持续作用下，人的心理健康受到严峻的挑战，心理承受力经受着痛苦的磨炼，出现一系列亚健康症状。

（1）焦虑感

焦虑是现代社会普遍存在的一种情绪，当社会与环境因素提出的挑战性越高时，人们的焦虑感也就越强。有人说："人类生活变迁给我们增添了许多方便和快捷，但也剥夺了我们许多丰富心理感受的机会！"在压力面前，许多人产生一种"本领恐慌"，感觉到"能力危机"，工作和生活中常常"诚惶诚恐""如履薄冰"。

（2）抑郁感

抑郁经常出现在个人的期望与现实情况发生较大差距的情况下，特别是个人压力长期偏大，性格内向的人们容易产生抑郁感。有些人面临工作困难，感到心有余而力不足，特别是当任务完不成、领导不满意时，心里会产生较强的挫折感、失落感。有些人自认为能力很强，应该有所建树，却还在原地踏步，感到很失意，逐渐丧失工作兴趣。来自工作的、生活的、感情的各种烦恼需要找人倾诉，可是又常常发现其实没有一个可以倾诉的对象。

（3）疲劳感

现代社会给人带来的压力太多，对很多人来说，工作的压力、发展的压力、角色的压力、竞争的压力、诱惑的压力、生活的压力以及家庭的压力等一拥而上，令人疲惫不堪。久而久之，使人产生一种无压自疲的现象。明明没干什么事，却感到很疲惫。

（4）强迫症

面对众多的压力和曾经的过错，有些人做事小心翼翼，甚至自我怀疑，出现食欲不振、失眠、头晕、情绪不稳、丢三落四、逃避现实、缺乏自信等现象。有的人认为自己所有的情绪资源都已经耗尽，对工作缺乏冲动，有挫折感、紧张感，甚至害怕工作。有的人玩世不恭，对工作不热心和投入，对自己工作的意义表示怀疑。有的人成就感低落，对自身持有负面的评价，认为自己不能有效地胜任工作。

（5）躯体化

研究表明，经常感受紧张、烦躁、压抑等不良情绪而又无法发泄或释放渠道较少时，会转而表现为躯体的不良反应。由于心理痛苦而引发的身体不适，甚至引发生理上的疾病，反复出现头痛、胸闷、心悸、心血管与胃肠道不适等。有一项心理学实验：在被试鼻孔中滴入感冒病毒，然后让他们写一年的负性生活事件。结果发现，心理压力指数低的人感冒发病率为 27%，心理压力指数高的人感冒发病率为 47%。

在现代社会生活中，压力源雨后春笋般地涌出，给现代人心理素质提出了更高的要求。在社会转型期间，“我国社会逐步进入了一个全面而又深刻的历史转型期，社会经济、政治、文化领域的变革引发了社会心理的震荡，民心即国民社会心理呈现出复杂化、多元化和情绪化并存的态势”。社会发展速度远远高于人们心理素质的平均增长速度，以至于出现了“世纪病”“应激反应综合征”“转型期综合征”等多种这一时代特有的疾患。我们还必须看到，社会压力能给人带来痛苦，使人的身心健康受损，但社会压力对人类也具有重要的积极作用。一方面，社会压力能够历练人的心理素质，提升人的心理承受能力；另一方面，社会压力也是人类行为的动力，可以激发人的社会行为的反激力。因此，正确认识和对待压力，是现代人的一门必修课。

社会压力是客观存在的，是不可避免的。作为现代人，应该更多地寻找产生社会心理压力的主观原因，学会自我调适。通过自助和自救，依据个人所需要和能承受的最低刺激量，把心理压力调整在一个适当的范围之内。同时，勇于面对压力，锻炼心理承受力，提高自己的心理素质。一般认为，影响心理健康有三大要素：生活压力、社会支援与自我强度。自我强度愈高，社会压力造成的心理伤害愈小，心理健康状况愈佳。据此，应采取有效措施，自我调适和缓解社会心理压力，培育抗压心理素质。

（1）改善自我概念，学会呵护自我

拥有一个积极的自我概念是心理健康的人的核心特质，形成积极的自我概念的一个重要条件是获得成功。自我概念积极的人，在人群中感到安全自信，能够正确地认识自我，悦纳自我。要更多地看到自己的成功之处，因为成功可以增强人的自我效能感、提高自信心。

（2）提高交往水平，增加社会支持

社会支持是指良好的人际关系对个人的呵护作用。通过积极的社会交往，看到自己信赖的人在尊重、照顾和爱护自己。但是，社会支援量过多或过少都不利，关键在于社会支持的力度。过多的社会支援只会造成当事人的依赖性、无能感，而过少的社会支援则使人产生孤独感、无助感。

（3）改善压力观念，积极面对压力

社会压力既然是不可避免的，就应该正确对待压力。既看到压力的消极作用，也要看到压力的积极作用，利用压力激发自我的反激力，提高个人的生命活力。

（4）调控情绪状态，寻求合理发泄

每个人都有发泄情绪的自由，有公开表达自己情绪（包括怨恨、悲伤、愤怒等）的权利。宣泄情绪的目的就是释放压力，缓解紧张，避免情绪淤积、肿胀，导致破坏性的超阈限宣泄。

（5）学会内省反思，澄清收获代价

有人把心理健康用一个公式来表示：心理健康＝K（心理压力/应付技能）。现代心理学告诉人：不要为成功拼命！要认清自己行为的收获与代价，尽可能不做事倍功半、入不敷出的事情。在经济生活中，切不可前30年拼命抓钱，后30年花钱买命。

3.3.2 耐挫心理素质的培育

所谓挫折，是指当个体从事有目的活动时，在环境中遇到了障碍或干扰，致使其需要不能获得满足时的心理体验状态。哲人说，人生之逆境十之八九。当理想目标渺茫或因挫败而受到重大打击时，严重的挫折感受就可能突破个体心理承受能力的底线。人的需要多种多样，且随着社会的发展不断变化。所以，需要的满足常受到诸多条件的限制，致使人产生挫折体验。和社会压力一样，挫折对人也具有双重效应：一方面，挫折能使人产生失望、痛苦、焦虑的情绪体验，由此一蹶不振，失去对生活的希望；或是引起粗暴的对抗行为，导致矛盾激化。另一方面，挫折也能给人带来好的影响，它能给人以启迪和教益，使人吸取教训，变得更加聪明；还能锻炼人的思想和意志，使人更加成熟和坚强。“自古英雄多磨难，从来纨绔少伟男”，讲的就是这个道理。特别是在社会急剧变革时期，人们经常要面对比以往更加复杂的环境，处理自己缺乏经验的事务，不可能真的万事如意。几乎所有的成功者都可以说自己是逆境成才，因为成功的道路从来都不是一帆风顺的。

人们对挫折体验的强度，主要取决于两类因素：一是挫折对人造成伤害的轻重，二是个体挫折容忍力的高低。挫折容忍力即挫折心理承受力，是指当人遇到挫折时免于行为失常的能力，又称为“自我张力”。挫折容忍力的个体差异很大，同样的挫折对不同人来说，会产生强度悬殊的心理体验。面临同样的挫折，有的人挫折感受轻微，短暂时间内就能较快平复；有的人则挫折感受深重，久久难以解脱。因此挫折体验强度计算可以用下述公式表示：

挫折体验强度＝挫折伤害 / 挫折容忍力 ×100%

这样，挫折体验强度就有以下四种情况：轻度伤害——高容忍力（Ⅰ），轻度伤害——低容忍力（Ⅱ），重度伤害——高容忍力（Ⅲ），重度伤害——低容忍力（Ⅳ）。一般情况下，挫折体验强度按照从弱到强来排列，依次是：情况Ⅰ、情况Ⅲ、情况Ⅱ、情况Ⅳ。情况Ⅰ表明，轻度伤害对高容忍力者而言，挫折感受很微弱，轻易不会发生行为异常；情况Ⅲ表明，高容忍力者即使遭受挫折的重度伤害，也能正确看待挫折，降低挫折体验强度，跌倒爬起，追求新的生活；情况Ⅱ表明，对低容忍力者而言，即使是轻度伤害，也会产生比较强烈的挫折体验，以至于行为异常，生活紊乱；情况Ⅳ表明，容忍力低者一旦遭受挫折的重度伤害，会产生极其强烈的挫折体验，感受到致命的打击，有可能一蹶不振，放弃人生目标，严重者甚至对人生绝望。

看来，挫折容忍力对每个人来说，都是一种非常重要的心理素质。影响挫折容忍力的因素很多，有生理因素，即遭受挫折时健康状况，有无残疾；有历挫经验，即有无经历挫折的阅历和因此获得的知识经验；有挫前预期，即遭受挫折之前对挫折有无足够的心理准备。此外，还有需求状态、挫折情景、挫折影响、挫折评价、人格类型等一些其他因素。即使是同一个人，因构成挫折的因素不同，所表现的容忍力也不一定相同。一般来说，在主体越重视的事件、需求越强烈的目标上遭受挫折时，挫折体验更为强烈，挫折容忍力越低。

正是由于以上原因，不同人面对挫折和同一个人面对不同挫折，都会有不同的挫折反应类型。归纳起来，挫折反应有五种类型。

（1）攻击型反应

这种反应是指受挫者强烈的挫折体验引起愤怒，从而攻击造成挫折的人或物，发泄不良情绪。有的认为自己的挫折是由别人造成的，直接攻击造成挫折的人；有的间接攻击与造成挫折者相关的人或事；有的以寻找替罪羊的方式转向攻击与挫折无关的人；有的认为自己无能，把攻击矛头指向自我，进行自我攻击，如自罪、自贬、自残，甚至自杀；也有一种莫名攻击，找不到造成挫折的人，又具有一定的攻击性，从而表现出无端攻击或无名烦恼。

（2）逃避型反应

这种反应是受挫者或为了躲避责任，或为了减轻自己的心理压力，或为了自己的“面子”，避免他人的嘲笑等，不敢正视挫折以及挫折造成的损失，采取的一种逃避的反应方式。有的推责诿过，或诿过于人，或诿过于物，或怨天尤人；有的矢口否认挫折或挫折打击，掩饰自己内心的不安；有的采取反向表现，或装作若无其事，或摆出一种成功的姿态。

（3）防御型反应

这种反应是受挫者为了保持心理平衡与情绪稳定，自发地产生适应性的行为反应与心理活动。防御型反应主要有文饰作用、投射作用和移情等主要表现。文饰作用是指当达不到目标时，为了减轻痛苦和焦虑，对自己造成挫折的行为给予一种似乎合理的解释，最典型的当属“酸葡萄效应”和“甜柠檬效应”。语出于《伊索寓言》，说一个聪明的狐狸，当它想吃葡萄而无法得到时就说葡萄太酸，不好吃；当它只拿到了一个未成熟的青柠檬时，反而说这柠檬是甜的。这是一种减轻痛苦，缓解紧张，使内心获得平衡的有效办法，在心理学中又称为合理化或变通。投射作用是指遭受挫折后，把自己的不良品质强加于人，把自己的缺点美化成优点。移情是指遭受挫折后，把注意力、精力和情感转移到另一个目标上来。移情有的是积极的，有的是消极的，也有无所谓积极或消极的。例如，有的人爱情失败后专心于事业发展，有的人官场失败后转移到商场，有的人职场失意后转移到赌场等。

（4）消沉型反应

这种反应是受挫者遭受挫折后变得冷漠、固执，甚至出现倒退现象。冷漠是挫折后心灰意冷，情绪低落，得过且过，严重者可能一蹶不振，万念俱灰，自暴自弃。固执是挫折后不能主动吸取教训，重复原有行为，有时明知不对也固执己见或一意孤行。倒退是指遭受挫折后，出现与自己年龄、身份不相符的幼稚行为，像小孩子一样。

（5）升华型反应

这种反应是受挫者能够正视挫折，正确地看待和应对挫折。所谓“失败乃成功之母”，就是指任何失败都可能包含成功的因子，而失败的原因经过总结和调整就可能转化为成功的要素。有的人能够总结挫折的教训，跌倒后快速爬起，不轻易放弃原定目标。有的则另辟蹊径，改变奋斗目标，寻求补偿，这即是移情中的升华。有的会调整原有目标结构，或改变原定计划和策略，继续努力。

挫折总是给人造成这样那样的伤害，遭遇挫折是任何人都不情愿的，又是任何人都不可避免的。因此，人不能只是消极、被动地应付或是自我防卫，更重要的是以主动的态度、有效的措施减少挫折发生，降低挫折伤害，化解挫折体验，升华挫折感受。首先，重要的是加强个人修养，提高挫折容忍力。其次，秉持“凡事向最坏处着想，向最好处努力”的原则，建立挫折预测的心理机制，对挫折早有心理准备。又次，对现实生活要知足，对未来抱负要适度。再次，提高人格素质，学会适当发泄，避免从伤害到伤害的恶性循环。最后，当挫折体验强烈而无以自救之时，主动去看心理医生，寻求心理咨询和心理治疗的救助。

3.3.3 应对心理素质的培育

应对的本义即对刺激的反应，一般指有能力或成功地对付环境挑战或处理问题。近年来，随着恐怖主义、SARS、禽流感等现象对人类社会的威胁，心理学界关于应对心理的研究逐渐增多。墨菲（Murphy）认为：“若某种心理活动是一种适应过程，则该心理活动便可视为应对行为。”宙福（Joff）和巴斯特（Bast）认为：“应对是反映人对现实环境有意识的、灵活的和有目的的调整行为。”林道普（Lindop）和吉普森（Gibson）认为：“应对是一种解决或消除问题的行为，其目的旨在通过个体努力来改变应激环境或由环境所引起的负性情感体验。”拉扎罗斯（Lazarus）和福克曼（Folkman）等人更强调个体应对压力过程中的认知评价过程。坎布斯（A. W. Combs）等的定义为：“调节情绪、认知、生理和环境以应对压力事件的有意识的意志努力。”

突发事件是指人们意料之外的事件，在缺乏相应的心理准备的情况下骤然降临。例如，自杀袭击、SARS 肆虐、禽流感暴发、飞机坠毁、渡船相撞、球场骚乱、车祸、火灾、地震、飓风等。突发事件一般特指灾难性变故，而喜从天降、喜出望外的事件不叫突发事件。突发性灾难发生时间短暂，人在遭遇突发事件时若能保持良好的心理状态，及时采取自救行为或逃离现场，常能获救，或避免伤害。社会应对心理，就是指在突发的灾难性社会事件降临的瞬间，人们心理的反应过程和状态。

置身于变幻莫测的大变革时代，各种突发事件频频发生，许多人的身心素质每况愈下，出现食欲不振、失眠、多梦、记忆力下降、多疑、孤独、烦躁不安、爱发脾气、疲劳感上升、性功能下降、无名低热等症状。这就是应激反应综合征的典型表现。应激反应综合征是伴随着现代社会发展而出现的病症，受到世界各国的注意。国外有关专家调查后认为，应激反应综合征在企业管理人员、大中学教师、驾驶员、具有 A 型性格的人中比较多见，其中又以心理素质较差和不善于自我心理梳理的人更易罹患。

霍尔劳德（Holroyd）和拉扎罗斯（Lazarus）认为：“健康结果是有效应对的产物。”帕特森（Patterson）和麦克古宾（McCubbin）认为应对的功能可分为三个方面：第一，采取直接的行动以消除或减少压力及增加处理压力的资源，称为问题取向的应对；第二，重新认识压力，以更易于处理压力，称为认知评估取向的应对；第三，处理由压力所导致的紧张、焦虑等应对方式称为情绪取向的应对。

为了避免应激反应综合征的发生，要在心理上做好自我疏导和调节。要充分认识到现代社会的高效率必然带来高竞争性、高风险性、高挑战性，对于由此产生的某些负面影响要有足够的心理准备，免得临时惊慌失措。要善于保持自己心态正常，乐观豁达，善于应变，不为小事斤斤计较，不为逆境心事重重。最好学习一些心理学知识和技巧，掌握自我减压的方法和转移注意的方法，能够及时把自己从应激情景中疏导出来，尽可能在应激反应的第一阶段或第二阶段恢复到正常状态，降低应激过程的负面影响。

第 4 章 态度转变理论与管理

在社会生活中，态度是一个敏感的问题，也是一个重要的社会心理现象。人们经常提到态度，态度问题早已成为人们对人、对生活关注的焦点。领导要求下属端正工作态度，老师要求学生端正学习态度等。凡是人面对某一事物，尤其是社会事物，人们首先想到应该以什么样的态度来对待。对于企业而言，“全球化为现代企业的发展环境增添了一个竞争性的要素。所有的组织正竭尽全力变得更富有竞争力来维持组织的核心地位，而这些目标的实现最终还是取决于员工之间积极的合作”[1]。现代企业的领导和员工，他们的背景、喜好、需求和兴趣、个人所秉承的行为标准和规范、价值观念和道德都是存在差异的，[2]但同时他们又必须参与互动、积极配合来完成组织的目标。[3]当人看到、听到、想到、做到什么事时，会有不同的态度，而不同的态度又会导致一系列的个体差异。正确的态度是搞好工作、学习和生活的必要的条件，对人的行为具有重要的调节、控制、指导和激励作用。

4.1 态度结构与效能理论

态度到底是什么？不同学者由于各自认知起点不同、强调的重点不同、理论基础不同，给态度以不同的界定。奥尔波特（Gordon W. Allport）强调经验在态度形成中的作用，认为态度是一种心理和神经的准备状态，它通过经验组织起来，影响着个人对情境的反应。克瑞奇（D. Krech）强调现在的主观经

[1] 杜鹏程，姚瑶，房莹，等．组织内冲突管理方式对员工工作态度的影响机制研究 [J]. 经济管理研究，2018（3）：72.

[2] Basaglia S，Paolino C. Rebels without a cause？A study about generations，diversity climate and work attitude，2011.

[3] Garcia N R，Corbett J. Can organizations learn？ Exploring a shift from conflict to collaboration[J]. The George Wright Forum，2013，30（3）：267-272.

验，把人当成会思考并主动将事物加以建构的个体，认为态度是个体对自己所生活世界中某些现象的动机过程、情感过程、知觉过程的持久组织。弗里德曼（J. L. Freedman）强调态度的组成及特性，认为态度是个体对某一特定事物、观念或他人稳固的，由认知、情感和行为倾向三个成分组成的心理倾向。

综合各家观点和我们自己的理解，我们认为态度是个体对待客观事物所持有的一种稳定的认知评价和反应倾向。人们在认识客观事物时或在工作中、在交往中，对人对事总是抱有某种认知评价，如积极肯定或者消极否定。在此基础上就会产生某种反应倾向，如赞成或反对，接近或疏远。这种认知评价和反应倾向是一种内在的心理准备状态，它一旦变得比较持久和稳定，就成为态度。态度是一种主观现象，它是人的意识对外界存在作出的主观反应。

4.1.1 态度心理结构

态度来源于社会存在，这种存在是指与个体相关联的人、事物、个体自身或人类的精神产品等具有社会意义的客观存在物。态度作为对客观存在的反应，和其他心理现象一样，有其特殊的内在结构。态度的心理结构主要包括三个因素，即认知因素、情感因素和意向因素。

认知因素就是指个人对态度对象真假好坏等带有评价意义的反应，包括个人对态度对象的认识、理解、相信、怀疑、赞成或反对等。主体对态度对象有关知识的获得，可以是有意无意、系统不系统地学习和掌握各种自然科学和人文科学知识，也可以是个体对自身或他人社会阅历中经验的积累与总结。许多知识是直接获得的，更多知识是间接获得的，因为我们不可能与所有的态度对象进行直接接触和亲身经历，绝大多数情况下是通过他人告知、传说或各种媒体的介绍了解的，有些时候就是他人已有态度的影响和折射。因此，我们的许多态度由于信息的失真而无法“端正”，所以才有那么多人向我们提出端正态度的提示和忠告，也因此才有“耳听为虚，眼见为实”的箴言。

情感因素就是指个人对态度对象的好恶或与态度对象关系的内心体验，如喜欢和厌恶、敬重和蔑视、同情和冷漠、友善和恶毒等。情感因素产生并存于主体与态度对象交往和对态度对象的认知和评价的过程中，是主体认识世界的必然伴生物。尤其是在社会生活中，人在认知和评价他人、他事或自己时，总是伴随着情绪或情感反应，产生某种情绪或情感体验，对于态度定向和强度有重大作用。一般来说，积极的情感产生肯定、喜欢、拥护的态度，消极的情感则产生否定、厌恶、反对的态度。

意向因素就是指个人对态度对象的心理和行为反应倾向，如接近或疏远、支持或反对等，是态度的准备状态和外部表现。但是，这种准备状态不是行为本身，是行为的意向、意图或意动，因而具有动机功能。意向由认识和情感决定，产生怎样的意向或意图，首先取决于对态度对象的认知，其次受对态度对象喜欢不喜欢的情感因素的影响。

态度是一个整体，其三个要素在态度体系中所处的地位和对态度形成的作用不同。一般地说，认知因素是基础，情感因素是动力，意向因素是外显。态度是以主体对态度对象的认识和了解为基础的，如果对态度对象缺乏了解或者一无所知，就根本没有什么态度可言。尤其是认知中的价值判断，是态度形成或转变的决定性因素。情感成分在态度的心理结构中也占有重要地位，情感体验的性质和程度加速或延缓态度的形成和转变，影响认知的广度、深度和行为的方向。意向有两个层次：一是内隐部分，二是外显部分。我们了解人的意向或通过意向认识态度，主要是通过态度的外显部分推测和判断的。

态度中的认知、情感和意向三种成分相互依存，紧密联系，构成态度这个相对独立的心理现象。一般情况下，态度的认知、情感和意向是一致的。在人与人交往中，如果在认知上一致，情感上有共鸣，因而就彼此喜欢，相互间产生接纳和友善态度；反之则产生彼此拒绝和鄙视态度。在现实生活中，我们也经常感受到他人或自我态度三要素的复杂矛盾状态。认知和情感不一致，造成态度主体内心的紧张和不适。认知和情感协调了，受某些情境因素的影响，也可能采取这样或那样的意向表现，有时甚至会反向表现。研究结果认为，态度中的认知、情感和意向三要素之间的相关程度不尽相同。情感与意向相关的程度高于情感与认知的相关度，情感与意向之间要比情感与认知或认知与意向之间更趋一致。当认知与情感不一致，通常是由情感决定行为意向。[1]

美国科学家拉皮尔（R. LaPiere）研究了态度预测行为到底有多大的准确性。20 世纪 30 年代初，绝大部分美国人对亚洲人持有负性种族偏见。为了研究这种偏见的影响，拉皮尔教授邀请了一对来自亚洲的年轻夫妻驾车环美国旅

[1] 程正方．现代管理心理学 [M].5 版．北京：北京师范大学出版社，2016：204-208.

行。拉皮尔想要发现，他们所经过的旅馆和饭店的老板会不会以他们对亚洲人的偏见而拒绝接待这对夫妻？结果在 3 个月的旅行中，他们经过的 66 家旅馆只有 1 家拒绝让他们住宿，而 184 家饭店没有一家拒绝他们用餐。后来拉皮尔教授又给他们经过的旅馆与饭店写了一封信，问他们是否愿意接待亚洲人。结果在 128 封回复的信中，90% 说他们不会接待。很显然，他们的态度与行为发生了矛盾。后来大量的研究分析论证并重复了拉皮尔的研究，得出结论如下：一般态度可以预示一般行为；特殊态度预示特殊行为；态度与行为之间的时间间隔越小，它们之间的关系就有更多的一致性。纽科姆（T. Newcomb）等人的研究也证实，态度的特殊性越高，用它预测行为越准确。

4.1.2 态度心理量度

态度是在生活交往中通过社会环境持续不断的影响而逐渐形成的，一经形成就具有一定的稳定性，并反过来影响人们对外界事物和他人的反应。态度是一种内在倾向，具有内隐性，不易被人直接观察到。即使是意向的外显部分，也有可能与内隐部分不一致。只有从人们的言论、表情及行为中进行间接的分析、推测才能了解。然而，态度本身有量度，使我们得以对态度的性质和程度作出准确的推测和判断。

态度的量度有很多可以作为我们判断和推测人的态度的指标和尺度。有的量度适用于经验性观察，如显度；有的只能在心理测量中使用，如深度；有些两者均可使用，如向度、强度。

向度即态度的指向，指人们对于态度客体的态度是肯定指向还是否定指向。态度具有特定对象，它总是针对某一个人、某一种事而产生的。大多数态度心理测量和经验推测，测的都是态度的指向，例如同意还是不同意，拥护谁或反对谁，喜爱什么与厌恶什么等。

强度指某种态度倾向于某一指向的程度，如赞成、很赞成、非常赞成，讨厌、很讨厌、非常讨厌等在程度上的区别。态度的强度受三个条件所制约：一是知、情、意因素一致性，三者越是和谐，态度强度越高；二是态度主体对态度对象的价值判断，价值越大，态度的强度越高；三是主体与态度对象关系状况，关系越密切、情感体验越深刻则态度的强度越高。戴维森（R. Davidson）发现，对态度对象仅仅要求更多的信息就足以使人们态度的强度增加。

深度指态度主体在一种态度对象上的卷入水平，主要是认识的深度、体验的深度和参与的深度。态度的深度与向度和强度正相关，向度越明确、强度越高，则深度越大。

显度又称为可接近性，指态度主体某种态度表现的外露程度和被意识到的程度，主要用于测量态度心理与行为表现的一致性。显度受主体身份、所处情境和事件性质制约，如教师在学生面前的矜持、人们在法庭上的严谨、对朋友隐私事件的保守等。有关研究发现，来自直接经验的态度对行为的影响大，就是因为这类态度的显度大。

4.1.3 态度心理效能

态度是人类社会生活中最为常见的一种心理现象，它根植于经验之中，具有对象性、持久性、内在性以及可变性特征与功能。[1] 卡兹（D. Katz）等人在态度的研究中提出了功能理论，认为态度有四种基本功能。

（1）适应功能

人的态度都是在适应环境中形成的，形成后能够更好地适应环境。个体在不同的群体中扮演着不同的社会角色，置身于某一特定群体环境中就有了特定的角色或身份。与角色协调的态度能够更好地适应该群体环境，否则就可能因角色紊乱导致与他人或群体的冲突。例如，一个将军在军营可以号令三军，回家在父母身边则应是承欢膝下的孝子。

（2）自我防御功能

态度作为一种个性心理倾向，具有自我防卫机制，能让人借此消除心理紧张，获得心理安全。一个人形成和转变态度或根据情境表达态度，往往是为了保护自己和自我形象，免遭外界严酷现实的伤害。

（3）认识或理解功能

态度本身含有一种认知模式，是已有知识经验的框架，形成了处理当前事物的心理准备。人们为了有效地应对各种生活问题，对于接触到的事情自然而然地会加以组织归类，并赋予它们一定的意义，于是便形成我们对特定事物的态度。

---

[1] 刘嫱．态度认知平衡理论下高校学风建设策略研究 [J]. 兰州教育学院学报，2016（1）：73.

（4）价值表达功能

态度能够表现一个人的价值观和自我概念，使我们可以凭借对一个人态度的研究，探究和了解其内心世界中世界观、人生观、价值观等高层心理。因此，态度是研究人的内心世界的入口。[1]

除了上述功能理论，心理学工作者对于态度心理效能还进行了多种研究，证明态度对一个人的心理与行为具有多方面的影响作用。

莱波特（W. Lambert）曾经通过若干有趣的实验，证明了态度对人的社会判断和忍耐力有显著影响。由于态度的稳定性，往往在态度一旦形成之后，便成为一个人的习惯性反应，久而久之便构成了个性的一部分，使人对某些特定的事物保持一种或强或弱的固定看法，既有助于又干扰着对当前事物的正确判断。莱波特关于态度社会判断影响的研究，证实了态度的心理准备功能。莱波特通过“会员群体对耐痛力增长特色的效应”实验，研究了态度对人的忍耐力的影响。一个人对自己所属的群体有认同感、荣辱感、责任感，并时时能被激起效忠态度，就会表现出巨大能量与挫折耐力。

一般认为，人对自己所从事的工作喜爱并有良好的态度，就会努力去工作，必然产生高效率。布罗菲尔德（A. Brayfield）和克罗克特（W. Crocke）研究发现，态度影响工作效率，但是这并非必然相关。第一，因为人的因素很复杂，对于一般员工来说，生产效率并非个人的主要目标，它只是借以达到其他目标的一种手段，如维持生活、受到尊重或自我实现等。有时，即使对工作持消极态度，但是为了达到其他各种目标，他还是能够借助提高生产效率为手段。第二，人的需要是各种各样的，当个体生活上的需要获得满足以后，其目标便转移到社会性的需要，如希望获得朋友和同事的好感，不被群体所抛弃等。赫茨伯格（F. Herzberg）以员工的“满意 / 不满意”作为生产效率的指标，研究发现，工作态度与生产效率之间，并不是一对一的简单关系，由于受到许多中间变量的影响，它们之间存在着十分复杂的关系。赫茨伯格将直接和间接影响工作效率的因素分为“保健因素”和“激励因素”，提出了“双因素理论”。波特（L. Porter）和劳勒（E. Lawler）也研究了满意的工作态度同生产效率的关系。他们认为，满意的态度与工作效率之间存在着第三个变量，即奖金

[1] 刘永芳．管理心理学 [M].2 版．北京：清华大学出版社，2016：267-268.

因素的作用。他们通过实验证明，好成绩和高效率导致了奖励，而公平的奖励能够引起满意的工作态度，能够激励员工以后更加努力工作。在此基础上，他们撰写了《管理态度和成绩》一书，提出了期望激励理论。

4.2 态度形成与转变理论

态度的形成过程是一个渐进的不断积累的过程，从态度心理结构分析中便可知道，态度的三要素都不是一下子获得的。认知是一个不断学习和实践的过程，通过不断积累打下态度的基础；情感是在与环境相互作用中不断加深的体验，对生活只是浅表层的体验，难以形成明确的态度；意向是主体在生活的磨练中，经历不断摸索和尝试错误慢慢调整建立起来的。

4.2.1 态度形成的诱因

影响态度形成的因素有很多，有来自态度对象方面的因素，有来自态度主体自身的生理和心理方面的因素，还有来自主体与对象交往的环境方面的因素。来自态度对象方面的因素主要是对象的性质、特征及其可认知的程度。社会态度的对象是人和社会现象，因此更为复杂，认知难度更大。来自态度主体方面的因素主要是主体的需要和价值判断。态度是在满足个人需要的过程中产生的，个体需要满足状况直接或间接地影响到人的态度。一般情况下，对能帮助自己达到目标的对象产生肯定的态度，对阻碍自己目标实现或可能引起挫折的对象产生否定的态度。价值与人的需要密切相关，甚至由需要决定。越是能够满足人需要的，价值越大，最能满足人的优势需要或最强烈需要的，价值最大。来自主体与对象交往的环境方面的因素主要是个人所属群体的期望与规范。个人的态度受所属群体的影响，同一群体成员常具有相似的态度。他们接受相同的知识，个体要向群体的其他成员认同，个人要遵守群体规范等，因而容易形成彼此一致的态度。对于同属几个群体的个人来说，他的态度主要倾向于认同感最高的群体。

关于态度形成的诱因问题，有人提出了具体的诱因理论。首先，由格林沃尔德（A. Greenwald）和佩蒂等（R. Petty）提出的认知反应理论可称为诱因论。这个理论把态度的形成看作权衡各种可能情况的趋近和退避而后采取最好抉择的过程。任何事情都可能有利与弊两个方面，“利”会产生积极的态度，“弊”会产生消极的态度。当两者发生冲突时，按照诱因理论，这些诱因的相对强度决定着最终的态度。人对沟通所作的反应伴随着一些积极或消极的思想，而且这些思想决定着人们沟通的结果，即是否转变其态度。在这个过程中，人是积极主动的信息加工者。

其次，爱德华（W. Edwards）在《决策理论》中提出的“期望－价值理论”，也是一种诱因论。他认为，由于诱因冲突的复杂性，人们在进行抉择时总要对每一种情况进行评价，力图采纳达到最好效果的立场，而拒绝那些似乎会带来坏效果或未必能带来好效果的立场。而人们进行情况评估时，一般都试图通过预期后果的价值（V）及出现这种后果成功的可能性，即概率（P）的估量，以取得最大的主观效用（U），其公式为 $U = V \times P$。如果其后果价值高、成功概率大，则主观效用亦大，人就会积极对待与参与；如果效用较小，人就会消极对待或不参与。

4.2.2 态度形成的过程

如前所述，态度不是生来就有的，是人在与后天环境相互作用的活动中取得一定的经验而习得的。态度的形成过程是个体社会化过程的一个重要方面，也是一个内化过程，态度的形成是以模仿到学习，从自发到自觉，从感性到理性，不断深化、不断增强的过程。人出生以后，在社会环境和教育的影响下，逐渐形成了社会性需要和社会认知、社会情感，并向着符合社会要求的方向发展，进而形成对待社会事物的态度。[1]

霍夫兰德（C. Hovland）、斯塔茨（A. Staats）、米德拉斯基（E. Midlarsky）等人提出的学习理论，可以帮助我们了解态度形成过程。他们认为，态度同其他习惯一样是后天习得的，是个人通过联想获得有关信息和情感的过程加上评价组成的。态度的形成也是条件反射的建立过程，“是一个中性概念与一个带有社会积极或消极含义的概念重复匹配的结果”。如果经历一次事实的印证，这种联结便更加牢固。强化对态度形成有重要的作用。当个体的态度得到社会的赞许，它就受到了强化，否则就得不到强化或受到负强化。态度的强化更多地依赖于赞许，或同时受到两种相反的强化，其作用则取决于两者相对的强度。同时，模仿也是态度形成的重要途径。如果榜样是强有力、重要或亲近的

[1] 李玉杰，李景春. 现代组织行为理论与管理心理研究 [M]. 北京：团结出版社，2015：117-119.

人物，引起模仿的作用更大。

心理学研究表明，有时候人们对他人的态度形成与情感有着紧密的关系。在与情感有关的态度形成之中，曝光效应（mere exposure）是最有力的证据，曝光效应是指人们对其他人或事物的态度随着接触次数的增加而变得更积极的一种现象。心理学家扎琼克（R. zajonc）最早提出了这个概念。鲍恩斯坦（M. Bornstein）在一项元分析的研究中发现，约有200项以上的研究支持这一结论。但是由于曝光效应的基本假设是情感反应先于信念，而这一假设恰恰与认知论的观点相反。在持认知观点的人看来，认知先于情感。那么，在这里认知和情感谁先谁后呢？实际上，正如伊格列（A. Eagly）所说的，许多心理学家发现，基于情感反应的态度只是一些简单的态度，我们绝大部分的态度都是认知与学习的结果。

心理学家凯尔曼（H. Kelman）研究了态度形成过程，提出了态度形成过程三阶段理论，得到了心理学界较为普遍的认可。

（1）服从阶段

服从又称顺从，指一个人按照社会要求的群体规范或别人的意志而做出的行为。其突出特征是，人的行为和观点受外界的压力而被迫发生，并非心甘情愿。一般来说，服从是态度形成转变的第一阶段。在这个阶段模仿作用很重要，即认同于他人，尤其是自己所敬爱和崇拜的对象。孩子对父母的模仿，是形成其态度的开端。

（2）同化阶段

同化阶段的特点是，个体从感情上已由被迫变为自愿与他人的观点、信念、态度保持一致。也就是说，这一阶段的态度由被迫转入自觉接受、自愿服从。

（3）内化阶段

内化阶段是态度形成的最后阶段。此阶段的特点是，人们已把情感认同的态度同自己内心的价值观融为一体，内心真正接受了新观点、新情感，彻底形成了新态度。达到这一阶段的态度，比较稳固、持久，不易转变。要转变人们的态度，最好在服从、同化这些不稳定的阶段进行，进入内化阶段后再转变就困难了。

4.2.3 态度转变的理论

态度的形成是指人对某些事物从没有态度到产生某种态度，而态度的转变则是指人对事物已经形成的态度的转变。

（1）态度转变的维度原理

从态度内在的属性看，态度的转变分为两种：一是方向的转变，二是强度的改变。方向的改变指改变对某些事物已经形成的态度，以性质相反的新态度取代原有态度，是态度的质变。在一定条件下，积极的态度可以转变为消极的态度，消极的态度也能转变为积极的态度，如对某些事的态度由反对变为赞成，或由赞成变为反对，对某些人的态度由喜爱变为厌恶，或由厌恶变为喜爱。强度的改变指不改变原有态度的方向（性质），而是改变原有态度的强度（量）。增强原有的积极态度或消极态度，使之成为更加强烈的积极态度或消极态度。如对某些事的态度由有点赞成转变为很赞成或非常赞成，对某人的态度由有点喜爱转变为很喜爱或非常喜爱。减弱原有的态度，使原来强烈的积极态度或消极态度转变为比较微弱的积极态度或消极态度，如从强烈支持到稍微支持，从强烈反对到稍微反对。这也是强度改变的一种情况。通常所说的态度转变多指前者，即方向的改变或质变。唯物辩证法认为，量变与质变互相依存、互相渗透、互相转化。态度强度的改变也会引起方向的改变，即量变必然引起质变；方向的改变中都包含强度的改变，即质变中包含强度的量的扩张。

从影响态度转变的因素看，转变态度主要受态度本身的特性、个性特征和个人的群体观念三类因素制约，也可以称其为态度转变的三个维度。

态度本身的特性是影响态度转变的最基本的因素，也是导致转变态度难度增加的主要因素。有关研究证实：自幼养成的态度难以转变，刚刚形成的态度容易转变，如嗜好、偏爱、兴趣等；极端的态度和一贯的（人格化了的），已经转化为世界观、人生观的态度成分态度难改，如虔诚教徒的信仰、偏执狂的立场等；知情意三要素协调一致的态度也不容易转变，三要素间越是矛盾的越容易转变。同时，态度中的价值成分与态度的转变有密切关系，态度中的价值对个人人生意义越大越不容易转变；需要的程度、欲望满足的动机与态度的转变有密切关系，与强烈需求和欲望相关联的态度不容易转变。

影响态度转变的个体特征主要是能力差异、性格差异和自我意识。特别是对于复杂的问题，受教育程度和智慧较高的人容易理解赞成或反对态度的正确与否，并根据自己的认知决定是否坚持或转变自己的态度，其态度转变是主动的；但是，如果论据充分，能够自圆其说，转变起来更难。受教育程度和智慧较低的人，由于缺乏判断力，容易被说服，被动地转变自己的态度；但如果产生情绪化，会因执拗而不易转变。性格差异主要表现于人格的独立性程度上。比较而言，独立型强的人往往对劝告表示抗拒，有时对新观点拒绝了解，甚至否定权威，一经形成某种态度就不易被转变；顺从型的人，由于长期的依赖性和从众性，独立判断能力较差，容易信任权威，转变态度也比较容易。自我意识主要指态度主体的自信心和自我防卫意识。自信心和自我防卫意识强烈的人普遍有一种自我保护的态度，一般这种人的态度比较难以转变。心理学家卢森堡（M. Rosenber）等人发现，政治上的极端保守者都有一种不安和自我防卫的倾向。

个人的群体观念也是影响态度转变的重要因素之一。在这一点上，经验和理论都告诉我们：个人的群体观念强者，容易受群体利益、群体中其他成员影响而转变态度，趋向于与群体保持一致，但要转变为与群体利益相悖，或与群体其他成员对立的态度很难；个人的群体观念弱者，不易接受群体成员的影响或为群体利益而转变态度，相比较之下，要转变为与群体利益相悖，或与群体其他成员对立的态度比较容易。

（2）人际平衡理论

态度的转变理论中影响较大的理论，主要有海德（F. Heider）和纽科姆（T. Newcomb）的人际平衡理论、费斯汀格（L. Festinger）的认知不协调理论、霍夫兰德（C. Hovland）和斯塔茨（A. Stoats）等人的学习理论、勒温（K. Lewin）的参与转变理论等。

海德和纽科姆提出人际关系的平衡理论，具体描述了个人、他人和对象三者之间的平衡与不平衡关系，提出了人际关系平衡与转变的基本模式，认为个人（A）与他人（B）之间的关系和与第三者即对象（X）之间的关系有关。三者间的关系有形成均衡与和谐的倾向，不均衡的情况会产生混乱和紧张，因此会产生恢复均衡的压力使结构达到平衡。从不平衡转化为平衡可以通过不同的方式达到，而采用什么样的方式和达到什么样的平衡则依赖于方式方法的难易程度和做出态度转变的个人特点。A 和 B 对 X 的态度是否一致，将影响着他们关系的协调发展。A 和 B 对 X 的态度有三种状态：①A 与 B 的关系较好，两人对 X 的态度一致，或都否定 X，或都肯定 X，则他们的关系是协调的。②A 与 B 的关系较好，两人对 X 的态度不一致。A 对 X 持肯定态度，B 对 X 持否定态度，则他们的关系出现紧张、失衡。③A 和 B 关系不好，两人对 X 态度不一致，则对二者关系没有影响。也就是说，A 与 B 因对 X 的态度不一致就会产生关系紧张，A 越喜欢 B，则发现 B 对 X 的态度与自己不一致时，关系就愈紧张。并且，X 对 A 越重要 A 与 B 的关系就愈紧张，A 与 B 对 X 的分歧愈大关系愈紧张，A 和 B 的自信程度愈高则关系也愈紧张，A 和 B 同 X 发生相互作用的频率愈高关系也愈紧张。为了消除紧张，恢复平衡，一是 A 或 B 转变对 X 的态度，使自己与对方保持一致，恢复平衡关系；二是 A 与 B 断交，转变原来相互的态度，也会达到一种特殊的平衡状态。

（3）认知不协调理论

费斯汀格的认知不协调理论认为，认知因素之间有的是相互独立的，有的是相互联系的。相互联系关系的认知因素可结合呈现出两种情况：一是二者处于协调状态；二是呈现出不协调状态。如果认知因素之间出现不协调，就会使心理上发生不愉快，甚至是痛苦的感觉。不协调的程度取决于认知对于个人的重要性，不协调认知的重要性越大可能造成的不协调程度也就越大。认知不协调是一种不愉快的情感体验，具有动机的作用，会驱使个体设法减轻或消除不协调状态，使关联着态度与行为的认知变得比较协调。消除不协调的方法主要有：①改变行为，使对行为的认知符合态度的认知；②转变态度，使其符合行为；③增加新的认知因素，加强协调关系的认知系统。

费斯汀格的认知不协调理论同海德的平衡理论的基本假设是一致的，特别强调了个人通过自我调节，达到认知平衡而转变态度。霍夫兰德和斯塔茨等人的学习理论则强调外在环境和他人的影响作用。态度的学习理论又称为刺激理论或强化理论，该理论认为，态度是在刺激作用下逐渐形成和不断转变的，人们获得态度就像获得事实、概念、思想意识、思维方式和习惯一样，是在刺激作用下，通过反应而不断学习所获得的。态度的获得要经历联系、强化、模仿三个相互联系的过程。当几种有关刺激经常同时出现时就会形成暂时神经联系，这种暂时神经联系逐渐地固定化形成新的定势，从而使人转变旧的态度，形成新的态度。学习理论重视强化在态度转变中的作用，认为强化在建立暂时神经联系的过程中起着重要的作用。奖励、赞赏、社会认可等正强化能促进心理倾向的持续，产生肯定的态度；惩罚、批判等负强化能干扰心理倾向的持续，引起对某种对象的否定态度。态度也可以通过模仿而学习到，特别是对儿童时期态度的形成和转变影响作用更为显著。

4.3 态度转变与宣教管理

宣传教育的根本目的就是促使宣传对象转变原来的态度。霍夫兰德认为，通过宣传转变态度是一项很复杂的工作，既受宣传者可信度的影响，又受信息沟通的艺术和方式、方法的影响，同时受宣传对象原有的态度和各种人格因素及当时环境情况的制约，每一个变量都会影响态度转变的过程。宣传是引起人的态度改变的有效途径，即通过给予一定诉求，引导宣传对象的态度和行为趋向于宣传者的预定方向。他把宣传看作是信息交流的过程，并基于此于 1959 年提出了一个标准的宣传模型。在霍夫兰德的宣传模型中，宣传者、宣传对象、传递信息和宣传情境构成态度改变所关联的四个基本要素。其中宣传者、传递信息和情境构成了态度改变的外部刺激，亦即构成了宣传对象的态度对象。霍夫兰德的宣传模型指出，宣传有态度转变和态度不变两种结果，而宣传对象态度的转变与否与宣传对象态度中的情感成分密切相关。

4.3.1 宣教信息管理

根据霍夫兰德的宣传模型理论，有效的宣传必须充分考虑宣传者、宣传对象、传递信息和宣传情境等四个基本要素，并使每一个要素都发挥出最大的效用。

（1）掌握信息的组织、选择技巧

提高宣传者的可信度固然能增强影响力，但要使受传者真正领会传播信息的具体内容及其含义，还需进一步探讨信息的选择和组织。因此，必须考虑以下三个问题。

第一，如何选择适宜的材料？在说服他人转变态度时，是只讲正面的材料好，还是正反两面材料都讲好？这必须考虑接收者的知识能力和原有态度的倾向性等特点。

对于文化程度较低、阅历较浅和对传播的信息抱肯定态度的听众，单面传播（即只提正面的材料）比双面传播效果好。否则，提供许多反面的材料，可能会引起这类人的思想混乱。对于文化程度较高、阅历较深和对传播的信息持怀疑或否定态度的接受者，双面材料比单面材料更能说服他们。一些研究表明，回避众所周知的反面证据，常会遭到更大的抵制。

是选择理性材料好，还是选择情绪性材料好？即是靠理性分析说服人有利于态度转变，还是靠情绪因素感染人有利于态度转变呢？对此，心理学家进行了长期的探索，提出下列三条意见。

首先，具有强烈情绪因素的材料，会使大多数听众立即产生期望的情绪反应。如让汽车司机看交通事故发生后的惨况录像，可立即引起司机的恐惧感。但因为这种情绪来得快、来得猛，使听众不能冷静地、理智地思考问题，所以消失得也比较快。而有理论分析因素的材料，能促使人冷静理智地分析、思考问题，虽然这个过程用的时间长，但一旦想通后，持续时间也比较长。因此，如果宣传工作要立见成效，可以运用情绪色彩浓厚的宣传说服材料；如果要使宣传工作长期见效，就需要选择说理充分的理性材料。[1]

其次，对文化程度高且关心所宣传的内容的人，应运用理智分析的材料。因为文化程度高、对宣传内容关心的人，听报告、看文章注重论证是否合乎逻辑，说理是否充分，论据是否充足。而文化水平较低、对宣传并不关心的人，听报告、看文章往往从个人兴趣出发，注重是否生动有趣。因此，对后者应选择富有情绪色彩的材料。

最后，在一般情况下，两种材料恰当的结合有利于达到最好的宣传效果。宣传活动开始阶段，最好利用情绪因素的材料，以引起人们的兴趣和注意；然后，利用有充分根据的材料进行说理，这样能使宣传产生长期的效果。

第二，如何利用宣传内容的顺序效应？当我们作长篇大论的宣传或报告时，应首先讲正面材料和要宣传的观点，发挥首因效应，然后旁征博引进行论述，最后再作一个准确的结论，重提自己的观点，发挥近因效应，这样就会使听众对宣传的要点留下深刻的记忆。另外，不仅文章、报告的开头要有吸引力，结尾要有感染力，而且大会发言的次序安排、报刊的版面布置，都要考虑

---

[1] 肖祥银．管理心理学 [M]. 天津：天津科学技术出版社，2018：55-57.

发挥首因和近因效应。这是因为两端传出的信息比中间的信息容易记忆。系列中间的信息遗忘的次数相当于系列两端的3倍。

第三，结论如何引出？在信息的传播过程中如何引出结论，也是影响宣传效果的一个因素。由宣传者直接提出结论还是让听众自己得出结论，要根据信息的难度和听众的分析能力而定。对于难度较大且非常抽象的问题和分析能力较低的听众，由宣传者直接下结论效果较好。相反，对于分析能力较高的听众和较简单的信息，让听众自己得出结论效果较好。因为智力较高的听众，不喜欢高人一等的讲话口吻，这会使他们的自尊心受到挫伤，而引起抑制或拒绝。但是让听众作出结论必须具备两个条件：一是人们能理解沟通的材料；二是听众要有做出结论的动机。在条件具备的情况下，听众自己作出结论，效果较好。

（2）合理选择信息的传递方式

再好的信息，如果没有一套科学的方式、正确的途径传递给目标对象，也不会产生态度转变的效果。常见的方式有个别说服转变、大众宣传转变、口头宣传转变和书面宣传转变等。

个别说服与大众传播。个别说服，是指传播者以直接与接收者接触的办法来进行说服工作，从而达到转变其态度的目的。大众传播是指传播者利用影视、报刊、书籍、广播、讲座、报告会等来进行说服工作。个别接触、个别说服对人们态度转变的影响，比大众宣传的影响要大而且深远。这是因为个人接触说服最明显的特征是双向沟通。宣传者发出信息，接收者也能发表自己的意见，对发出的信息作出反馈，因而接收者没有压迫感和屈尊感。且这种信息的传递针对性强、气氛活跃，接收者不会认为宣传者在有意影响说教他们，因而可信度高、影响大。但是，当传递的信息简单、易懂并且要求快和普遍时，大众传播宣传的方式较好。

口头方式与书面方式。口头宣传的形式有会谈、会议、讨论、演说等；书面宣传的形式有文件、文章、布告等。一般来说，口头方式具有灵活、快速、感染力强等优点；书面方式具有正式、严肃、可长期保存、可反复阅读等优点。当宣传的内容不易理解且十分重要时，书面的方式效果较佳。但不论使用哪种方式，都必须使用听众所熟悉、惯用的语言。

（3）把握目标对象的特点

宣传者的可信度和信息劝服的技巧固然是态度转变的重要因素，但宣传的对象自身的态度特点和个性特征，也是影响态度转变的重要因素。因此，要提高态度转变的效果，还必须研究宣传对象的特点及适宜的劝说措施。

首先，要分析确定原有态度与宣传目标的差距。宣传对象对某一事物原来的态度，与宣传者所要达到的目标之间差距大小，无疑直接关系到宣传对象态度转变难易程度。那么，多大的差距最易引起接收者的态度转变呢？大量的研究表明：

当宣传者所宣传的观点与接收者原来的态度差异量为中度时，接收者倾向于较客观地知觉和较开放地接受信息，对传送来的信息不会产生太偏激和不合理之感，易引起态度的转变。

宣传者要求接收者态度转变的差异太大时，则会使接收者感到过于偏激或不合理，而拒绝接受其信息的正向作用，甚至做反向运动。产生这种现象的心理机制是：当要求太高，差距难度太大时，就会使受劝者望而生畏，产生心理紧张和压力，为恢复心理平衡而干脆对宣传者的信息持拒绝态度。

当要求宣传对象态度转变的差异度太小时，宣传对象往往看不到两种观点之间的差异，以最省力的反应，按照自己的经验和理解来取舍传来的信息，甚至会不知不觉地歪曲外界信息来达到容纳并同化它的目的，因而也就起不到教育的作用。要转变员工的态度，就要了解员工原来的态度，并根据其态度特点、思想水平制定适宜的说服转变目标。当说服信息的目标离员工原有态度差距太大时，应分阶段逐步提出要求，否则，脱离员工的思想实际和社会现实，任意拔高，则是欲速则不达。

其次，区别对待不同个性特点的员工。要掌握所要转变的态度在员工的人格结构中和在其意识中的地位。了解员工什么样的态度容易转变，什么样的态度不易转变。许多研究表明：①人在幼小的时候所形成的态度不易转变。因其经过家庭、学校和社会等强化已成为习惯性的态度；②依据多种事实所形成的态度以及与多种需要的满足相联系的复杂态度不易转变；③深刻反映个人的价值观、人生观的态度难以直接转变；④认知、情感、意向三种成分协调一致的态度不易转变。因此，对于上述态度的转变，不能急于求成，要有步骤、有计划地采取多种方法和较大的刺激，才能逐步取得效果。

同时，教育对象的智力、自我估价、自我防御机制的特点也影响着态度转变。智力高的人对简单浅显的屈服信息不易接受，而对复杂、深奥的强调注意和了解的信息易受其影响。自我估价高的、自尊心强的人比自尊心弱的人更难转变态度。因为，他们比较相信自己，自我防御机制强。对他们进行宣传一定要注意方式方法，既要打破其原来的态度，又要注意不伤害他们的自尊心。

态度的转变，是一个复杂的心理过程。从态度的结构看，认知的改变只是理智上接受新观点，只是态度转变的基本途径之一。有时，人的态度有着十分强烈的情感成分，会表现出不可理喻的特点，这就需要先动之以情，再晓之以理。有时，人的行为本身也会成为态度转变的障碍，这就要从改变行为开始，并通过行为反馈的方式来改变认知和整个态度体系。

4.3.2 宣教信度管理

可信度是指受传者对宣传者的信任程度。受传者在理解和接受信息之前，往往先要对宣传者作一番评价，以此来决定如何取舍传播的信息，同样的信息由一个正直诚实或有学问的人说出就易被人接受；而由一个虚伪狡猾或才疏学浅的人说出，就易引起人们的怀疑。现代心理学家把可信度分为可靠性、权威性与喜受性。

（1）可靠性

可靠性是受传者对宣传者的言论真伪的相信程度，也就是对宣传者传播信息的意图、动机及其所传播的信息客观性的判断。影响宣传者可靠性的主要因素有以下几点。

第一，传递信息的动机是否坦诚。如果受传者认为宣传劝导者的动机是公正无私的，是替听者利益着想的，那么就会表现得比较合作，也易于接受信息和转变原来的态度；如认为宣传者是想获得什么，就会对信息持怀疑，乃至抵抗态度。有时宣传劝导者的意图本来很明显，但却隐讳掩饰，就显得缺乏坦率诚恳，传播说服效果自然就适得其反。

第二，提供的信息是否客观、实事求是。宣传劝导者如果过分夸大所讲内容，会使人产生怀疑和不信任感；过分缩小则不易引起人们充分重视。

第三，是否使接受者产生受说教之感。心理学家通过实验发现，假如能让接受者感觉到，人们并不是在有意地影响他们时，也可提高说服教育的效果。这就是说，让被管理者在潜移默化的影响和陶冶中接受教育，转变态度，往往比耳提面命效果要好。“背地闻得知心话，胜得黄金千万两”，就是这个道理。这是因为，当受传者“意外地”获得一些信息或没有感到他人有意说教时，其对信息更加信任，且没有屈尊的压抑之感，因而易受到较大的影响。

第四，宣传者有无自信心。宣传者的自信心也影响着受传者的态度转变。连自己都不信的信息，当然更难打动别人。有研究表明，当传播者显得神态自若、语气坚定、声调动情、敢于迎视受传者的目光时，就能给人以一种可信感。尤其是当受传者还不能确定得到的信息的可靠性时，就往往以传播者的自信作为接受其信息的依据。

（2）权威性

权威性是指宣传者本身（包括他的身份、地位、年龄、职业、专长等），具有使人信服的权威。接受者一般倾向即相信在某一方面有学术水平的专家的意见。“爱其人而信其言”，这是因为受传者对宣传者的好感泛化到了他所传播的信息上了。很多行业的制造商不惜重金聘请有关专业方面的知名人士为产品作现身说法，就是利用了人们信赖专家，进而“爱屋及乌”的心理。

（3）喜受性

喜受性是指宣传者被接受者所喜欢的程度。如果宣传者具有吸引力，他就能为接受者所喜爱和认同，唤起接受者的合作和感情参与，从而增强说服力。这是因为人们都试图认同、等同一位很喜欢的人，进而采取那个人的态度、爱好、行为方式和服装样式。如何才能增强教育者的吸引力呢？心理学家通过大量的研究表明：一个人的吸引力与其人格特征、仪表、讲话的表情态度等有很大的关系。因此，管理者既要注意自己的人品态度修养，又要注意自己的外表装饰、举止动作，特别要注意训练掌握一套吸引人、改变人的宣传说服技巧。

4.3.3 宣教方法管理

大量的心理学试验研究证明，下述转变态度的方法是行之有效的。

（1）宣传说服法

宣传说服的方式多种多样，如个别交谈、调查访问、观看电视、电影等方式，都可以将传播者的意见、观点传递给说服对象，促使其转变原来的态度。霍夫兰德、詹尼斯（I. Janis）、西尔斯（D. Sears）和弗里德曼（M. Friedman) 等人在这方面作出了重要贡献。霍夫兰德认为，任何态度的转变都涉及一个人原有的态度和外部存在着与此不同的看法。由于两者存在差异，由此会导致个体内心冲突和心理上的不协调。为了恢复心理上的平衡，个体要么是接受外来影响，即转变自己原有的态度，要么采取各种办法抵制外来影响，以维持原有态度。其中，宣传者的可信度、宣传内容的组织、宣传的表达方式，都直接影响到宣传效果。人们在理解和接受信息之前，往往先要对宣传者作一番评价，以此来决定如何取舍传播的信息。同样的信息由一个被认为正直诚实或有学问的人说出，就会因宣传者的可靠性、权威性和人们对他的信任与喜爱而易被人接受，而由一个虚伪狡猾或才疏学浅的人说出，就易引起人们的怀疑。同时，要使人们真正领会传播信息的具体内容及其含义，还需进一步探讨正反两面材料信息的选择和组织。此外，还要合理选择信息的传递方式。再好的信息，如果没有一套科学的方式、正确的途径传递给目标对象，也不会产生态度转变的效果。常见的方式有个别说服转变、大众宣传转变、口头宣传转变和书面宣传转变等。

（2）*活动参与法*

勒温主张，转变态度的方法不能离开社会活动，不能离开社会的规范和价值。个人在社会中，活动性质能决定形成新的态度。人们参加社会活动的不同程度会影响其态度转变的程度，其中最重要的是心理介入程度。心理介入的情况可分为主动型和被动型两类，主动型比被动型有助于态度的转变，且转变速度快、程度深。积极参加活动，在活动中增加对态度对象的认识和情感可以有效地转变态度。卡尔格瑞恩（A. Kallgren）还发现对环境问题有丰富知识的被试的态度与行为的一致性较高。增加态度强度的另一个途径是让人参与到态度对象中来，让人们参与某些事情是增强其态度的有效手段，反过来我们也用人们的参与来预测态度与行为的一致性。琼斯等人以大学生为被试，要求宣传者向组内其他两人进行说明宣传，使之转变为肯定的态度。要求宣传者根据实验者提供的宣传提纲进行宣传，而且在宣传时必须对其宣传内容表示深信不疑。结果发现，三个人全都转变了态度，并且宣传者比两个被宣传者态度转变更大，宣传者扮演的时间越长，越积极，态度转变越大。

（3）渐进提高法

心理学研究表明，要转变人们的态度，不能操之过急，最好逐步提高要求。要转变一个人的态度，无论是强度的改变还是方向的改变，必须首先测量其原有态度的方向和强度，然后再计算原有态度和期望目标之间的距离。欲速则不达，如果二者差距过于悬殊，转变态度的目标很难实现，弄不好还会产生反向效应。如果依据循序渐进的小步子法则，逐步提出要求，不断缩小原有态度和期望目标的差距，成功的可能性会大大提高。社会心理学家实验和总结了推销员工作经验的“登门槛技术”和“低球技术”，证明了渐进提高法的有效性。“登门槛技术”原意指推销员只要能把脚踏进顾客的大门，最后就能成功地让人买他的东西，实现推销的目的。社会心理学用“登门槛效应”一词来泛指在提出一个较大要求之前，先提出一个小的要求，从而使别人对较大要求的接受性增大的现象。“低球技术”的具体做法是，先提出一个小的要求，待别人接受后马上提出一个更大的要求。有些推销员往往在推销出低价位商品后，再抓住有利时机推荐高价格商品。“登门槛技术”和“低球技术”很类似，它们的区别就在于前者的两个要求之间有一定的时间间隔，而且两个要求之间没有直接的联系。社会心理学研究发现，人们都有在同自己发生交往的人面前保持一致形象的心理倾向，因而一旦接受了一个要求，拒绝别人要求的困难也就明显增加，从而增加了接受更大要求的可能性。“登门槛技术”和“低球技术”采取的是“得寸进尺”策略，与之相反，还有一种“以退为进”策略，称为“留面子效应”。该效应指如果对方拒绝了一个更大的要求，往往容易接受一个较小要求。这是因为人们在拒绝别人更大要求的时候，感到自己没有能够给别人“留面子”，会以接受一个较小要求来寻求补偿和平衡，以保持自己形象或“面子”。

（4）群体影响法

通过群体对个体所具有的影响也可以有效地转变人们的态度，群体的影响来自群体的规范和准则，这种规范和准则对群体成员具有一种无形的约束力，促使群体中每个成员的言行与群体的规范保持一致。在这种情况下，群体成员的言行如果符合群体规范准则的要求，就会受到群体的接受、承认、赞同和支持，被其他成员视为自己人，在群体中确立自己的位置；如果其言行违背了规范准则的要求，就会受到群体的拒绝、排斥、否定和打击，被其他成员视为离经叛道的异己分子，在群体中被孤立起来甚至被逐出群体。无论是正式群体或非正式群体，其所具有的规范准则都具有这种约束力。正因为如此，利用群体规范约束个体行为、利用先进集体改造后进个人等，都能够有效转变个体态度。

（5）恐惧唤起法

每个人都会害怕失去自己的东西，如果直接告诉某人如不这样，就会危及他的既得利益，他就会受到损害或面临灾难，对方就有可能转变原来的态度。在司法过程中，违法当事人当得知办案机关开始查处后，烦恼、懊悔、焦躁甚至做出不理智行为是可想而知的，由此形成的心理压力也是十分大的。这些人无论是什么性格，对待自己的行为一直都存在侥幸心理，采用拖、躲、抗等方式拒绝配合。这时执法人员要视具体情况正确恰当地利用法律的威慑力，使其有一定的恐惧感，认识到违法事实的严重性，并给以明确的指示和出路，使之解除恐惧，改变抗拒，配合执法活动的进行。人在儿童时期态度的形成和转变，很多时候是由于成年人的威吓唤起了儿童的恐惧而产生的。关于恐惧对态度的转变，心理学实验研究的结果不尽相同。利文撒尔（H. LeVenthal）实验得出的结论是，恐惧程度越高，态度转变程度越大。詹尼斯等很多人研究认为，恐惧的程变与态度变化的多少呈倒U曲线，也就是说中等程度的恐惧，引起的态度变化最大。在中等程度以内，恐惧越大，态度的变化就越多。但超过了中等程度，恐惧越大时，主体就采取回避、拒绝，反而会引起心理防卫作用，产生的态度转变反而小。

第 5 章 人格差异理论与管理

著名心理学家珀文（L. Pervin）曾经说过："自从意识和自我感觉发展起来后，人类就成为了人格心理学家。我们所有的人在日常生活中总在观察着别人，形成着有关他们的性格和行为原因的看法，揣摩着他们可能的行为，并据此调整我们自己的行动。可能我们所有的人都在某种程度上注意到人与人间的个体差异，并将他们划分为不同的类型。可能我们所有的人都有着关于基本人性的看法，如人性本质上是善的还是恶的、无私的还是自私的、慷慨的还是吝啬的，以及人性为何变善或变恶等。"[1] 迄今为止，人格心理问题仍然是心理学领域一个带有某种神秘色彩的地带，人格心理学还没有形成一门成熟的规范的学科。但是，关于人格心理研究提出的一系列理论，已经在管理领域发挥了极其重要的指导作用。

5.1 人格结构理论

个体在生理的发展和成熟的过程中，心理也在发展和成熟，逐渐成为一个有独特人格的社会个体。人格是个体在社会化过程中生理因素和社会因素相互作用的结果，同时它又反过来成为影响社会化过程、社会环境等的原因。人格是个体的心理面貌，比起认识人的生理外貌来，认识人的内在的心理面貌即人格要复杂得多，困难得多。人格既是个体特殊的心理，代表了个体区别于他人的个别差异，它决定了个体社会活动的意义，决定了个体会怎样去影响他人又怎样对待自己，同时还决定着个体的行为方式以及行为表现。

5.1.1 人格的内在结构

人格不仅仅是心理学的概念，也是伦理学、哲学、教育学、法学等多学

[1] L A 珀文. 人格科学 [M]. 周榕，陈红，杨炳钧，等译. 上海：华东师范大学出版社，2001：1.

科的概念，学科站位不同当然定义也就不同。同时，对同一学科的研究角度和对人格内涵的把握程度不同，人们对人格的定义、使用也就有很大差异。因此，在理解和使用人格这一概念时，就要注意人格的不同的学科范畴和不同的研究视角。此外，不同地域传统文化中的人格内涵也有很大的差异，西方人更重视人格中的个性心理特征，区分人格的不同类型；中国人更重视人格中的伦理道德，以人格品质区分好人与坏人。

（1）人格结构的内涵

人格是一个极为抽象的模糊概念，其内涵十分复杂，迄今为止还没有形成一个大家一致认同的、明确的定义。现代西方心理学用“personality”一词表示人格，来自拉丁语“persona”，其本意是指古希腊罗马时代戏剧演员在戏台上扮演角色时所戴的面具。这种假面具表现剧中人物的身份及心理的某种典型性，如高傲的人、狡猾奸诈的人等。用面具指义为人格，包含着两层意思：一是指个人在生活舞台上表演出的各种行为，表现于外给人印象的特点或公开的自我；二是指个人蕴藏于内、外部未露的特点，即被遮蔽起来的真实的自我。但这只能是一个缘起，并非其现在的真实内涵。那么，其确切含义到底是什么？我们尚无从得知，都在各抒己见，大有些“公说公有理，婆说婆有理”的味道。不过，对科学发展来说，这是一种好现象，是学科走向成熟的征兆。[1]

奥尔波特最早对人格的定义作过综述，他考察了50个定义，在其名著《人格：心理学的解释》一书中，得出了获得大多数心理学家所推崇的他自己对人格的定义：“人格是个体内部决定其独特的顺应环境的那些心理、生理系统中的动力组织。”奥尔波特之后，有关人格的定义就更多了。有的说，人格是个人的心理面貌或心理格局，即个人的一些意识倾向与各种稳定而独特的心理特征的总和。有的说，人格是指一个人多方面特质的总和，包括性格、气质、能力等方面的特质，也包括道德品质方面的特质。有的说，人格是个体在遗传素质的基础上在社会化过程中所形成的稳定的具有特色的身心组织。有的说，人格实际上是一定社会的人作为自然主体和社会主体的实际状况的概括，以及由对这种状况的理解所产生的尊严、责任、价值及品格等。也有人说，人

[1] 李玉杰．心理学 [M]．沈阳：辽宁教育出版社，2009：137-138.

格也叫个性，指一个人的整个精神面貌，即具有一定倾向性的心理特征的总和。还有一种说法，人格是个人各种稳定特征或特质的综合体，它显示出个人的能力、思想、情绪和行为的独特模式。这种独特模式是社会化的产物，同时又影响着个体与环境的交互作用。

（2）人格特征的形成

人格是一种品格，也是一种风格，是个体心理品质和行为格调。如果一定要下定义，本书认为，人格是个体在遗传素质的基础上，在社会化过程中形成的稳定的、具有个性色彩的心理品质和行为特征的综合体，是一个人整体的精神风貌。

人格具有整体性、独立性及稳定性三个基本特性。人格具有多种特质性成分，包括能力、气质、性格、认知、需要、态度、价值观、行为习惯等，一切能表现个性化特征的心理和行为要素。整体性首先意味着全面性，即人格是人格诸成分或特质尽可能充分发展的结果，而不是只有某一方面特别突出、占统治地位的片面人格，不能以一方面特征的健康来代替整个人格的健康。同时，整体性意味着各人格要素间无论是协调的还是矛盾的，都是诸要素的辩证统一。强调人格的整体性，旨在说明人格诸要素之间不是孤立存在的，而是密切联系，综合形成一个有机的组织。独特性是指每个人的人格都是独特的，它显示人与人之间的差异性。人格的独特性是由于人格的形成与发展是遗传素质基础上个体与环境交互作用的结果，每个人从其父母身上继承的特定的遗传素质规定了个体的发展域，个体与其所处的千差万别的环境相互作用使得每个人都具有各自的心理面貌和精神状态，表现出独特性。人格的稳定性是指一个人经常表现出来的稳定的心理和行为特征，那些暂时的、偶尔表现出来的心理和行为特征则不属于人格特征。因此，人格既是一个静态的心理和行为结构，也是一个动态的发展和变化过程。在一个有序的社会生态系统中，社会的发展会对人格发展不断提出新的要求并按照一定的规则和程序进行塑型和改造，个体在与环境互动形成的人格作为社会生态系统的一个生态因子又成为一定社会的文化细胞构成社会的文化系统，参与和发挥组织的整体效能。

人格心理结构的研究早已为心理学家所重视。早期的一些心理学家从人格所包含的各个方面来给人格下定义，例如，美国心理学家沃伦（Warren）认为，人格是个人品质的各个方面，如智慧、气质、技能和德行的一般组织或模式。近年来，研究者们力图在动态中考察由各个紧密联系的成分所构成的多维度、多水平、多层次、多序列的统一整体的人格结构系统，对各个子系统不是等同对待，而是看成相互依赖、相互联系又有主次之分的系统。

在我国，除了前述的人格结构观以外，一些学者认为人格心理的结构一般包括人格倾向性（需要、动机、兴趣、理想、信念等）和人格心理特征（能力、气质、性格等）两方面。还有的学者从广义的角度，认为人格既然是人的整个精神面貌，那么知、情、意等心理过程，能力、气质、性格等心理特征，都属于人格整体中的组成部分，包括人格倾向性、人格心理特征、心理过程和心理状态四个方面。这几个方面是有机联系着的，构成一个进行自我调节、自我控制、自我完善的活动系统。

（3）人格结构的特征

综观人格心理学家对人格的内涵及其标准的论述，大都是从知、情、意、行的角度和层面来研究和讨论人格的，认为人格发展是知、情、意、行这四个方面由低到高的统一发展的过程。知的发展是感觉、知觉、注意、语言、想象、思维，情的发展是从一般情绪（喜、怒、哀、乐、恶等）到较高级情感（依恋、友谊、羞耻等），再到高级情操（理智感、道德感等）的发展，意的发展是从基本生理行为控制（对饮食、排泄的行为控制）到一般行为控制，最后到高尚的社会行为的控制（克己奉公的行为和献身行为等），知、情、意的发展通过行为外在地表现出来。

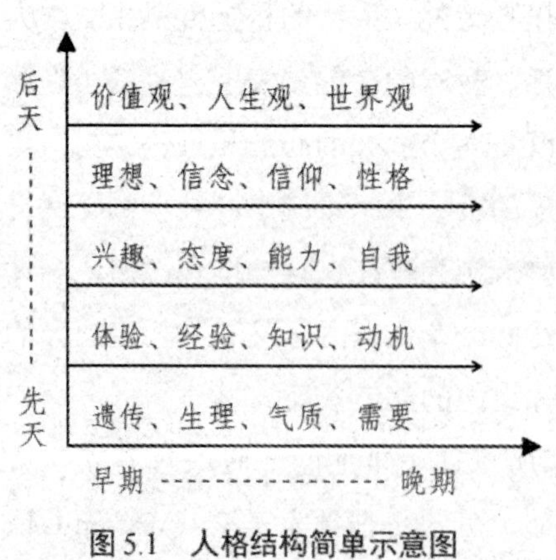

图 5.1 人格结构简单示意图

这种结构分析似乎符合人们的认知习惯，但它有一个致命的弱点，就是我们无法在上述结构中找到人格中最有代表性的个性心理倾向和个性心理特征。我们认为，人格结构太复杂了，很难用几句话表述清楚。为了研究方便和论述明确，我们可以借助一个简单的图示来说明（见图 5.1）。

第一，人格因素众多。几乎所有的

心理现象都具有人格意义，目前的心理学还无法把所有的心理现象统计出来并阐释清楚。或者可以这样说，我们目前能够说清楚的仅仅是很少一部分，绝大多数还在我们的未知领域，图 5.1 中所示只是已知的人格结构中有代表性的要素成分。

第二，人格维度复杂。人格结构是多维的，无法通过简单的二维或三维结构精确地表示。用起源上的先天与后天和发展中的早期与晚期两个相对维度组成这样一个参照系，只是为了阐释的便利和直观，也是我们目前仅仅能够做到的。

第三，人格层次显著。首先，不同个体间人格整体的品质或水平的比较是有层次的，无论东方还是西方，都有对人格的好坏、高低、优劣程度的测量与评价。其次，个体人格系统本身具有内在层次性，人格心理各要素在人格系统中既有行与列，又有层与级，依据不同的标准可以进行不同的层次定位。例如，我们还可以把人格各要素区分为遗传决定的本能层次、先天与后天综合决定的“合金”层次和完全是后天决定的习得层次。最后，人格的每一个因素在个体人格发展中也表现出层次性，几乎所有的因素都有一个从低级到高级的发展变化过程。例如，自我意识在个体发展的婴幼儿期、少年期、青年期、成年期，分别处于不同的层次上。甚至可以这样说，人格发展的最高层次就是成熟的“自我”。这一特征，图 5.1 还无法表现出来，这里所用的二维结构仅仅能清晰展示人格结构的静态观照。

5.1.2 人格结构的关联

人的心理活动非常复杂，心理活动的各要素相互作用、彼此制约。认知作为一种基本的心理活动方式，是心理过程的首要环节，影响到个体的情绪、情感、需要、动机、意志过程以及行为表现，最终影响到个性心理特征的形成与发展。

（1）认知与人格

心理学家米勒（R. Miller）发现，人们的工作记忆容量仅为 7±2 个组块，所以电话号码一般都以 7 位数字来代表。由于认知能力的有限性，所以，面对纷繁复杂的各种信息，人们需要选择，需要取舍。当不合理的认知成为一种稳定的思维方式后，它便具有了无意识性和自动性，成为许多人生活的一部分，使人对之习以为常。它常常作为“自动思维”，不费吹灰之力就自动灌注你的整个身心，成为典型的自组织过程，认知也就具有了人格的意义。

海德认为，我们对认知单位内两个对象的态度通常是一致的。例如，你喜欢某位老师，则对他的课也感兴趣。这样，个体对单元内两个对象的认知与评价一致，其认知体系也就呈平衡状态。反之，当评价不一致时就会产生不平衡状态，这种状态将引起不快和紧张，个体会设法解除。费斯汀格指出，人们的认知元素间存在着三种关系，即协调关系、不相关联关系和不协调关系。产生认知不协调后，心理上就会产生不愉快及紧张的感觉，由此产生解除不协调状态的动机，态度也会随之而改变。而在改变认知的过程中，往往会出现许多带有自欺欺人的不合理认知，为自己的行为找借口。消除认知不协调的方法通常有三种：第一，改变某一认知元素；第二，增加新的认知元素；第三，强调某一认知元素的重要性。不协调程度如何，采用何种办法来消除不协调及其带来的紧张状态，人们常常具有某种习惯反应方式。一方面，反应方式本身就具有人格特点；另一方面，人格是以认知为基础的，个体的很多人格特征都与其知识经验有关。

（2）情绪与人格

美国临床心理学家艾利斯（A. Ellis）提出了人格障碍的 A—B—C 理论，强调认知、情绪、行为三者间的交互作用及因果关系。人的情绪来自人对所遭遇的事情的信念、评价、解释或观点，而非来自事情本身。情绪和行为受制于认知，认知是人心理活动的“牛鼻子”，把认知这个“牛鼻子”拉正了，情绪和行为的困扰就会在很大程度上得到改善。正如爱比克泰德（Epictetus）所言：“人不是受事情的困扰，而是受到他们对这些事情看法的困扰。”

心理学家贝克（A. Beck）认为，心理问题不一定都是由神秘的、不可抗拒的力量所产生。相反，它可以从平常的事件中产生，如错误的学习，依据片面的或不正确的信息作出错误的推论，以及不能妥善地区分现实与理想之间的差别等。每个人的情感和行为在很大程度上是由其自身认识世界、处世的方式或方法决定的，即一个人的思想决定了他的内心体验和反应。抑郁病人往往在认知范围的大小、内容和本质上都有歪曲，形成的看法往往是固执和消极的。病人的思维内容是以失落感为特征的，对前途丧失信心，对工作丧失兴趣，并伴有生理功能的丧失（如性功能、食欲、体重等）和“负性认知倾向”为其认知特征。当认知由于某种原因得不到充分的信息，或由于对感觉作出错误的评价与解释时，就会对认知的准确性或范围产生影响，使认知受到限制或歪曲，从而导致不良的情绪和行为，出现人格障碍或异常。从这个意义上说，情绪与人格的关系是间接的，是以认知为纽带的。

（3）行为与人格

人格是个体的，也是民族的，是民族心理的深层结构。“深层结构是指那些由积淀于心理结构深处、不易变化且影响和控制表层结构的心理内容，它是通过文化的内化和长期积淀而形成的，其特点是不易改变，通过表层结构发挥对行为方式的影响作用。”[1] 行为与行为方式都与人格相联系，行为表现一个人暂时的人格状态，行为方式则表明一个人稳定的人格特征。在人格统一性的意义上，行为方式是指人们在日常生活中通过丰富多彩的行为而表现出来的、有个体人格特点的、有结构及规则的和相对稳定的形式或模型，是人们如何表现行为的定型化，是个体人格结构的外部表现。

一个人的行为方式随着他的自我意识的确立和思维方式的形成即人格内核的成熟而逐渐形成，并最终稳定。行为方式使人的活动常表现为稳定和有规律性的，能归结系列行为的人格特征。行为方式可以划分为三个层次，即处世原则、对事态度和活动方式。其中，处世原则是行为方式的核心，它由自我意识（包括个性品质如思想、认识、兴趣、需要、情感、意志等）和思维方式所决定；对事态度是个体对人、对事、对物的态度体系，是受处世原则决定的；活动方式则是指个体表达对事物态度的最外显的方式，它由处世原则和对事态度共同所决定。人格的行为特征主要体现在个体的社会适应性行为中，反映人在社会活动中行为方式（对自己、对他人、对社会、对环境等）的目的性和社会性。而外在的实践活动中个体行为的丰富与完善，既能体现人格的健康与否，又能不断塑造健康人格。只有人的行为方式反映出的人格心理特征是有效的、适当的，我们才能说这个人的人格是健康的。

[1] 李景春．论民族心理素质与国民素质教育 [J]. 沈阳师范学院学报（社会科学版），2000（2）：69-73.

5.1.3 人格结构的特质

弗洛伊德和其他早期的理论家，是以研究病态人格为基础发展他们的理论的。奥尔波特是第一个研究成熟的、正常的成人的人格理论家。他认为，成熟的人才是具有健康人格的人，强烈主张健康人的人格原则不能由动物、儿童、神经症或过去的研究引中而来。成熟的人对多样化和挑战具有持续不断的需要，他们总是在冒险追求新的事物，尽管这样引起紧张，但正是通过这种紧张和冒险，人才能成长。奥尔波特将人格特质分为两类：共同特质（common traits）和个人特质（personal traits）。共同特质是同一文化形态下大多数人或一个群体所共有的、相同的特质。个人特质是个体身上所独具的特质，它代表着个体间的人格差异和个人独特的认知和行为倾向性。[1] 奥尔波特关于人格特质的理论，给后来的心理学家以极大的启发。现代心理学家在其研究中发现了人的多种特质。总体而言，气质、性格和道德特质在人格中最显著。

（1）人格的气质特征

气质通常是指人的性情和脾气，是一种典型而稳定的人格特征，是个体心理活动的动力特点。气质先是由古希腊医生希波克利特（Hippocrates）提出，后经罗马医生盖伦（Galen）的验证，形成气质学说理论。希波克利特根据人体内的四种体液（血液、黏液、黄胆汁、黑胆汁）哪一种占优势，把人的气质分为多血质、黏液质、胆汁质和抑郁质四种类型。后来，俄国生理学家巴甫洛夫（I. Pavlov）通过大量实验提出的高级神经活动类型学说，根据高级神经活动的兴奋过程和抑制过程在强度、均衡性、灵活性等方面具有的不同特点，把人的高级神经活动分为灵活型、安静型、兴奋型和抑制型，恰好与希波克利特提出的气质类型相符合，证明了四种气质类型的存在。每个人都会有多种不同的气质特点，这些特点有规则地互相联系，从而构成个体的气质类型特征。生活中只有少数人是这四种气质类型的典型代表，多数人是介于以上各种类型之间的中间型。由此造成了个体间气质类型的千差万别，形成丰富多彩的人格风貌。

气质类型是先天的，基本特征是无法改变的。大量研究证明，气质类型

[1] 张璐．奥尔波特人格特质理论在MOOCs课堂中的应用[J]．中国成人教育，2018（7）：79.

本身没有好坏之分，每种气质类型各有其优势和劣势两个方面。在一定的生活条件和教育影响下可以扬长抑短，反之可能扬短抑长。同时，气质仅仅是一种人格因素，总是和其他因素一起发生作用。高尚的个人修养可以抑制或掩饰气质的劣势，通过改变行为方式养成良好的性格也可以取代气质的消极作用，发挥出积极的动力功能。即使是气质的某一种特征，在一些情况下可能具有积极意义，而在另一些情况下则可能具有消极意义。气质本身不能决定一个人活动的社会价值和成就的高低，气质类型完全不同的人经过自身的努力都可以取得优异的成就。即便是同一领域或性质相同的岗位，也不乏不同气质类型的佼佼者。同样，气质类型非常相似的人，由于各自在实践中的主观努力不同、个人修养不同，其个人成就可能会有天壤之别。因此，加强个人修养，养成良好性格，无论是哪一种气质类型，都可以展示出靓丽的人格魅力。

（2）人格的性格特质

性格一般定义为人对现实的一种稳定的态度体系和习惯化的行为方式。它包括两个方面：其一是稳定的态度体系，例如，热情、善良、正直、同情，或冷淡、虚伪、狡诈、无情；勤劳、认真、富于创造精神，或马虎、懒惰、墨守成规；自尊、自爱、谦虚谨慎，或自卑、自弃、狂妄自大；见义勇为或见利忘义。其二是习惯化了的行为方式，例如，开朗、活泼、直率、外向，或拘谨、冷静、多思、内向；大胆、勇敢，或怯懦、谨慎；等等。每个人对客观刺激物都有自己的反应方式，久而久之便固化下来，形成具有本性意义的性格特征。[1]

关于性格的类型，人们习惯于荣格提出的按照个体心理活动的倾向划分内向和外向两种类型。英国心理学家培因（A. Bain）和法国心理学家利波特（T. Ribot）根据知、情、意三者各在性格结构中所占的优势分为理智型、情绪型和意志型。奥地利心理学家阿德勒根据个体具有竞争性的程度把性格分为优越型和自卑型。优越型者特别好强，遇事不甘落后，总想胜人一筹；自卑型者有严重的自卑感，遇事甘愿退让，不与人争。很值得一提的是，弗雷德曼（Friedman）及其助手提出的 A 型性格与 B 型性格。A 型性格的人成就欲高，上进心强，工作投入，做事认真，动作敏捷，竞争意识强，性情急躁，缺乏耐

[1] 程正方. 现代管理心理学 [M].5 版. 北京：北京师范大学出版社，2016：131-135.

性，外向，易患冠心病；B 型性格的人性情温和，举止稳当，对工作和生活的满足感强，生活节奏缓慢，审慎思考，工作耐心，患冠心病者少。

气质是先天决定的，没有高低好坏之分。性格完全是后天养成的，有鲜明的社会评价意义，不仅有好坏之别，而且差异显著，泾渭分明。性格在人格体系中占有核心地位，是最能代表和显示人格风貌的要素。以至于有的人取消了“性格”这一概念，直接用“人格”取而代之，西方的许多心理学教科书把性格与个性视为同义语。因此，加强性格修养，提升人格品质，对于人生发展和事业成功至关重要。

（3）人格的道德特质

中华民族是一个尚道德、明伦理的礼仪之邦，有着悠久的文明史，具有优秀的道德文化传统和丰富的伦理道德思想。中华民族的许多优秀的伦理道德文化已经成为人类的共同财富，许多伦理道德规范已经成为许多民族公认的行为准则。[1]

所谓道德人格（moral personality），即作为具体个人人格的道德性规定，是由某个个体特定的道德认识、道德情感、道德意志、道德信念和道德习惯的有机结合。我国传统文化中的“人格”的概念几乎等同于现代心理学的“道德人格”，重视人的道德修养。20 世纪 90 年代起，道德人格是当代西方道德心理学研究的一个新主题。针对科尔伯格（L. Kohlberg）的道德认知理论未能很好地解决知行关系的问题，Blasi、Lapsley 和 Walker 等研究者明确提出了道德人格概念，认为必须将道德人格引入道德研究和心理学研究领域。关于道德人格的形成与发展，美国新行为主义的主要代表人班杜拉（A. Bandura）提出了社会学习理论，认为道德人格是通过学习获得的，也是可以改变的；认知派心理学代表人皮亚杰（J. Piaget）提出儿童道德发展四阶段理论，认为一个人道德上的成熟，主要表现在尊重准则和社会公正感这两个方面。美国教育心理学家柯尔伯格提出了他的道德发展阶段论，认为道德的发展是认知发展的一部分，一般经历他律到自律的过程，社会环境对道德发展有巨大作用。新精神分析学派的代表人埃里克森（E. Erikson）从人格整体上研究了人一生全程的道

[1] 李玉杰 . 论社会道德心理及其形成与发展 [J]. 河南教育学院学报（哲学社会科学版），2001（3）：48-51.

德心理的形成和发展，认为道德人格发展的每一阶段都要完成一个特定的、受文化制约的发展任务，逐渐实现健康的成熟的品格，否则就会产生“心理－社会危机”，出现情绪障碍，导致病态或不健全的人格。

5.2 人格理论派别

人格心理学是在心理科学的框架内探讨人的心理和行为，用较为简单而肯定的概念说明问题，重视理论的可操作性，可供实验检验或实践证明。多年来，人格心理学研究者众多，理论基础、观察视角和研究方法各异。几乎所有的心理学派都对人格甚感兴趣，都有相应的学术观点和理论假设，也因此产生了诸多歧义。

5.2.1 精神分析学派

精神分析学派创始人弗洛伊德在人格领域内进行了开拓性的研究，并获得了丰硕成果。后起的新精神分析学派，批判地吸收了弗洛伊德的人格理论，着重从社会文化因素的角度考察人格的形成和发展。弗洛伊德强调的是人格中不可克服的矛盾，对人性的发展持悲观主义态度；而新精神分析学派则强调人性中积极向上、追求完美或优越的本性，对人性持乐观主义态度。精神分析学派理论的特点是以病人为研究对象，关注人格健康问题。

弗洛伊德认为心理疾病的原因是由于本我、自我与超我三者的冲突所造成的，健康人格的核心就是要达到自我不再受本我的冲击和超我的压抑，而成为一种协调的力量，使人格各成分能和平共处，充分发挥出人的一切能力。焦虑是一种令人难以忍受的、痛苦的情绪状态，表现为担心、害怕、恐惧、紧张、坐立不安，并伴有胸闷气短、心动过速、全身无力等躯体症状。为降低焦虑，减少痛苦，自我在无意识层中发展出一套自我防御机制，采取自动发生作用的非理性的应付焦虑的适应方式，通过言语、行为、思想、情感等虚构或歪曲现实，以此达到自我保护，协调本我、超我与现实的关系。产生焦虑后，人们采取压抑、移置、合理化、升华等方式进行自我防御。弗洛伊德认为，正常与不正常仅仅是一个程度问题，没有本质的区别。“我们不再认为健康和疾病，正常人和神经症病人之间有鲜明的区别，我们不再认为神经症的特性必须视为普遍低级的证据。”[1] 健康人也存在压抑，他们的无意识中也储存着被压抑的冲

[1] 弗洛伊德．弗洛伊德论美文选 [M]．张唤民，陈伟奇，译．北京：知识出版社，1987：9.

动。“病理的和所谓正常的历程密切相关，或竟是根本相同。从此，精神分析变成了深度心理学。”[1]

荣格（C. G. Jung）几乎全部继承了弗洛伊德的理论，从治疗角度研究人的个体化，把帮助患者实现个体化当作治疗的最高目标。他认为，心理疾病是正常过程的紊乱而绝不是心理本质上所特具的现象，每个人在相对意义上都既是病人又是正常人。个体化是每个人与生俱来的先天倾向，尽管在现实生活中每个人实现个体化的程度不同。能否充分实现个体化，取决于每个人的遗传、环境以及所受到的教育。个体化过程就是实现健康人格的过程，“这也含有成为一个人自己的自我的意思，因此，我们可以把个体化转写为自我实现”。荣格认为，人格是由许多不同的部分组成的，其中有些还是相互冲突的，个体化过程即是正视并整合自己人格中各个部分的过程。[2] 首先，必须正视并了解自己人格中的各个部分。按照荣格的观点，人格分三个层次：意识、个人无意识、集体无意识。其次，了解并让人格中的各个对立面得以恰当表现。了解自己人格中的一些无意识成分是实现个性化（即健康人格）的第一步，让人格中的无意识内容进入到意识层面能促进个体与自己的天性保持和谐状态，这也是促使人格均衡发展并实现自身的前提。最后，整合人格中的各个方面，促使人格的意识部分与无意识部分有机统一并协同作用，以使人格形成一个完整的系统。

与弗洛伊德和荣格不同，阿德勒把人格形成更多地与人的社会生活联系起来，揭示人格的本质和规律。阿德勒认为，健康人格是具有社会兴趣的人，选择与社会利益一致的生活目标以及生活风格。“生活的意义在于对别人发生兴趣以及互助合作。他所做的每件事情似乎都被其同类的喜好所指引，当他遭遇困难时，他会用不和别人发生冲突的方法来加以克服。”[3] 有奉献精神、社会兴趣和懂得互助合作，是健康人格的核心品质。人在自主解决生活中三大问题（职业、人际合作、爱情）的过程中实现自己的潜力，发展自己的人格。健康人格的实现经历了由低到高的三个发展阶段：第一阶段，为摆脱自卑而奋

[1] 弗洛伊德．精神分析引论新编 [M]. 高觉敷，译．北京：商务印书馆，1987：115.

[2] 舒尔兹．成长心理学 [M]. 李文湉，译．北京：生活·读书·新知三联书店，1988：194.

[3] 阿德勒．自卑与超越 [M]. 黄光国，译．北京：作家出版社，1987：13.

斗。人类天生柔弱，很容易就产生自卑感，“我们人类的全部文化都是以自卑感为基础的”[1]。自卑是人格发展的最初动力，一个人健康与否不在于他是否自卑，而在于他的自卑是否过度以及他为摆脱自卑而作的努力方向是否正确以及努力是否过度。第二，为追求优越而奋斗。阿德勒确信，人都是力求向上的。所以，不会止于摆脱自卑，人还会努力为追求优越而奋斗，对优越感的追求比为之摆脱自卑而做的努力更加体现人的社会性和理性。第三，为实现完美社会而奋斗。追求优越而选择了有益于社会的目标，就会逐步发展并完善“合作”“奉献”与“社会兴趣”这三个核心品质，从而实现健康人格。

弗洛姆（E. Fromm）认为，“生产性是人所特有的潜能的实现，是人运用他自身力量的实现”[2]，具有生产性倾向的人才具备健康人格。生产性倾向的人具有四个特点：第一，生产性的爱，指一种自由平等的爱的人际关系。在生产性的爱中，自我因得以充分发展而延伸，个体的同一性和独立性也被保留下来。而要实现生产性的爱，一个人必须学会关心、责任、尊重、了解。第二，生产性思维。思维者由对思维对象的强烈兴趣所推动，以客观、尊重、关心的态度，仔细考察他所思考的客体，按事物的本来面目去认识客体。第三，幸福感。幸福似乎是一种成就，是人内在生产性的产物，使人既与世界融为一体，同时又保持自身的人格完整。幸福感不仅仅是愉快的感觉和状态，而且能提高人的心理功能，带给人日益增长的活力和健康，还是人的各种潜能得到实现时的一种状态。第四，人道主义良心。人道主义良心引导人以符合良知的方式行事，促使人返回自身，返回生产性的生活，返回充分和谐的发展。弗洛姆认为，具有人道主义伦理精神的健康社会，有助于产生健康的人格，而病态的社会则产生病态的人格。因此，人对健康的先天性追求倾向能否变作现实取决于社会而非个人。

艾里克森的人格理论认为，具备自我同一性的人才具有健康人格。所谓自我同一性，是指“一种熟悉自身的感觉，一种知道个人未来目标的感觉，一种从他信赖的人们中获得所期待的认可的内在自信”[3]。具备自我同一性，意味

[1] 阿德勒．自卑与超越 [M]. 黄光国，译．北京：作家出版社，1987：50.

[2] 弗洛姆．为自己的人 [M]. 孙依依，译．北京：生活•读书•新知三联书店，1992：94.

[3] B R 赫根汉．人格心理学导论 [M]. 何谨，冯增俊，译．海口：海南人民出版社，1986：162.

着青春期个体在人格发展中走向了一种健康而成熟的状态，意味着他不再感到迷失与彷徨，表明他能自我肯定并且已具有自主定向的能力。自我同一性意味着解决了“我是谁”以及“我将往何处去”这样两个最困扰我们的人生大问题。一个人如果在青春期不能获得同一性，那他就会产生“角色混乱”，即不能选择生活中的角色。相反，还有可能具备“消极同一性”，即指个体认同并具备了为社会所不容、甚至为社会所反对的危险角色。在心理发展的每一个阶段都存在一种危机，危机的解决标志着前一阶段向后一阶段的转化，顺利地渡过危机是一种积极的解决，反之是一种消极的解决。积极的解决有助于自我力量的增强，有利于个人适应环境形成健康人格。在艾里克森看来，健康人格是人一生的目标，一个人在其心理发展阶段中都积极并富有建设性地解决自己的发展危机，每一个环节都获得较好的发展，就能具备健康人格。艾里克森把同一性确立的关键期设定在青春期，如果一个人早年不幸未能逐个解决好自己的发展课题，那么成年后他将进行补课，否则他就难以具备心理健康和令人满意的生命质量。

5.2.2 行为主义学派

行为主义心理学主张心理学只研究人的行为而不研究人的心理、意识，应从刺激与反应的关系上客观地研究行为。在人格问题上，行为主义强调环境对行为塑造的作用，主张改善环境，塑造健康人格，成为完善的人。这种研究方法的客观主义原则，对当代心理学的发展产生了重大的影响。

老行为主义心理学代表人华生（J. Watson）认为，人格“是指一个人在反应方面的全部资产（assets）和债务（liabilities）”。资产包括两个方面：第一，已被组成的各种习惯的总体，社会化了的和已被调整过的各种本能，社会化了的和已被锻炼过的各种情绪，以及这些东西之间的各种组合和相互关系；第二，可塑性（plasticity）和保持性（retention）的高度系数（coefficients）。[1] 债务指个人的资产中在当前的环境内并不发生作用的那一部分，以及各种阻止个人对一种已改变的环境进行适应的潜在的或可能的因素。人格是一个人在反应方面的全部资产，包括各种习惯的总体，本能、情绪以及他们之间的各种组合

[1] Watson J B. Psychology from the standpoint of a behaviorist[M]. Philadelphia：Li- ppincott，1919：1.

和相互关系，还包括上述这些行为的可塑性和保持性。人格不仅仅指反应，更包含着个人的适应及能力。资产和债务在个体人格中具有相反的功能。资产是使人能适应环境的反应（现有的和潜在的），债务是人对环境适应的欠缺或阻碍因素（现有的和潜在的）。在个体的人格发展中，当债务成分大于资产成分而占优势时，就会出现“赤字”，个体难以适应环境或行为表现异常，产生人格障碍。只有增加资产，减少债务，才能形成健康人格。

新行为主义代表人斯金纳（B. Skinner）认为，健康人格可通过强化塑造行为而实现。他用操作条件反射学习原理来解释人格的形成和发展，认为人格就是个体生活经历中受各种强化所得结果的整合，如果适当强化就会形成健康人格。呈现能提高反应概率的刺激的过程是正强化，取消厌恶性刺激以提高反应概率的过程即负强化。无论是正强化还是负强化，最终都是提高反应的概率。控制强化的程式就可以控制人的行为，人格就是通过操作反射的强化而形成的一种惯常性行为方式。只要合理地控制强化，选择正确的强化方式与强化对象，强化积极的行为，就可达到控制行为、塑造行为的目的，进而实现健康人格的塑造。

当代行为主义心理学社会学习派代表人班杜拉认为，个体通过模仿或观察他人的行为而形成自己的行为，自我效能对人们的行为、采取行为的方式和情感激发都会发生较大的影响，进而影响健康人格的形成和发展。虽然强化有重要作用，但是强化不是人们获得行为的唯一方式。观察者在学习的过程中，不必直接受到外在强化，只要看到仿效对象的行为受到强化就等于自己也受到强化，这就是替代性强化。由于观察到的奖赏和惩罚不仅给人以信息，也给人以动力，而且观察者往往容易受示范者在接受奖赏或惩罚经验时表现的情绪反应所触动。在此基础上，班杜拉提出了自我效能的概念。自我效能是指个人对自己从事某项工作所具备的能力和可能做到的地步的一种主观评估。人总是根据对自己能力的评估反复权衡之后才决定自己的行动，评估正确十分重要，否则就会使所从事的工作失败。自我效能具有决定人们对活动的选择，以及对该活动的坚持性。自我效能影响人们在困难面前的态度，影响新行为的习得和已习得行为的表现，影响活动时的情绪。自我效能水平高者信心十足，而自我效能水平低者充满恐惧和焦虑，因此自我效能水平的高低是衡量人格健康与否的因素之一，具有健康人格者自我效能水平都很高。

5.2.3 人本主义学派

人本主义心理学是当代西方最有影响的心理学派别之一，兴起于20世纪五六十年代的美国。人本主义心理学批判了精神分析学派的性恶论及行为主义的环境决定论，以其鲜明的“自我实现”的旗帜立足于当代心理学界，从人的积极向上的本质方面研究人格发展，形成了人本主义的健康人格思想。

弗兰克（V. Frank）的人本主义思想带有明显的情绪色彩和超脱意味。他认为，人在任何情境下对自己的行动都是自觉选择的，对人生意义、理想或目的的自觉探求是心理健康者的基本特征，赋予生活以意义的人才具有健康人格。所谓赋予生活以意义的人，指的是超出自我中心，达到超越自我，使自我全神贯注于追寻和实现生命的意义与目的上。人要使生命有意义，实现健康需要通过两个途径：第一，行使自由意志。人并非具有脱离情境的自由，而是面对各种情境时，他有采取立场的自由。行使自由意志包括两个方面，一是选择的自由，二是承担选择的责任。人是一种能够负责任的物种，懂得珍惜来之不易的时光，懂得以严肃和谨慎的态度去生活，不怕挫折并与命运抗争。第二，满足意义意志。所谓意义意志，指的是人探索生命意义的动机。人最基本的动机不是探索自我，而是探索生命的意义。寻求生活的意义是人生命中原始的力量，这种力量推动人去探索和发现，对自我的了解和实现只是一个人探索并实践生命意义的副产品。如果一个人把自我作为目的就会变得狭隘，并会造成自我封闭，而心理健康的人是超越自我的人。

与弗兰克有所不同，皮尔斯（F. Perls）看来，健康的人生活在眼前、在此时此地，他们的注意中心、意识和满足感全部依赖他们在现实世界中的生活存在。皮尔斯是在心理治疗过程中发现，人是一个完形（gestalt），如果它们的闭合被阻止，人格的整体就遭到破坏，从而出现“未完成状态”。如果个体缺乏对自身需要以及对他人需要的觉察力，不懂得以有效的方法满足自己和他人的需要，个体与环境的平衡以及个体内的平衡就会被打破，个体就会出现自我机能失调，出现许多“未完成事”，包括一些未能表达的情感和一些未能采取的行为。这些“未完成事”折磨着人，使人陷于自责、后悔、悲哀与愤怒等不良情绪中无法自拔。此时为维持平衡，机体往往做出这样的自动反应：一种是机体内在的防御机制被调动起来，指责环境或自责并回避与环境的接触，往往会产生心理疾病；另一种自动反应是在“未完成状态”或者不完全格式塔的驱使下努力递次解决所面临的问题，逐个处理未完成事，直至接近完成。如上述的第一种，因而便导致了不健康，而有的人则采用了恰当的方式；如后者，因而便具备了健康，成为此时此地的人。

罗杰斯（C. Rogers）有一个很重要的观点，健康人格不是人的固定状态，而是一种过程。罗杰斯坚信人性美好并且具有无限发展的潜能，坚信人的基本属性自由发挥作用时是具有建设性的、可以信赖的。因此，实现健康人格的过程本质上就是变成自己的过程，一个人成为自己的同时也就成为“充分起作用的人”。他主张，自动自发成为充分起作用的人，对经验持开发与接纳的态度，能创造性地生活，能充分表现和发展自我，并自然走上实现自身潜能的正途。要从面具中走出来，体验自己的情感，学习表达自己的情感，通过自身努力成为充分起作用的人。同时，要通过“交友集体”帮助人发现和认识自己，建立满意的人际关系，真诚待己，并在实现自身潜能方面发挥了巨大的作用。人生来就具有实现趋向和无限发展的潜能，并确信绝大多数人能自动自发地追求实现自我，也就是朝着更复杂的、独立的、更有创造性和责任感的方向发展。

马斯洛对健康人格的研究被认为是最系统，最有影响力的。他认为，自我实现的人才是具备健康人格的人。自我实现即指个体达到最高的发展水平所具有的能力全部得到发挥，即个人潜能和价值的最有效的挖掘和使用。马斯洛的基本目标，就是要揭示理想的健康人即自我实现者的心理特征，以便作为一般人学习和参照的样板。马斯洛的健康人格观是以他的人类需要层次说和动机分类说为理论基础的，并提出了达到自我实现的健康人格的八条途径。

5.3 组织用人管理

随着科学技术的发展和管理研究的深入，与传统社会相比，现代社会在用人管理上发生了一系列革命性的变革。例如：在用人管理理念上，改变了旧有的“人事管理”观念，形成了现代的“人力资源”观念，强调优化整合；在用人管理手段上，改变了原有的依靠经验管理的朴素模式，形成了现代的依靠科学和技术建立起来的管理信息系统，强调智慧管理；在用人管理策略上，改变了几千年不变的“用人所长，避人所短”策略，形成了现代的“用人所长，容人所短”策略，强调以人为本；等等。尊重人格差异，注重管理效能，已经成为现代社会组织用人管理的代名词。人力资源是企业内外资源体系中的重要资源，是企业价值创造的主导要素，也是保证企业与外部环境进行物能流转、信息交换的必备条件，其构成要素，诸如活力、技能、知识等，组成特殊的结构形态，塑造企业生产产品、提供服务和开展预期活动的能力框架。“企业内部的人力资源管理，就是指企业对每名员工进行合理管理的活动，旨在通过管理，使每一名员工各司其职，各尽其才，在自己的岗位上能够全心全意，最大限度地发挥自己的创造力，给企业带来最大效益。”[1]

5.3.1 个性差异与合理用人

个性是人格的内容，人格是个性的总和。个性即个体性，每个人个性品质各不相同、各有特点。每个个体对客观世界的事物都各有自己的倾向，有不同的需要、兴趣、理想、信念和世界观。世界上几十亿的人口，就有几十亿的个性。不过，有很多个性都比较相近，可以区分出不同的类型，如内向型和外向型。心理学家就将比较相近的个性归结为一种个性类型，这样就可进行比较、进行研究，找到个性中的共性，总结心理发展、表现和作用规律，为管理提供理论与事实依据。在国外各种部门用人的标准中，一般要求通过人格心理测验判定职业适应性。要使组织中的每个员工人尽其才，发挥作用，就必须了解其个性，预测其个性的发展趋势，引导其个性向好的方向发展。

（1）个性的内涵与特点

在日常生活中，人们常用一种突出的心理特征来形容一个人的个性，如善良、温和、坚强、懦弱等。个性是在先天生理素质基础上，在一定的社会历史条件下的社会实践活动中经常表现出来的比较稳定的区别于他人的个体倾向和心理特征的总和。这就说明，个性是由需要、动机、态度、兴趣、理想、信念、世界观等组成的个性倾向，以及由能力、气质、性格组成的心理特征有机结合而成的。它主要表现在心理活动对客观事物的选择性、对事物的不同态度以及行为方式上，它是个性的潜在力量，是人们进行社会活动的基本动力。个性心理特征是人的个性差异中比较经常的、稳定的、具有决定意义的部分，它

---

[1] 季芳，张玲．企业人力资源管理创新发展研究 [J]. 产业与科技论坛，2017（15）：281-282.

表明一个人的典型心理活动和行为。[1]

个性心理具备如下特点：①生物性和社会性。人既是生物实体，又是社会实体。人的个体心理特征的形成和发展，既受先天生理素质（主要是指遗传因素）的影响，也受社会环境、教育、社会实践的影响。其中，先天生理素质是个性心理特征形成和发展的前提，社会环境是个性心理特征形成和发展的决定因素，教育对个性心理特征形成和发展起主导作用，社会实践是个性心理特征形成和发展的主要途径。②稳定性和可变性。每一个具体人的个性都不是一朝一夕形成的，但它一旦形成，就比较稳定、少变，总以重复性、持续性、必然性的面貌出现。个性的稳定性是相对的，随着社会实践条件、人的知识水平、家庭和个人生理心理等因素的变化，个性及心理特征也必然发生变化。③一般性和独特性。每个人不管其心理如何不同，都会有人类共有的心理特点，都带有本民族的思想感情、文化传统、生活习惯等因素的影响所打下的烙印，这些必然在个性心理特征方面形成共同的典型特征。但是，世界上不会有两个个性心理完全一样的人，即每个人都有区别于他人的能力、气质和特征，人们之间普遍存在着个性差异，即个性心理的独特性。

（2）个性的典型类型分析

个性是一个极其复杂的、多层次的、内容众多庞大的心理系统，既包含生理学意义上的内容，也包含社会学、人类学、心理学意义上的内容。就气质类型而言，有积极的、生气勃勃的，也有消极的、暮气沉沉的；每一种个性有优势的一面，也有劣势的一面。

首先，气质类型本身无好坏之分，每种类型都有优势和劣势两个方面。胆汁质的人热情开朗，精力旺盛，动作迅速，但任性急躁，好感情用事，易发展成简单、草率、粗心的人；多血质的人灵活敏捷，活泼，亲切，适应环境能力强，但注意力不稳定，兴趣经常转移，易发展为轻浮、散漫的人；黏液质的人，冷静稳重，踏实自制，但固执冷淡，缓慢死板，易成为萎靡不振的人；抑郁质的人，敏锐，细致，工作耐受能力强，做事审慎小心，但怯弱多疑，缺乏热情，易发展为孤僻和羞怯的人。

其次，气质类型不能决定个体社会成就高低。气质只影响人们心理和行

[1] 段万春. 组织行为学 [M]. 北京：高等教育出版社，2010：79-81.

为的活动方式，不决定个人的智力发展水平和成就大小。如普希金的气质类型是胆汁质，赫尔岑是多血质，克雷洛夫是黏液质，果戈理是抑郁质。他们的气质特点虽不相同，但都成为世界文豪。大量的研究资料表明，在同一领域或同一种工作岗位上，也出现过不同气质类型的杰出人物。例如，同为杰出音乐家，贝多芬与柴可夫斯基的作品风格完全不同，一个激昂慷慨、热情奔放，一个抑郁悠远、细腻精致。这是他们个性的不同色彩的流露，但并未妨碍他们才能的发挥，也未影响他们吸引各自的乐迷。

此外，每种气质类型的人都有自己适宜的工作。胆汁质和多血质的人适宜从事任务饱满、内容复杂、交际广泛、迅速灵活的工作，如管理、采购、推销，体育中的短跑、跳高、跳水、武术等。黏液质和抑郁质的人适宜从事有条理的、比较严谨的、持久细致的工作，如财务、文秘、机械，体育中的棋类、长跑、记录员等。

（3）个性与管理措施

在组织管理中，“人力资源管理的核心在于合理配置人才。人力资源作为企业发展的核心要素，制约着企业的发展。一个国家的发展，归根结底在于人的发展；企业间的竞争，归根结底在于人才的竞争”[1]。我们应帮助组织成员正确认识自己和他人的个性类型，自觉控制自己个性的消极品质，充分发挥其积极的特征，努力塑造良好的个性品质。

第一，提高对培养优良个性品质的认识。心理学家对许多杰出人物的追踪研究发现：人才的成功与失败，不仅与他们的智力水平有关，而且与他们的个性品质有更大的关系。美国著名心理学家推孟（L. M.Terman）对1500名智力超常的儿童进行了50年的追踪调查研究，对其中最成功的与最不成功的各150名作了详细的分析比较，发现两者之间在智力程度上并没有多大的不同，最明显的差别是个性品质。在进取心、自信心、不屈不挠完成任务的坚持性等方面，最成功的一组明显地高于最不成功的那一组。良好的个性品质如自信、坚强、乐观、进取、百折不挠等，是决定人才成功与否的重要因素，它不仅影响到员工的创造力、竞争力，同时还与人的行为倾向、抱负水准密切相关。因

[1] 季芳，张玲．企业人力资源管理创新发展研究 [J]．产业与科技论坛，2017（15）：281-282．

此，要想有效地提高员工的工作、学习绩效，就要从理想教育、道德教育、集体活动入手，努力培养其良好的个性品质。

第二，对个性不能强求一律。既然人的个性是多种多样的，必然会发生人格冲突，管理工作就不能强求一律。人格冲突与差异意见等这些易引发冲突的因素在组织中无处不在，无法避免。冲突本身是不带任何伤害性的，然而，如果没有得到妥善处理，从短期到长期都可能会导致组织的不稳定。相反，如果处理得当，冲突的结果从长远来看会为各方带来建设性的利益。[1]

第三，提高个性类型与职业的适应性。人的个性、爱好与其从事的职业相适应，就会使人充满愉快感；而愉快的情绪易激活大脑，提高工作效率。如性格外向的人，心胸开阔，易和人相处，从事推销、采购、社交、人事等工作比从事会计、文秘、机要等工作，更能扬长避短，发挥潜力；性格内向的人，喜欢清静、细致，从事工程、机械、会计、文书、机要等工作比从事政工和采购等工作更适宜。

5.3.2 能力差异与知人善任

能力是顺利完成某种活动必须具备的心理特征。西方心理学通常用意义相近但略有区别的多个词来表示能力，如 Ability 和 Capacity。Ability 指做某种事或完成某项活动的已有的学会的心理能力；Capacity 是指个体具有的潜力或能量。人们要完成任何一种活动，往往都不只是靠一种能力，而是多种能力的结合，尤其是进行较复杂的活动，就需要更多的能力组成一个系统。多种能力的结合保证着各种活动顺利地进行，这种完备的、结合在一起的能力就叫才能。人的能力绝不只有一般的认识特点或操作特点，不单纯是由固定的理智方面的因素所组成，它和每个人的个性联为一体共同表现人格特征，而且能力要素在社会生活中常常是最“抢眼”的人格。

（1）能力的类型差异

就能力的类型而言，一般分为模仿能力与创造能力、认知能力和操作能力、一般能力与特殊能力、流体能力与晶体能力等，统称为智能。在某种意义上说，类型分析本身就是一种结构分析。关于智能结构，理论上分歧较大，

---

[1]Tekleab A G，Quigley N R，Tesluk P E. A longitudinal study of team conflict，conflict management，cohesion，and team effectiveness[J]. Group & Organization Management，2009，34（2）：170-205.

实践上影响深远。美国心理学家桑代克（E. Thorndike）认为智力结构成分可以概括为三种：①社会智力，即人际交往的适应能力；②具体智力，即处理具体事物的能力，如对机械问题的适应能力；③抽象智力，即对抽象概念的适应能力，尤其是对处理语言和数学符号的能力。瑟斯顿（L. Shurstone）提出7种基本能力，即计算能力、语词的理解能力、表达能力、空间知觉能力、分辨能力、记忆力、推理能力，提出了群因素理论。此外，英国心理学家艾森克（H. Eysenck）提出人类能力的层次模型。阜南（P. Vernon）提出智力按层次排列的结构理论。美国心理学家吉尔福德（J. Guilford）用因素分析探讨智力结构，把所发现的智力因素划分成三个方面（三个维度），并画成有长、宽、高三个维度的一个方块智力结构模型。现在看来，这些理论都有严重缺陷，例如，重视认知能力，忽视操作能力；重视学习运用能力，忽视创新能力；甚至把技能排除于能力之外等，在实践特别是教育实践中造成了很坏的影响。“创造能力是能力结构中的最高层次，创造心理是人类心理的最高水平。如果说学习是对生活的适应，那么创造则是对生活的超越。创造活动是创造心理的实践方式，也是创造心理发展的途径。”

1983年，美国心理学家加德纳（H. Gardner）出版了《智能的结构》一书，向传统偏向认知的智力理论提出了挑战。他认为：“智能是在特定的文化背景下或社会中，解决问题或制造产品的能力。”根据对智力新的理解，加德纳提出了多元智力理论，他认为，人的智力结构中存在着语言智力、逻辑－数学智力、视觉－空间智力、音乐智力、身体－动觉智力、人际智力、自知智力七种相对独立的智力，每种智力都有其独特的解决问题的方法，都有其自身的符号系统。这七种智力在每个人身上的组合方式是多种多样的。多年来，心理学界有一种以智力取代能力的倾向。有的人在某一两个方面是天才，而其余方面却是蠢材。有人可能各种智能都很一般，但如果他所拥有的各种智能被巧妙地组合在一起，则可能在解决某些问题时会显得很出色。1999年，加德纳又提出了第八种智力，即认识自然的智力，它是认识自然并对我们周围环境中的各种事物进行分类的能力。哈佛大学的另一位心理学家考勒斯（R. Coles）在1997年还提出了道德智力，它是指进行公平道德判断的能力，结果把智力的内涵更加扩大了。

（2）个体能力的差异性

人的能力存在着个别差异。这种差异可以从量、质、发展三方面加以分析。量是指能力水平的高低；质是指能力类型的不同；发展是指能力表现的时间上的早晚。

首先，能力水平的差异。能力发展水平的差异指的是同龄人之间在同等条件下，从事同类活动，有的人效果显著、成绩突出；有的人则效果不佳，成绩平平。前者称为能力超常，后者称为能力平庸。能力超常者的特点是：观察敏锐，全面细致、精确；注意集中而又灵活，范围较广；记忆迅速、准确、持久；思维敏捷，有条理、有广度；分析力、概括力高，富有创造性；自信心强，求知欲旺，意志力坚，做起事来一干到底。

其次，能力类型的差异。能力类型的差异主要表现在认识过程中心理品质的不同。例如，在知觉方面，知觉综合型的人，概括力较强，对事物的整体性感知较好，但对细节感知较差；知觉分析类型的人，分析力较强，对事物的细节感知清晰，但对整体性感知较差；知觉分析综合型的人，两者的特点兼而有之。在记忆方面形象记忆型的人，识记物体、图画效果好；抽象记忆型的人，记忆概念、数字效果好。另外，人们在思维的速度、灵活性、独立性等方面也存在着差异。

最后，能力表现早晚的差异。人的能力在未得到发挥或表现以前，只是一种潜能。这种潜能，有人在儿童时期就表现出来了，称为“人才早熟”或称“神童”。有人在生命的后期才表现出来，称为“大器晚成”。能力表现早晚的差异，更多地表现在一个人不同的年龄期，即有些能力发展成熟得早，有些能力发展成熟较晚。同时到了老年，能力的衰退快慢也不同。身体健康、勤奋参加脑力劳动和体力劳动的人，直到 70 岁时智力仍不会显著下降；体弱多病，特别是神经系统和脑部有病的人，智力明显早衰。

（3）能力差异在管理中的应用

在现代组织中，人人都有各种不同的才能，各种岗位、职位都有不同的能力要求。要充分开发人力资源，就必须根据能力的差异做到能级对应，用人之长，求得人与事的最佳匹配，使员工各得其所，人尽其才。[1]

---

[1] 刘玉玲，崔德英．新编管理心理学 [M]. 北京：中国经济出版社，2001：95-96.

第一，能职相配，合理用人。能职相配包括两个方面：一是人的能力水平与工作难度相适应，二是人的能力类型与工作性质相适应。心理学研究表明，许多工作和职业都有一定的能力范围，属于某种工作能力范围内的人要做这种工作，既能把工作做好，又能得到心理满足。如果一个人的能力水平超过工作要求水平，不仅浪费人才，而且工作效果不住。如果 个人的能力水平低于工作要求的水平，他会感到无法胜任而过度紧张，从而厌恶工作。同理，人的能力类型也存在着很大的差异，只有使人的能力类型与所从事的工作相适应，才能取得事半功倍的效果。如让具体思维型的人，去从事理论工作，或让抽象推理型的人去搞艺术，其效果都不会好。有效的管理者，善于正确认识和区别不同能力类型的人，并能把他们安排到匹配的岗位上，使得人尽其才，才尽其用。

第二，人无完人，用人之长。一个人是由多种能力组成的一个能力系统，在这个系统中，往往某方面的能力是突出的、占优势的，而另一方面能力则较差。样样精通、十全十美的人是罕见的。有“肚才”的不一定有“口才”，军事上深谋远虑的“参谋长”，在战场上不一定是一个英明的指挥官。人无完人，管理者的任务就是要扬其所长，容其所短。美国管理学家杜拉克认为，倘要所用的人没有短处，其结果只能造成一个平庸的组织。所谓样样都会，必然一无是处。才干越高的人，其缺点往往越明显。世界上并没有真正能干的人，问题是应该在哪一方面“能干”而已。对别人求全责备，只刻意于避其短而非着眼于用其长的管理者，实际是一个弱者。

第三，对不同工作岗位的人，应有不同的能力要求。各行各业、各个层次的工作都有自己的独立工作内容、特性和要求，因而在能力上应有不同的选人用人标准。对钟表修理工和无线电维修工来说，手指灵巧能力是一个重要因素；对染色工来说，颜色辨别能力是极其重要的；汽车司机需要快速反应能力；救火队员需要工作爆发力等。同样，不同层次的管理工作，其要求的能力标准也不相同。所有管理者都应该具有三种基本能力，即技术能力、管理能力和人际关系能力。但不同层次的领导者，由于工作的任务不同，管理范围不同，领导对象不同，因而对各种基本能力要求也有所不同。在发挥和分配各级管理干部时，应注意使管理者的能力与岗位的要求相匹配。

5.3.3 用人管理与人才测评

在社会生活中，每个人都有各自的需要、兴趣、爱好、性格、气质、处事方式和价值观等特点，也就是说每个人都有自身固有的、比较稳定、不容易改变的人格特征。对于这些特点的了解可以用心理测评的方法，也叫人格测量与评价。人格测量与评价是一种程序，它通过搜集有关个体的各种资料，以达到了解个体人格的目的。通过测试，利用统计中的因素分析方法来确定人格的各个维度，确定的人格特质不仅是描述性的，还可以应用于人格发展的设计和预测上。[1] 在当代用人管理上，特别是在招工、提干、问责等方面，运用心理测量手段进行人才测评，已经具有逐渐走向普遍的趋势。

当前人格测量的方式方法很多，如何进行科学分类，学术界还没有统一的认识。按照测量的材料分类，可以分为文字测量和非文字测量两种。文字测量就是测量的材料是文字，要求被试用文字或语言回答，如 MMPI、EPQ 文字量表。非文字测量就是测量使用的材料多是以图片、实物、模型等展示，要求被试以操作的方式进行，如韦氏儿童智力量表（WAIS）的操作测量。按测量的人数分类，可以分为个别测量和团体测量。个别测量就是在某一时间内只能测量一个被试的测量。团体测量就是在同一时间内由一位主试测量多个被试的测量。按测量的方法分类，可以将人格测量分为自陈测验、投射测验、情境测验和评定测验等。

近年来，心理学在我国开始发挥其重要作用，心理测验在我国应用日益广泛。心理测验的测验内容广泛，人格测评只是其中的一个方面，但人格对个体的发展影响很大。正确了解自己的人格特征可以帮助个体对自己有更清醒的认识，可以帮助个体解决心理健康、学习困难、专业选择、婚恋选择、职业选择等多方面问题。社会生活门类繁多，各个社会工种对人才素质有特定要求，而人的心理存在着个体差异，通过人格测量，能较全面地了解一个人的个性特点，为寻求适宜的职业提供心理学依据。人格测量能发现人们的特殊才能，这对特殊工作部门选择人才，更具有重要意义。随着现代职业的复杂化和科技化，个性潜质在人职匹配过程中的影响越来越大。职业的选择取决于选择者的潜能和他们的总体感觉。因此，通过人格测评，可以使选择者确定自己是更适

[1] 李玉杰，李景春. 心理学概论 [M]. 北京：人民日报出版社，2006：161-163.

合于一个久坐的职业还是活动频繁的职业，是适合与人群接触的职业还是需要独立思考的职业。由于职业的性质不同，加上个体的性格和气质的差异，在职业选择上往往需要两者的匹配，这样才能发挥个体的特长，使个体在工作中经常处于最佳状态。这就需要通过人格测评信息，加上兴趣测验、能力评价等，帮助选择者作出最佳选择。

心理学家采用人格测评的方法，对儿童进行观察，可以帮助家长或教师确定儿童的人格发展特点，或了解自己的教育方法是否适合儿童个性发展的特点，以便有针对性地对儿童进行教育。通过人格测量，了解学生的兴趣、气质、性格等个性特征，为贯彻因材施教提供基础。教师可以根据学生不同的兴趣组织各种兴趣小组，丰富学生的课余生活；根据学生不同的气质类型采取不同的教育方式，可以收到良好的教育效果；性格是具有核心意义的个性特征，在发扬学生积极性格特点的同时，帮助学生努力克服消极的性格特征，有助于学生良好性格的形成和个性的全面发展。

在心理咨询工作中，人格测量可以为咨询人员提供来访者的人格特征资料，了解其性格、气质等行为特点，作为咨询的重要依据之一；在精神疾病的治疗工作中，特别是对神经症的诊断和治疗前，人格测验有助于了解病人的性格特点，并进一步了解有没有在极力掩饰或夸张等，对诊断、治疗方法的选择和治疗注意事项都有重要作用。对精神分裂症早期或者边缘状态，若诊断不太明确，或病人有意回避、性格内向、不肯暴露内心体验时，人格测评结果可以从其有无精神病态、妄想、敌意、猜疑等特点为诊断提供依据，甚至可以通过人格测评了解抑郁症患者对医师隐瞒的自杀观念。人格测量可以作为重要的诊断手段，对病人进行诊断、分类，检查病情恢复的进程，有利于增加心理治疗的疗效，提高治疗成功率。在整容、整畸术前进行人格测评，有利于发现有疑病倾向、癔病特点以及精神衰弱或精神病态者，不予以整容、整畸术。对内科疾病中的冠心病、高血压以及肿瘤病人的人格类型及行为特征的研究结果认为，有特定的易患行为模式，属于A型人格的行为类型。临床在诊断上述疾病和其他心身疾病时，进行人格测评，有利于指导心理治疗。

第 6 章　角色心理理论与管理

角色一词源于戏剧用语，原指演员在戏剧舞台上按照剧本的规定所扮演的某一特定人物。米德最早将它引入心理学，认为人们在社会这个大舞台上扮演着各种不同的角色。有的角色在出生时就已决定，如男人或女人、儿子或女儿等；有的角色则是后天获得的，如干部、军人、学生、教师、工人、农民等。社会分工的进一步分化，人们社会交往日益扩大，人们扮演的角色也越来越复杂，所承担的社会责任也就越来越多。

6.1 角色心理理论

莎士比亚在其名剧《请君入瓮》中说："世界是个大舞台，所有的男男女女不过是些演员。他们都有上场的时候，也都有下场的时候。"角色行为理论认为角色是指一个人因占据某一特定的社会位置而形成的行为模式，代表了每个人所处的社会地位、社会关系及其个人身份。个人在社会结构、社会关系和人际关系系统中占有一定的地位，围绕着这个地位，社会各方面对其存在各种期望，个人努力按照这些期望行动便形成一个角色。

6.1.1 角色生成与功能

人们很早就发现了现实社会和戏剧舞台之间的内在联系，舞台上演出的戏剧正是人类现时社会的缩影，所谓"戏台小天地，社会大舞台"。社会中的个体总是处于一定的社会位置上，或者说具有一定的社会地位。社会对每一个处于一定社会地位上的人有着一定的要求，我们称此为社会期望；与此相应，当个体依照社会对他的需求去履行其义务，行使其权利时，我们又称他是在扮演着一定的角色，其社会行为乃是一种角色行为。

（1）角色心理的生成

角色心理的生成不是一种简单模仿式的学习，而是一种带有创造性特征的复杂活动，它通常包括相互联系的三个阶段。

角色认知阶段。角色认知，是指角色扮演者对于与一定社会地位有关的权利和义务的认知和了解，也就是对于一定的社会期望的了解。这是角色社会化的开始阶段。个体通过耳濡目染，通过家庭和学校的“教练”，知道了对于一定的社会角色，什么行为是恰当的，什么是不恰当的；应该怎样，不应该怎样等。

角色移情阶段。角色的“移情指不仅在认知水平上而且在情绪水平上进入他人角色的能力，也就是说不仅知道而且体验到他人角色”[1]。这时角色扮演者与角色的情感融为一体，即所谓进入了角色的境界，角色扮演者不再有逢场作戏之感。

角色行为阶段。角色行为是角色的表演方式，一个角色以怎样的言行举止出现在“观众”面前，这就是角色行为。角色行为是角色认知与角色移情的结果和表现形式，它不仅随着个体角色认知和角色移情的变化而变化，而且还与一个人的先天素质密切相关。

（2）角色的功能

角色与社会文化之间的关系十分密切。我们可以将角色视为个体在群体或社会中的一种功能，这样可以帮助我们解释人的社会行为模式；同时，我们也可以将角色考虑为一种人格状态，或完整的人格的一个侧面，从这样的意义上说，一个人就像在社会生活中学习各种习惯和掌握各种品质特性一样学习他的社会角色。角色是社会地位或社会期望与个体能力相统一的产物，作为“与某一位置有关的期待行为”[2]，角色无论对社会或对个人都有着十分重要的功能。

第一，互动功能是角色最基本的也是最重要的功能之一。一方面，角色通过互动表现自己，而互动又是角色之间的互动；另一方面，角色的扮演和形成也无一不是在互动中进行的。由互动产生的心灵和自我使人类成为独特的物种。反过来，“人类这类能力的产生又使互动成为社会的基础”[3]。

---

[1] 安德烈耶娃．西方现代社会心理学 [M]. 李翼鹏，译．北京：人民教育出版社，1987：173.

[2] 亚当・库珀，杰西卡・库珀．社会科学百科全书 [M]. 翁绍军，译．上海：上海译文出版社，1989：660.

[3] 乔纳森・H 特纳．社会学理论的结构 [M]. 吴曲辉，译．杭州：浙江人民出版社，1987：406.

第二，角色的规范功能，说明了角色具有制约、控制和规范个体行为的作用。角色的规范功能源于角色的本质，因为它是通过一定角色的社会期望对某个个体的角色行为的指导实现的。戈夫曼将角色理解为“与某一特定地位相连的种种权利与责任”[1]，社会期望就是社会对一定角色的权利和义务所作的限定和规范，因此它是角色行为赖以产生的依据和基础。

第三，角色的自我表现功能，不但是角色的主要功能之一，而且也是不同的人在共同的社会期望之下扮演同一角色但却能够表现出各自特点的原因所在。从这个意义上说，角色是处于一定社会地位的个体，依据社会的客观期望，借助自己的主观能力适应社会环境所表现出来的行为模式。这种行为模式一方面取决于个体所处的社会地位的性质，另一方面又受到个体的心理特征和主观表演能力的影响。

如果我们仔细探讨角色行为模式的生成能够发现，一定的个体进入或占据一定的社会位置的过程，其实就是相应角色的生成和扮演的过程。演员在舞台上完全是逢场作戏，而人们在生活中则因此本着这样的看法，萨宾（T. Sarbin）和艾伦（V. Allen）认为用“角色行使”来代替“角色扮演”更为贴切。

（3）角色的类型

人的一生要进入不同的社会位置，扮演各种不同的角色。同时，由于社会生活的多元性，也使处于同一社会地位上的个体要同时扮演不同的角色。

根据角色所占据的社会地位是否经过角色扮演者的主观努力，将角色划分为先赋性角色与自致性角色。先赋性角色是指那些不必经过角色扮演者的努力而由先天因素决定或由社会所规定的角色，诸如性别角色以及由父子关系而产生的父亲角色和儿子角色等。自致性角色是指社会个体通过自己的主观努力进入某一社会位置后所扮演的角色，如通过考试而成为大学生，通过竞选而当上总统。

根据角色表现的隐显状况，将角色划分为活跃性角色与潜隐性角色。个体作为社会成员，虽然要扮演多种角色，但是在每一具体时刻他只能扮演一种角色，这种正在扮演的角色便成为活跃性角色，而该个体扮演的其他角色此时则成为潜隐性角色暂时不表现出来。

根据角色存在形态的不同，可把角色分为理想角色、领悟角色和实践角

---

[1] 戈夫曼．日常生活中的自我表演 [M]. 徐江敏，译．昆明：云南人民出版社，1988：15.

色。理想角色，是指社会或团体对某一特定社会角色所设定的理想的规范和公认的行为模式。领悟角色是指个体对其所扮演的社会角色的行为模式的理解。由于各人所处的环境不同、认识水平不同、价值观念不同、思想方法不同等，不同的人对同一角色的规范、行为模式的理解是不完全相同的。实践角色是指个体根据他自己对角色的理解而在执行角色规范过程中所表现出来的实际行为。由于每个人的自身条件和环境条件不尽相同，即使对角色有相同的理解，落实到行为时也未必相同。

根据社会对角色有无明确期望以及角色对期望的执行情况，将角色划分为正式角色与非正式角色。社会对有些角色有着明确的期望，而对另一些角色则只有模糊的期望。凡是存在相对明确的社会期望、得到社会认可的角色叫作正式角色。与此相对应，随着社会的发展，人们会不断地创造出一些新的角色，而当这些角色初次出现时，由于社会对他们还不熟悉、不了解，因此对他们难以形成特定的社会期望，暂时还没有得到社会的认可。这些尚没有特定的社会期望，未能获得社会认可的角色，我们称之为非正式角色。

根据社会生产分工和社会生活体系，人类最基本的角色是性别角色、职业角色和岗位角色。这些角色分工及其对应责任义务的履行状况，决定了社会生活的基本格局和社会秩序，直接影响到人类社会发展的文明程度。这些角色直接源于人类社会与自然界的关系，直接生成于人类最基本的物质生产活动，承载着人类自身的繁衍和生存状况。

6.1.2 角色丛与角色库

一个人的角色行为不仅与他自己的社会地位或由此决定的身份相关，而且也与和其互动的其他人的社会地位或社会身份相关，这种相关造成了角色的多重性和复杂性。这种多重性和复杂性使得在现实的社会生活中，处于一定社会地位上的个体通常并不只是扮演一种角色，而是要同时扮演很多种角色。特纳（R. Turner）用“角色丛”这个概念来描述与行动者的各种身份中的某个身份相联系的所有角色的集合。比“角色丛”更大的概念是“角色库”，它包含了某一特定人物的全部角色丛。[1] 例如，一个男人的家庭角色丛：他是父母的

---

[1] 莫里斯·罗森堡，拉而夫·H 特纳. 社会学观点的社会心理学手册[M]. 孙非，等译. 天津：南开大学出版社，1992：103.

儿子、祖父母的孙子、妻子的丈夫、弟弟妹妹的兄长、哥哥姐姐的弟弟、儿子和女儿的父亲、叔叔伯伯的侄儿、岳父母的女婿、姐妹子女的舅父、哥哥子女的叔叔、弟弟子女的伯伯，等等。再如，这个人的职业角色丛（或组织角色丛）：他是上司的下属、下属的上司、领导班子的成员、同级领导的合作者、某项工作的主管、单位成员的同事、某项技术的专家，也可能是股份公司的董事、或是公司的高级雇员，等等。一般来说，个体在社会生活中，置身于某一特定的社会团体，他的角色都不是单一的，都有一个相应的角色丛。各种角色丛集于一身，就形成了一个庞大的角色库，使人常常有应接不暇之烦恼，也有左右逢源之快慰。

每个人在社会生活中具有多重社会身份，需要扮演多种角色。因此，社会生活中的每个人都是角色的复合体。角色丛体现了人们广泛的社会交往和复杂的社会关系。个人活动的内容越丰富，他充当的角色就越多，角色丛就越复杂多样。由于角色丛和角色库的存在，就必然会存在所谓“角色冲突”的问题。角色冲突源于角色丛或角色库中的不同角色含有不相容的成分。具体说来，每一个角色都有着与之关联的特定的角色丛，而该角色丛中与之发生互动的角色伙伴对他都有着一定的角色期望。当这些期望彼此出现矛盾或个体对过多的角色期望难以应付时，就必然会造成同一角色丛或角色库中的不同角色间发生冲突。

一般可以将角色冲突分为两种：角色间冲突和角色内冲突。角色间冲突指个体必须同时扮演过多的不同角色，由于缺乏充分的时间和精力，无法满足这些角色所提出的期望而产生的冲突。例如，古代人常说的“忠孝不能两全”，现代人常遇到的“情理冲突”、为人夫与为人子的冲突，都是两种基本角色规范的矛盾或不能兼顾。角色内冲突和角色间冲突不同，它指的是两个或两个以上的角色伙伴对同一角色抱有矛盾的角色期望所引起的冲突。角色内冲突既可来自不同类型的角色伙伴矛盾的角色期望，也可来自同一类型的角色伙伴矛盾的角色期望。为了缓解角色冲突带来的心理紧张和社会压力，人们常常不得不戴上一副面具，掩饰一半甚至一大半的真实。因此，我们在生活中见到的角色人，常常都是戴着面具的人物。

美国社会心理学家奥斯古德提出了解决这种紧张的具体办法，即从各种互为交叉的角色中挣脱出来，把有限的时间和精力用到那些对自己更有价值的角色上。至于一个角色是否有价值，则主要取决于以下三个方面：第一，该角色对个体的意义如何；第二，不扮演某些角色可能产生的积极和消极的结果；第三，周围的人对你拒绝某些角色的反应。

6.1.3 角色过程与法则

角色的社会化常常容易被人忽视，对个体而言，角色社会却是社会化的核心。角色是个体生态位的基本内涵，生态错位恰恰是角色错位的结果。“角色社会化主要是在各种社会关系中与人所扮演的各种社会角色以及与之相联系的责任、义务和行为规范等方面的内容。”[1] 因此，角色过程就是角色社会化过程，研究角色社会化问题是研究个体社会生态位的关键。

社会化所要达成的目标是非常广泛的，凡是与适应社会生活和成功履行一个人的社会角色有关的知识、态度、情感、行为方式、思想观念、生活技能等，都属于社会化的目标。通常人们在分析社会化目标时，一般强调价值观念、行为规范与社会技能的社会化，或是从社会领域来划分，强调政治社会化、法制社会化、道德社会化。

人的观念、态度、行为规范与社会技能都与一个人的社会角色密切相关，随着人们的社会角色不同，社会也有着高度不同的期望与要求。社会在对一个人的这些方面进行评价时，所选择的主要参照系首先是这个人所担负的社会角色。一个人从出生到年老，一生中所担负的社会角色在不断变化，相应地，社会对于他的期望与要求也随着其社会角色的变化而改变。人生在不同的阶段，社会化的任务也不同，脱离人们的社会角色笼统地讨论思想观念、行为规范和社会技能的社会化是没有意义的。社会化的一般结果，应当是使人们适应人生某一阶段的特定社会要求，获得成功履行特定人生阶段各种社会角色的知识、观念与技能，并形成恰当的、与特定人生阶段的社会角色相统一的自我概念，为后一阶段的发展准备良好的条件。只有在这种状况时，才是个体生态位与社会生态系统的和谐。

社会化或社会教化和社会同化在一定时空内对每一个体具有趋同性，但

[1] 李玉杰．国民心理社会化与国民素质教育 [J]. 华北水利水电学院学报（社会科学版），2000（2）：67-69.

由于每一个体个性的特殊性，社会化的结果也必然表现出千差万别，而不会出现千人一面。个人在与社会环境发生相互作用时，并不是一个简单、被动的客体，而是一个具有能动性与选择性的主体。个人不仅会因为有与其他人相同或相类似的社会生活、相同的经历与相同的经验而被社会同化，还因为有不同于其他人的独特社会生活、独特经历和独特经验而产生个性化，使他们的观念、情感、思维和行为方式在内容和表现方式上都具有显著的个体生态位特征。在心理学上把这一过程称为与社会同化对立的“个体化过程”。荣格说：“这也含有成为一个人自己的自我的意思，因此，我们可以把个体化转写为自我实现。”

如果社会同化或社会教化忽视和扼杀了个体的特殊性，结果必然是个体生态位严重重叠，造成激烈的社会矛盾和恶性竞争。反过来，如果社会过于彰显人的个性，也势必导致生态系统的紊乱和个体间的激烈冲突。事实上，在社会正常发展的情况下，这两种情况均不会达到极化的程度，主要是因为在社会同化过程中个体角色的同化总是按照一定法则有规律地进行。具体地说，角色定位的实现主要依据下述五条法则。

法则一，角色期待法则。角色期待，就是人们对某人的行为模式符合某一身份的希望和要求。对某一个体而言，角色期待包含两个方面：一是他人对自己的期待，二是自己对自己的期待。社会通过角色来培养合适的成员、维持稳定和发展，个人通过角色来实现自己的目的、自己的价值。心理学家罗森塔尔研究了教师对学生期待的效果，发现被老师寄予明确期望的学生全都显著地提高了成绩，教师对他们的评语也比其他学生好。如果一个学生被老师或家长看扁，就可能自暴自弃，不求上进。罗森塔尔把这种期待及其所产生的效果称之为“皮格马利翁效应”。角色期待和角色规范不同，角色规范的作用往往通过外力直接发生作用，而角色期待主要是心理暗示作用，他人期待是一种暗示，然后这种暗示又转化为自我期待即自我暗示。

法则二，角色学习法则。角色学习对角色规范和行为方式的学习，一是了解角色知识，二是掌握角色技能。角色知识主要是关于角色地位、角色义务、角色行为和角色形象等方面的知识，是在角色认知基础上根据角色规范和角色期待基础上学习与具体角色相关的知识。掌握角色技能，即学习顺利完成角色扮演任务，履行角色义务和权利，塑造良好角色形象所必备的智慧、能力和经验等。心理学研究认为，角色学习常常是被动的，一般要经过拒绝、承认和接受三个阶段。事实上，角色学习多是在角色扮演的角色互动中进行的，没有相应的角色伴侣，没有参照个体或参照群体作为角色学习的榜样和楷模，也就很难体会角色的权利、义务和情感。

法则三，角色扮演法则。角色扮演有两种情况：一是角色训练，这时的角色是虚拟的；二是角色履行，即实际履行角色的责任义务，这时的角色是真实的。心理学家米德和戈夫曼对于现实互动情境中的角色扮演作了较深入的研究和分析。米德研究虚拟角色中的“角色倒置”“角色换位”，目的在于角色能力学习和训练。米德认为，个体只有在能够于精神意识过程潜在地扮演他人角色的前提下，才能在互动中成功地扮演好自己的角色。戈夫曼研究实际角色，他从角色概念出发，将社会与舞台进行了广泛的比较，从而提出了他的“拟剧理论”。他把现实生活的情境完全比作戏剧表演，把社会成员看作演员。从现实实际过程来看，角色学习和互动过程中的角色扮演，即角色学习是通过角色扮演而进行的，在角色扮演中个体逐步地形成、培养角色观念和角色技能。[1]

法则四，角色协调法则。角色冲突不是个别的、偶然的，而是普遍的、必然的。角色冲突必然衍生出角色协调，因为不论哪一种类型的角色冲突，都会或多或少地妨碍人们的正常生活，因此应该设法防止和消解它。我们虽然不能完全消除角色冲突，却可以通过角色协调而使角色冲突尽可能地降至最低限度。有两个方面的因素决定着角色冲突的产生及其强度，即角色期望的性质和个体的角色扮演能力，这也是角色协调的关键因素。角色扮演者承担的社会角色越多，角色互动对象对角色的各种期望之间的差别越大，期望越清晰、越严格，越无法通融，则角色冲突就可能越严重。个体角色扮演能力越强，即对角色定位越是适应，处理和协调各种不和谐角色期望的技巧越娴熟，则产生角色冲突的可能性就越小，即便产生了，程度也可能会比较低。

法则五，角色实现法则。通过上述法则或环节，最后的问题就是如何更好地履行角色规范，获得角色成就，这就是角色实现。角色规范多是确定的，但不是死板的，给角色者留出了一定的回旋空间。在实际情况中，角色实现阶

[1] 李玉杰．社会角色与社会互动 [M]. 北京：中国铁道出版社，2011：151.

段依照法则会出现四种情况：一是角色叛离，即由于履行角色遇到重大挫折而彻底放弃，如因当不好职员而辞职；二是角色刻板，即对角色规范亦步亦趋，生搬硬套，如“愚忠愚孝”；三是角色适度，即能够自如地履行角色规范，较好地获得角色成功的社会价值和个人价值；四是角色升华，即能动地改革和修正现有角色规范，发挥个人创造性，使角色效果超越他人或自我期待。

6.2 社会角色心理

本书所说的角色都是社会角色，即使如性别角色，虽然源于自然和生物因素，但离开了社会也就从根本上丧失了角色的意义和价值。如前所述，在所有的社会角色中，人类最基本的角色是性别角色、职业角色和岗位角色。在社会各类组织中，尽管有着更为具体的角色分工，但性别角色、职业角色和岗位角色也是组织生活中的基本角色。研究这些社会角色的角色心理不仅是社会学、文化人类学、心理学的任务，也是组织管理应当重点研究的内容。

6.2.1 性别角色与管理

性别角色是由于人们的性别不同而产生的符合一定社会期望的品质特征，包括男女两性所持的不同态度、人格特征和社会行为模式。现在越来越多的人已经开始认识到，男女两性在心理与行为上的差别主要是由社会文化因素决定的，性别角色行为从本质上说是一种社会或者文化行为而不是单纯生理行为。

（1）性别角色的差异

男女在经济和社会生活中的不同地位，以及和这种地位相适应的男尊女卑的观念，必然会对男女两性形成不同的社会期望。进入 21 世纪以来，伴随着社会生活的发展，在全世界范围内男女两性社会地位的不平等受到了挑战。妇女已经在原先将她们排斥在外的政治、经济、文化、教育等各种领域出人头地，并发挥着越来越大的作用。

两性差异指标主要是性度。性度是指抛开男女两性生理上的差异，把人们的体质、性格、能力和行为表现等特征抽象出来，分为男性特点和女性特点两大类，这两大类特点在某人身上的比重。世界上绝对纯粹的男性和女性都是不存在的，任何人都是男性特点和女性特点的结合体。缪森（P. Mussen）的研究发现，男性度很高的男孩，少年时代自信心很强，并竭力希望在同伴中处于领先地位，但30岁以后他们变成了容易忧虑、缺乏自信心的人，失去了在同龄者中取得领先地位的能力。有关研究证明，那些行为严格地合乎性别角色标准的男女儿童往往智力低下、创造力不强，而那些能够比较自由地摆脱严格的性别定型的儿童与成人，往往具有较丰富的行为反应，心理更具稳定性。很多人说，人的最佳性度为男女兼性，甚至用“男人的一半是女人”来表述这种男女兼性。

家庭环境在儿童性度形成过程中起着重要作用。有人曾经进行过观察，儿童凡是生活在以父亲起主导作用的家庭中，或是经常和父亲在一起的，或是兄弟姐妹中男孩多的，男性度就高；如果生活在以母亲起主导作用的家庭中，或是与父亲分居的，或是兄弟姐妹中女孩多的，女性度就高。父母对性别定型的理解以及他们的性别角色标准，会直接影响到他们培养下一代。从婴儿出生时，父母就根据子女性别以不同的方法对待他（她）们。例如，父母与女婴说话轻柔，而对男婴说话则声音较重；人们对女婴更加充满深情和温柔，对男婴的好动和调皮则更加宽容；成人们倾向于把女婴的哭泣解释成害怕，而把男婴同样的表情说成不高兴。事实上，成人无论是否在孩子面前，他们在与不同性别的人交往过程中，自觉不自觉地、甚至本能地保持着“因性而异”。这种特性，在家庭中影响子女，在社会中影响他人，尤其是青少年。

对性度影响最大的是文化教育。自人类进入父权制社会以后，直至女权运动之前，妇女的社会地位普遍日趋低下是一个基本史实。但由于各民族文化不同，各个民族或国家妇女的社会性别的角色及社会地位自然也不尽相同。“传统文化是一个巨大的社会文化动力场，特别是传统文化中一些落后、腐朽的文化因子，有着强大的遗传力和辐射力，深深地作用和影响着农民社会心理的各个方面，造成各种程度不同的消极的心理效应和社会影响。”[1] 中国社会性别角色的分工及其社会地位的高低逐步形成一种固化的模式，如“三纲五常”“三从四德”等男尊女卑的文化传统。这种文化至今仍然在国人心理根深蒂固，以致在家庭、学校、社会等一切场合中都可以看到人们的“因性而异”的心向。一些研究认为，性别角色来自人类早期的社会分工，而劳动分工的基

[1] 李景春．论农民社会心理的引导机制和支撑体系 [J]. 辽宁大学学报（哲学社会科学版），2006（5）：18-23.

础开始是男女的生理差异。“性别社会化是在先天性差异的基础上，在社会生活条件作用下，当主体的性别意识明显产生以后，在角色社会化中形成性别差异心理的过程。”[1] 最初的劳动分工经过反复实践，逐步成为一种社会秩序。人们根据这种分工所延伸出来的种种要求，制定出有关性别角色的种种规范。社会用这些规范来约束人的行为，造就一批符合这些规范的下一代。

（2）性别角色理论

不同学派从不同的角度论述了性别心理差异形成的基础，产生了不同的性别心理差异理论。我们不能肯定地说哪种理论是正确的，哪种理论是错误的。它们各有自己的理论前提和认知视角，反映的是问题的不同侧面，都有一定的合理之处。但是，他们各自强调的重点差别较大。

以弗洛伊德为代表的精神分析理论在解释性别自知和两性差异时，认为儿童时期是最关键的。弗洛伊德认为，性欲力比多与生俱来，贯穿于人的肉体生命和人格成长的全过程。特别是儿童时期四个阶段：口腔阶段、肛门阶段、生殖器阶段和生殖阶段，性欲力比多的发展情况对于人具有决定性的影响。在性心理发展的前两个阶段，即口腔阶段（最初婴儿通过吸吮乳汁获得性兴奋）和肛门阶段（儿童通过排便获得性兴奋），男孩与女孩的发展方式相同，表现为对母亲的依恋。直到生殖器阶段（大约 4 ～ 6 岁），这时儿童的注意力转到了生殖器，性别开始分化。男孩形成“恋母情结”，即男孩渴求独占母亲的欲望，以及对父亲抱有敌意，形成了一种复杂的精神状态。男孩同时开始对父亲认同，逐渐获得性别自认，继承父亲的角色规范。女孩形成“恋父情结”，因为当女孩发现自己并不具有外显的男性生殖器时，她感到自己被阉割过，她因此怪罪母亲，而转向父亲，女孩便以母亲的角色自居。弗洛伊德认为，在这一阶段男孩与女孩逐渐地形成各自的“自我”与“超我”，但是女孩恋父情结不如男孩的恋母情结那样解脱得彻底，所以，女性的超我发展不成熟，女孩的人格有被动性、受虐性和自恋性三个特征。

米德从人类学角度考察了分别居住在三个原始部落社会中的新几内亚人的性别角色分化的情形。在赞布里部族，标准的性别角色特征是男柔女刚；在曼都古

[1] 李玉杰. 国民心理社会化与国民素质教育 [J]. 华北水利水电学院学报（社会科学版），2000（2）：67-69.

玛部族，不论男女都具有刚毅、凶悍的性格；在阿米别什部族，则男女均具有和平温柔的性格。米德由此得出结论：性别、气质和性格是由社会条件的作用而形成的，性别差异也取决于社会文化，男女心理的特点都是由于他们学习了由社会传统所继承下来的文化模式的结果。按照米德等学者的文化人类学观点，社会文化在生物学差异的基础上，对男女形成不同的性别角色模式具有极为重要的影响，不同的社会文化和意识形态，决定着男女不同的地位，不同的地位规定了人们不同的行为方式和心理特点。米德调查发现，萨摩亚少女在青春期没有美国少女经常表现出的那种心情压抑、情绪波动、强烈的挫折感等心理冲突，她们心情平和、情绪稳定、没有明显的心理冲突。因此米德认为，青春期危机理论是特定文化的产物，不是所有青少年在青春期都会出现心理危机。

以班杜拉为代表的社会学习理论认为，直接强化、模仿和观察学习是性别角色定型的基础，通过社会化才能学习到性别角色。父母按照自己的性别角色规则，对儿童做出与性别相符与否的行为时给予奖惩，对男孩与女孩有区别地施加直接或间接的压力，从而使儿童形成了性别角色行为。儿童是透过直接教学及观察学习两种途径而获得性别认定、性别角色偏好和性别分化的行为，通过观察学习和模仿形成性别角色心理。每位儿童也能经由观察各种同性楷模（包括同辈、教师、兄长、媒体人物、父母亲）的活动，学到许多性别分化的态度和行为。父亲为男孩提供了一种男性的基本行为模式，使得男孩子往往把父亲看作是自己未来发展的模型而去模仿父亲，女孩与父亲的交往使她学会了如何与异性交往，而父亲身上的男性品质使她在今后的生活中有了参照。青春期的女孩往往把父亲看作是异性伴侣，甚至是未来丈夫的模式。有研究指出，父亲缺失，儿童将会发展出更少的性别图式；父亲存在家庭中的男孩在很小的时候表现出拥有更多的性别类型活动的知识。在当代社会，人们在网络社会中可以重塑一个非本来性别的自我，他人也由这个重塑的自我得到学习与教育。

认知发展理论的代表人物科尔伯格（L. Kohlberg）认为，儿童的性别角色发展是他的整个人格发展的一个组成部分。在这个过程中，主要涉及两个阶段：一是性别自认阶段，即自我性别的认同（自己是男是女），该阶段始于两岁左右儿童掌握语言的时候；二是性别恒常阶段，即不仅认识到了自己的性别，而且开始意识到自己的性别是不能改变的，该阶段在儿童 4 ～ 6 岁期间。儿童具备了性别恒常性和性别自认（即知道自己永远是男性或是女性，并主动地与同性榜样认同），这是获得性别角色的关键和基础。他认为随着认知的发展，儿童逐渐形成了“男性特征”和“女性特征”的观念，并且当他理解自己的性别及其含义后，就努力使其行为与他的性别角色观念相符。和社会学习理论不同，科尔伯格把性别角色的获得理解为内部的认知过程，理解为主要由自我推动的主动过程。性别角色形成中存在两个关键的因素：一是认知发展，二是主动社会化。儿童一旦达到了性别一致性，他们的性别的信念就固定了下来。

（3）性别角色管理

如今的社会仍然是男性主导的社会。两性关系是人类社会的基本关系，性别伦理在各民族的伦理文化中均占有最为凸显的位置。母系氏族解体以后，随着父系氏族的建立和阶级社会的形成，男尊女卑一直是性别伦理的基本规则。在现代女性主义社会思潮的影响下，伴随人类文明程度的提高和女性自我意识的全面觉醒，为争取女性权利、地位、尊严而主张性别平等和性别公正的呼声此起彼伏，一场世界性的女性解放运动空前高涨。受多元文化的猛烈冲击，人类历经数千年积淀的性别文化濒临崩溃，一套创新版的性别伦理规范正在积极地酝酿之中。[1]

①性别差异的客观存在

现代心理学研究表明，两性之间在心理和行为上多半没有什么区别。即使是有差异的方面，也不能说男性在所有方面都一定优越于女性，在许多方面男女各有优势。但是，差异毕竟是客观存在的。

有一项以学龄前儿童为对象的有关性别角色定位的研究：列举很多词汇，让一些学龄前儿童评价哪些词表现典型的男性或女性特征。统计发现，在儿童眼里典型的男性特征有：好侵犯、独立、非情绪化、客观的、支配、不易受别人影响、好竞争、逻辑性强、感情不易受创伤、喜欢冒险、自信心强等。儿童眼里典型的女性特征则是：喜欢交谈、温文尔雅、对外貌感兴趣、爱清洁、安静、需要安全、喜欢文学和艺术、对宗教虔诚等。这一研究同时表明，即使年

[1] 李景春．性别伦理视域下女性自我观的建构 [J]. 伦理学研究，2014（3）：93.

龄很小的孩子，已经形成了相当明确的性别角色心理差异。

许多人研究都证实，女性在言语能力方面优越于男性。根据美国著名发展心理学家盖塞尔（A. Gesell），和他的同事在实验室里的观察结果，在儿童的学前期，没有观察到男女孩在数的能力有什么差异；到了学龄期刚开始阶段，女孩的数的能力要略高于男孩；只有到了小学一定时期以后，在数的推理测验中，才发现男学生优于女学生，并且这种状况似乎在以后的年龄阶段能够保持下去。可是特曼（L. Terman）和泰勒（C. Taylor）的研究则认为，在数的推理能力上，男性一贯优越于女性。一般认为，男性在一定的年龄阶段后，在这一能力倾向上要优越于女性。但这并不是说男女两性的数的能力先天存在着差异，这种差异的造成可能是后天实践和训练的结果。帕特森（D. Patterson）等人在测验所列出的多个机械能力项目中，除了卡片分类女性比男性强外，其他数项男性都比女性要强。但是，在音乐能力和美术能力方面，没有表现出稳定的差异趋势。

麦考比（E. Maccoby）和杰克琳（N. Jacklin）在《性别差异心理学》一书中把以往的研究发现鉴定分为似是而非的差异、可能存在的差异和悬而未决的差异三类。该书列出了八种常见的没有充分科学根据的观点：女孩比男孩更合群；女孩比男孩更易于受暗示影响；女孩的自我评价低；女孩在机械方式的学习上表现出色，男孩在概念方式的学习方面能力更佳；男孩的分析能力更强；女孩更多受遗传影响，男孩更多受环境影响；女孩缺乏成就动机；女孩的听觉好，男孩的视觉好。她们发现以下四种性别差异具有充分的科学根据：女孩的言语能力比男孩更强；10 岁以后，男孩比女孩数学能力更强；10 岁以后，男孩逐渐显示出更高的“空间 - 视觉”能力；男孩比女孩更具有攻击性，这种倾向早在 2 岁时就表现出来了。将触觉敏感性、恐惧、羞怯和忧虑、积极活动程度、竞争性、支配性、依从性、抚育和“母性”行为等方面的性别差异，列为悬而未决的问题。

②女性在现实社会生活中的地位

经济领域的性别歧视。当代新马克思主义代表人艾里斯·扬（I. M. Young）认为，只有当产生于劳动中的社会关系组织给男人规定了控制和接触妇女不能接近的生产资料的准则时，他们才能占据优先地位。性别分工说明男女对劳动资料的不同的接近和控制。[1] 在市场经济条件下，市场分工的性质决定了具有交换价值的劳动才能为社会所承认，仅用于满足使用价值与自我服务的劳动很难得到社会承认。这些不进入或不完全进入市场体系的劳动，如生育劳动和家庭劳动、以种植业为主的农业劳动、非正规就业劳动，大多由女性承担，形成女性在空间上主要从事家庭内的劳动，男性则主要从事与外部交往的劳动，使得男性在发展机会、社会关系的建立上更优于女性。2010 年全球妇女峰会发布的研究报告显示，除北欧国家，全世界的女性都很难进入企业董事会。几乎在世界上所有的国家和地区，女性的提升进程缓慢，并且正逐步变得更加缓慢。

政治领域的性别缺位。纵观近代世界各国妇女在国际政治舞台上的参与情况，我们可以清楚地看到，只有极少数妇女参与政府决策，而多数妇女则成为国际冲突和暴力以及不平等国际政治秩序的受害者。国际上研究女性地位的惯用六项指标是：对待男女婴的态度、男女青少年入学比例、男女青年就业比例、妇女在国家机构重要岗位的比例、妇女在家庭中的地位、妇女个人财产在社会财产中的比例。恩洛（C. Enloe）的研究发现，即使有个别女性进入到最高决策层，由于受到男性决策体制的限制，她们很难发出与大多数男性决策者不同的声音。在传统性别伦理观念影响下，决策者无法看到女性对国际关系和外交决策的作用，也忽视了因此对女性生活的影响。恩洛主张，女性应逐步提高自己的主体意识，不仅广泛参与外交决策活动，还要关心国际事务、反对战争、保护环境等与国际关系相联系的基层活动。全国妇联调查显示，2012 年国际妇女参政状况中，女议员比例达 30% 以上的国家有 33 个，中国为 21.3%，排名第 64 位，明显低于联合国提出的妇女在议会中至少占到 30% 的目标。女性在政治领域的缺位，致使她们丧失或被削弱了政治上的话语权。

文化领域性别价值取向的扭曲。巴特勒（J. Butler）在《性别麻烦》开篇中提出一个关键问题：作为女人是一种“自然事实”，还是一种“文化表演”？或者，“自然性”是由那些通过性别范畴、在性别范畴内生产身体，并受到话

---

[1] 艾里斯·扬．超越不幸的婚姻：对二元制理论的批判妇女 [M]// 李银河．妇女：最漫长的革命．北京：生活·读书·新知三联书店，1997：88.

语限制的操演行为所建构的？[1]性别既是身体的也是文化的，女性主义理论有力地证明了在性别建构基础上，文化作为一个普遍问题的深远意义，并将性别视为一种独立身份。[2]人类文化历史是男女两性创造的，因此文化具有性别特征。然而，文化历史的记载却常常忽略女性的存在，女性在文化创造中的贡献很大程度上被淡化，由此衍生文化结构的内在冲突，导致女性的集体意识的“失语”，性别伦理精神发生蜕变。

③当代性别管理的伦理进路

人类进入阶级社会，女性社会空间长期被束缚于“主内”的家庭之中，她们的家务劳动完全被视为一种私人事务，“妻子成为主要的家庭女仆，被排斥在社会生产之外”。恩格斯指出：“只要妇女仍然被排除于社会的生产劳动之外而只限于从事家庭的私人劳动，那么妇女的解放，妇女同男子的平等，现在和将来都是不可能的。”[3]纳斯特拉·金（Y. King）指出，我们“不应该割断女人同自然的联系……更确切地说，我们可以利用这种联系的优势，创造一种完全不同的文化和政治”[4]。

第一，坚持性别平等。平等主义认为，可用制度的方式规定女性和男性基本社会地位的无差别性，既不需要任何保障妇女权益的措施，也不需要有意识地强化性别政策。吉利根（C. Gilligan）认为：“妇女权利的变化也改变了妇女的道德判断，由于妇女认识到关怀自己同关怀他人一样是道德的，公正与仁慈便协调在一起。”[5]从性别观念来看，她们更认同两性平等的价值观，认为女人应当做“独立自主的人”。两性之间的平等对话有助于克服个人偏见和性别偏见，男女双方都能平等呈现各自观点，使女性在性别平等的基础上达到自我认可与肯定。

---

[1] 朱迪斯·巴特勒.性别麻烦[M].宋素凤，译.上海：上海三联书店，2009：2.

[2] Chodorow N A. Gender as a personal and cultural construction[J]. Signs，1995，3（20）：518.

[3] 中共中央马克思恩格斯列宁斯大林著作编译局.马克思恩格斯选集（第4卷）[M].北京：人民出版社，1995：162.

[4] 约瑟芬·多诺万.女权主义的知识分子传统[M].赵育春，译.江苏：江苏人民出版社，2003：282-286.

[5] 卡罗尔·吉利根.不同的声音：心理学理论与妇女发展[M].肖巍，译.北京：中央编译出版社，1999：160-161.

第二，构建性别公正。性别公正是在性别平等基础上提出来的，指不同性别之间在各种权力和待遇上应该按照公平正义的原则对待。性别公正思想不仅承认性别差异，而且尊重性别差异。艾森伯格（A. Eisenberg）指出，当代社会中许多矛盾都以深刻而复杂的方式表现与性别有关，包含着性别平等的矛盾始终围绕着身份与差异性的问题展开。[1] 当代自由主义女性主义者把公正视为一种中立的权利框架，它能够进一步使女性自身的需求与他人需求最大程度上保持一致。她们与机会平等的政治目标联系密切，这一目标清晰地包含经济结构的调整和财产上的再分配。[2] 蕾切尔（K. Rachel）等人认为，女性比男性更能具关怀的特质，并且自愿劳动的参与程度明显高于男性，是与女性群体性别角色的定位密切相关。[3] 凯特（Eva F. Kittay）发现，女性的自我体验与大多数女性所认为的社会角色是相矛盾的，她获得快乐的过程往往依附于悉心关爱的操劳中对他人幸福的关注，这是一种矛盾心理。当她们努力满足他人的诉求时，这种矛盾心理便成为一种履行善的义务的与生俱来的愿景。但是，她们却很难理解为何他人不以同样的态度对待自己，不能获得必要的平等。[4]

第三，推进性别和谐。性别和谐是指男女两性之间关系的和谐，强调在两性共同活动领域应保持不同性别之间关系的协调性。波伏娃（Simone de Beauvoir）受黑格尔“他者”问题的启发，指出：“她是附属的人，是同主要者相对立的次要者。他是主体，是绝对，而她则是他者。”[5] 她认为，没有一个主体会自觉自愿变成客体和次要者。帕森斯（S. F. Parsons）认为，女性在思考自身处境时往往会涉及性别问题，思考性别是女性自我反思的一种方式。她总结了女性主义关于性别差异的理论，区别为三种性别伦理。第一种女性主义性别伦理追求一种“普遍的人性”，声称在女性、男性之间没有根本的差异，

[1] Avigail Eisenberg. Diversity and equality：three approaches to cultural and sexual difference[J]. The Journal of Political Philosophy，2003，1（11）：13.

[2] Roy W Perrett. Libertarianism，Feminism，and Relative Identity[J].Journal of Value Inquiry，2000（34）：383-384.

[3] Rachel Karniol，Efrat Grosz，Irit Schorr. Caring，gender role orientation，and volunteering [J]. Sex Roles，2003，6（49）：15.

[4] Eva F Kittay. Love's labor：essays on women，equality，and dependency[M]. New York：Routledge，1999：24.

[5] 西蒙娜•德•波伏娃．第二性 [M]. 郑克鲁，译．北京：中国书籍出版社，1998：11.

呼吁女性与男性拥有平等的权利、尊严、自由；第二种女性主义性别伦理强调女性与男性之间的自然差异，并认为应通过差异重估女性的价值，使女性参与真实自我的回归，重新认识并发现自我；第三种女性主义性别伦理认为，性别是社会伦理预设的结果，人在特定的社会生活背景下被建构为男性和女性，女性被塑造为维持道德标准及社会职能所需的角色。帕森斯充分肯定后者，认为“这一性别伦理表达了一种对在妇女生活中生活情境之积极改变的渴望，及更加正义的社会建构之渴望”[1]。第一种理论可称为“普遍人性论”，关注的是性别平等；第二种理论可称为“自然差异论”，关注的是性别公正；第三种理论可称为“社会预设论”，包含了性别和谐的思想。只有将男女两性同时置于社会文化背景中考察二者之间关系之时，才能发现性别是否和谐。

6.2.2 职业角色与管理

从历史上看，无论在东方还是在西方，职业概念最早指的是一种职务或一项工作。职业的现代意义可以从这样两个相互关联的方面去理解：不仅将职业定义为一种角色，而且将它定义为一种社会位置，而职业角色则是人们在一定的工作单位和工作活动中所扮演的角色。经过现代工业革命的洗礼，职业角色早已从家庭中分离出来，获得了自己独立完整的意义。如果说，职业声望是公众对某一职业在社会中的地位的一种评价，是来自于他人的主观评定，那么，职业角色意识是占据某一职业的人将社会对其职业的角色期望内化为自我意识和自我看法的效果，它是来自于自我对职业的一种主观认识。这种主观意识或态度一旦形成，就会在很大程度上支配着人们的职业行为。

（1）职业角色条件与管理

职业角色是社会分工的衍生物，职业角色是人在社会舞台上扮演的基本角色。职业角色作为人在社会中的身份，是人在与他人和不同社会共同体发生关系过程中形成的。人在职场中的一生，要与他人和不同社会共同体发生无数的关系，因而人的职业角色也会很多，甚至有很多角色丛。从事一种职业就具有一个或多个角色，而现代职业是成千上万的，因而一个人不可能具有所有这些角色，而只能同时或先后具有一个或多个角色，如工人、农民、军人、教

[1] 苏珊·弗兰克·帕森斯.性别伦理学[M].史军，译.北京：北京大学出版社，2012：30-40.

师、干部等，其中又有很多的不同层次的划分。就社团角色而言，一个人可能同时或先后具有一个或多个角色，如政党的党员、各种团体的成员、各种宗教组织的成员等。一个人的职业岗位可能只有一个，也可能有两三个或者更多（如兼职等），但在一个职业岗位上，他却具有这个岗位产生出来的一组职业角色丛。这是因为他必然要在这个岗位上与同他有工作关系的其他社会成员发生交往，因而必然要在不同时间、不同场合、不同的行为方式中，扮演上级、下级、同级、同行、合作者、配合者、指导者、被指导者等不同的社会角色。职业是社会成员为社会作出贡献并由此而取得报酬和奖励的主要途径。因此，加强职业角色意识、明确职业角色规范、扮演好职业角色对于社会主义物质文明和精神文明建设具有十分重要的作用。

在计划经济的职业终身制条件下，弘扬“一颗红心，多种准备”，“干一行，爱一行，专一行”的职业角色观念。在市场经济条件下，职业的多样化，选择的自由化，使得职业与人的组合关系不断变化，职业流动、职业转换、职业选择成为最新的职业角色理念。从生态学角度看，职场规则奉行的是“丛林法则”。当然，丛林法则也不止一条，除了激烈竞争，丛林中也有合作，而且丛林中的强弱也不是一成不变的教条。系统发展的风险和机会是均衡的，大的机会往往伴随高的风险。要善于抓住一切适宜的机会，利用一切可以利用的甚至对抗性、危害性的力量为自己服务，变害为利。市场按照公平定理同样给予每一位职业需求者提供机遇和威胁，关键在于个体自身的优势和劣势状况。

我国就业结构的根本问题在于就业过分集中于低层次产业，一、二、三产业的从业人员比例分别为 56.4%、22.4%、21.2%，而发达国家的从业人员比例一般为 6.7%、34.5% 和 58.8%，第三产业从业人员占总就业人数的六成左右。我国就业结构层次过低，产业的低级化导致劳动生产率的相对低下。因此，调整产业结构，扩大第三产业的劳动就业比重，发展小城镇和社区服务，扩大就业机会，是调适劳动者职业角色心理的根本措施。

建立健全社会就业保障制度和失业保险制度，是劳动者职业角色心理健康的社会保障体系。我国社会保障制度改革严重滞后，尤其是长期以来失业保险制度被排挤在社会保障安全网之外。1986 年我国确立并开始实施失业保障，但是这种失业保险制度很不完善。这主要表现在两个方面：一是保险范围过于狭窄；二是给付标准太低，不要说维持员工家庭的基本生活，就是连失业者本人的基本生活也没有办法维持。因此，失业保障要起到保险的作用必须做到两点：一是保险对象覆盖所有的社会劳动者；二是失业保险金给付水平能保证失业者及其家庭的基本生活。

（2）职业角色倦怠与管理

在现代社会中，人们普遍工作忙碌，工作压力加大，人们在一定时间内所需要完成的工作量增加，工作负荷增大。研究发现，每4个工作人口中，就有一个人感受到工作压力大。长期处于工作压力与紧张情绪下，人就会产生职业角色疲劳和职业倦怠。[1]

职业压力包括三个方面：一是职业责任超出个体实际能力或心理预期；二是职业要求的个体精力投入量过大，超出个体心理承受力；三是个体在高努力、低成就（或无成就）条件下作业周期过长，超出个体身心的耐受程度。职业角色疲劳指职业压力超过个体身心负荷导致的个体身体和心理上的疲劳状态。职业角色疲劳不仅包括一般意义上的身体疲劳，更主要指的是心理上的疲劳，出现心力交瘁症状。

马斯莱茨（C. Maslach）等人确定了这一综合征所包含的三个维度：情绪衰竭，指个体情绪和情感处于极度疲劳状态，工作热情完全丧失；非人性化，指个体以一种消极、否定、麻木不仁的态度对待自己的同事或来访者；低个人成就感，指个体消极评价自己工作的意义与价值的倾向。参照国内外学者的意见，根据笔者的理解，我们认为，所谓职业倦怠指的是在超负荷的职业压力下，由职业角色疲劳引发的对职业角色的厌倦和消极心态。职业倦怠有下列诸种表现。

第一，自我效能感低落。美国心理学家班杜拉的自我效能理论认为，自我效能感是指人对自己能否成功地进行某种成就行为的主观推测和判断。它包括两个成分，即结果预期和效能预期。结果预期是指个体在特定情境中对特定行为的可能后果的判断，而效能预期是指个体对自己有能力成就某种作业水平的信念。也就是说，自我效能感低落表现为自信心的缺失和对行为目标的失望。雷特（W. Leiter）也认为，职业倦怠是个体的自我效能感出现危

[1] 程正方．现代管理心理学[M].5版．北京：北京师范大学出版社，2016：230-231.

机所致。

第二，职业成就感消失。正如马斯莱茨等人指出的那样，职业倦怠是那些任职于需要连续地、紧张地与他人互动的行业中的人们在经历长期连续压力下的一种行为反应。那些人因不能有效缓解工作压力而产生了情绪上的疲惫感，对工作的消极心态，以及认为自己在工作中再也不能取得成就的挫败感。个体设立的目标与其在日常生活中所获成功之间差距的增大，都会导致理想的幻灭和空虚感，从而引发个体的职业倦怠感。

第三，工作热情锐减。懒汉的心态不能称为职业倦怠，职业倦怠一般发生在那些原本工作热情高涨的人身上。波尼尔（D. Bernier）认为职业倦怠是一系列消极的心理体验，产生于人际关系和组织水平上的社会交换中互惠关系的丧失。当个体觉得自己在社会交往中处于不平等地位，即他们对工作的付出和他们从服务对象与组织处所获得的回报不相匹配时，职业倦怠感就会产生。事实上，职业倦怠在年轻的、受过良好教育的、富有雄心抱负的人身上更容易出现，因此很多人认为期望和现实间的不和谐是职业倦怠产生的一个主要原因。

许多关于工作压力的研究指出，个体的人格因素在预防职业倦怠的发展方面起着至关重要的作用，那些耐压能力强，自信的人往往不易出现倦怠感。帮助员工建立职业生涯规划，实行职业生涯管理，至关重要。“职业生涯管理是指由组织实施的、旨在开发员工潜力、留住员工、使他们能自我实现的一系列管理方法。”如果个人在平时能够有规律地运用这些策略，将有助于个人避免长期压力而造成的倦怠。在这些原则中，尤以制定符合现实状况的期望这一点最为重要。因为容易发生职业倦怠的人，通常都具有高成就动机，并且设定过于理想化的目标。如果一直无法与环境相协调，势必会发生不适应的情形，严重的便发展成怀疑工作目的及个人目标的情况，而处于职业倦怠的状态中。[1]

（3）职业角色丧失与管理

用经济学的方法分析家庭行为，首先视家庭为一个经济组织，这个组织运行的前提是拥有一定的家庭资源，运行的特点取决于家庭的规模、组成和

[1] 俞文钊，苏永华．管理心理学 [M].6 版．大连：东北财经大学出版社，2018：137-139.

结构，运行的目标是追求最大满足。有人曾对美国波士顿地区进行为期一年的调查，研究了失业对工人及其家庭的影响。研究者认为，对于许多人来说，工作是婚姻关系、社会地位和心理平衡得以维系的主要源泉。失去工作不可避免地对这一切构成威胁，而且会引起情绪的日益紧张。这种紧张不限于失业者本人，而是由夫妻双方乃至家庭所有成员共同承受。利姆等人发现，失业接近半年的，其家庭便进入了一个特别关键的时期。一些夫妻通过各种调适，已经逐渐顺应了失业状态，其心理压力不会再继续增强。对另一些夫妻来说，对失业状态的暂时适应开始发生逆转，家庭面临着崩溃。倘若对失业家庭与就业家庭的分居和离婚情况进行对比，可以发现两者的比例是 7∶2。整个家庭的气氛是随着婚姻关系质量和夫妻角色行为的变化而变化的。

有关的调查研究表明，对因失业而产生的紧张状态可划分为 4 个发展阶段。阶段一，失落感和精神压抑。这是一种沉重的主观感受，恐惧和情绪紧张常作为危险因素而使人遭受不幸。在这种情况下，如果对可能遇到的种种不快有所预见和有所准备，会多少缓解一下紧张状态。阶段二，挫折感得以缓解并积极适应环境。这一阶段在失去工作后会持续 3 ～ 4 个月。在刚失去工作的头几周里很多人会有一种轻松感和有更多的闲暇时间的惬意，有些人还会发现自身健康状况有好转，他们开始积极地去找新的工作岗位。阶段三，状况日渐艰难。这一阶段通常在失业半年之后开始。当关系到健康、心理、财力、社会地位等问题时可发生结构性变化：缺乏积极行动，日常生活习惯紊乱，对一切失去兴趣，心灰意冷等，完全失去保持愉快情绪的能力。阶段四，无能为力和安于现状。这一心理上最沉痛的状态出现在满足于领失业救济，还没有遇到物质困难的情况下。人们身上的淡漠情况与日俱增，不再试图改变现状并习惯于无所事事状态，社会服务部门也不再努力为这些人安排工作。

失业意味着劳动者失去工作，收入来源中断以及原有的社会地位丧失。失业持续时间越长则劳动者失业心理承受力越弱，失业持续时间越短则劳动者失业心理承受力越强，职业角色心理创伤愈小。失业持续时间的长短受社会就业压力及劳动者素质的制约。在就业压力较小的情况下，失业者较容易找到新的工作机会，从而失业的持续时间也较短，反之，失业持续时间就会较长。劳动者素质越高，其失业风险愈小，即使失业也较容易被用人单位选用，失业持续时间就越短；反之，劳动者素质愈低，则其失业所面临的风险就愈大，失业以后因择业困难，从而使失业持续的时间长。

劳动者的经济适应力越强则其失业心理承受力越强；反之，劳动者经济适应力越弱，失业心理承受力越小，职业角色心理越不稳定。劳动者经济适应力主要受劳动者家庭经济保障力和失业保险状况所制约，而劳动者家庭经济保障力主要取决于劳动者失业以前收入水平及劳动者婚姻状况。劳动者失业以前收入水平越高，收入存量越多，则其经济保障力及失业心理承受力越强，反之也就越弱。随着社会经济的发展，家庭的经济功能逐渐削弱，劳动者经济适应力的提高越来越依赖于失业社会保险。失业社会保险的实施范围越广，失业救济金的给付水平越高，则失业者经济适应力就愈强，劳动者失业后心理相对稳定。

失业是市场经济中一种正常的社会经济现象，虽然它对社会经济有一定的积极作用，但同时我们更不能忽视失业的负面效应。对失业问题处理不好会引起或加剧社会矛盾，造成社会秩序的混乱，甚至危及整个经济建设的顺利进行。在现代生活中，职业仍然主要是人们谋生的途径。人们在职业劳动中谋取生活资料，寻求心理寄托，建立生存保障。失业无疑会给劳动者职业角色心理打击和压力，引起职业角色心理紊乱，降低心理承受力。失业使劳动者心理产生的严重挫折，可能导致各种各样的消极反应，甚至产生犯罪行为。国外犯罪学和犯罪心理学的研究表明，失业是导致犯罪的主要原因之一。减少失业，增加就业机会，提高劳动者失业心理承受力，调适和转换职业角色心理，是世界普遍关注的问题。

6.2.3 岗位角色与管理

随着组织面临内外部环境的剧烈变化，组织结构、工作模式、工作性质和工作对员工的要求等都随之发生了巨大的变化，传统的岗位工作分析模式越来越不能适应新形势的需要。管理者经常面临这样的管理困惑：一方面岗位工作说明书越来越厚，工作职责规定得越来越清晰；而另一方面工作环境的不断变化，新的职责不断出现，岗位说明书既无法穷尽所有职责，往往不能分清将该职责落实到哪个岗位、哪个人，于是新的职责往往成为无人管理的真空地带，到最后，花费大力气撰写的工作说明书最终被束之高阁。

（1）岗位角色体系与管理

西方的人力资源工作者提出以角色分析来代替传统的针对岗位的工作分析，提倡抛弃传统的职位说明书，代之以角色说明书。提倡在进行工作分析和编写说明书的时候，将重点放在角色（作用）上，更加强调结果而非过程。这种从关注“岗位”转变到关注“角色作用”的趋势更加适合研发团队、高层管理团队、销售团队、咨询团队等这种对以团队工作模式而非以个人为基础开展工作的组织。组织中既有按管理层次、按工作属性、纵向深入的职能部门，也会根据项目或者特殊工作任务的要求，建立专门的团队。其成员源自各相关职能部门，任务终止后仍然回归原职能部门。这类组织构架事实上是矩阵型的，工作的目标任务体系就转换成为岗位角色体系了。

首先，岗位考核就是对基本角色表现情况的考核，角色考核就是对动态角色两种形态表现的考核。前者强调的是“点”，即角色扮演者在职能部门工作流程节点中的表现，重点在于执行任务的过程；后者强调的是“面”，即角色扮演者在岗位说明书不能描述的具体任务中的动态表现，重点在于执行任务的结果。

其次，岗位与角色不可偏废。把员工的横向、纵向指标完成效果综合起来并进行评价，就是员工的绩效评价；对员工绩效进行考核时，纵向考核依据是岗位说明书（或基本角色说明书），也就是员工在职能部门相关岗位上的表现情况；横向考评依据是动态角色说明书（具体任务的要求）。

同时，岗位和角色既合又分，通过纵横两个维度反映员工绩效，事实上契合了矩阵制组织架构。从员工成长角度看，是否胜任岗位工作取决于其基本角色的表现；能否横向发展，或者有多大的成长空间，则更多地取决于其动态角色的表现状况。

（2）岗位角色执行与管理

从岗位体系看，岗位与角色是一体的；但从执行体系看，岗位与角色是两个不同的概念，它们有不同的范围。岗位是一个点，而角色则是一个区域。对一个部门经理而言，“区域”就是对岗位职责能力的进一步延伸，只要是与你的岗位相关联的工作，都应该是你应该扮演的执行角色。如果你是一个终端执行者，那么，你的角色就要放大，你既有义务为公司创造价值，又应该承担公司终端营销的价值，你要设法吸引客户，反映客户的投诉。当你把自己的角色延展到这个程度的时候，你的工作一定会非常出色。

企业要帮助员工做好角色认知，正确的角色认知会激发员工无限的工作热情，会为企业带来强劲的执行力。岗位角色执行体系模型一般由三个层次构成，包括最高执行者、中层执行者和基层执行者。三个层次的执行者分工不同，各司其职。

最高管理者首先是一个决策者，所以，从决策这个角度上来看，最高管理者需要做好分析和决断工作，在这之后还要制定制度和措施。如果从执行这个角度来看，最高管理者还要关注事务的细节，必须了解业务细节，做好监督和绩效考核。也就是说，实际上，最高管理者是一个三位一体的角色，这“三位”指的就是决策、制度和执行，他要担任决策者和执行者的双重角色。

中层管理者是组织的职能部门，不仅仅是本部门的领导。中层管理者的最大特性是他们是执行过程中的“腰”。只有“腰”足够坚固，组织才能一直健步如飞。中层管理者首先要体现最高执行者的意志，要在具体工作中把最高执行者的意志传递下去。管理好自己所负责层面的员工，将他们训练成优秀的队员。中层管理者要形成一个核心团队，这个团队是企业非常重要的执行团队。要想成为核心团队，必须具备三个基本要素：专业互补、相对稳定和职业化。

基层执行者就是一线管理者和员工，他们执行力的强弱对于企业的成败至关重要。不管高层和中层的执行力如何强大，所有具体的工作最后还是要落实到基层执行者的身上。合格的基层执行者要具备四个方面的能力：职业化和专业能力、忠诚度与创造能力、标准化与创造能力以及专注化与细节能力。

（3）管理岗位关系与协调

协调好人际关系既是领导者的一项重要的工作内容，又是实现领导的其他职能的重要条件。良好的人际关系能消除领导工作的阻力，增强组织的向心力，扩大组织的吸引力，激发组织成员的动力和潜力。领导人际关系的协调艺术主要表现在三个方面：[1]

第一，协调好领导者与上级的关系。与上级的关系是领导者人际关系协调中的重要方面。协调与上级关系应遵循的原则是，从大局和全局出发，尊重

[1] 孙萍，张平. 公共组织行为学 [M]. 2 版. 北京：中国人民大学出版社，2011：232-233.

但不崇拜、服从但不唯命是从。尊重上级领导就是尊重上级的人格和工作，承认上级存在的价值。尊重上级要注意两点：其一，尊重是双向的、互动的。只有相互尊重，才能做到相互了解、相互支持。下级尊重上级是领导者处理上下级关系的一个基本原则，也是下级获得上级尊重的需要。其二，动机是纯正的，前提是合法的。尊重是在法律制度框架内，对上级工作支持的表现，而不是不讲法制、原则，为达到个人目的的媚俗与崇拜。同时，服从是保持政令统一的需要。少数服从多数、下级服从上级、全党服从中央是中国共产党强化领导权威的组织纪律。没有服从就没有领导，没有服从就不能形成统一意志，没有服从就形成不了合力，服从是对组织高度负责的行为。但服从并不是盲从，更不是唯命是从，而应从本部门实际情况出发，创造性地执行上级命令。

第二，协调好领导者与同级之间的关系。同级之间的关系，即领导集体内部的人际关系。良好的同级人际关系是协调上下级之间纵向关系的前提，是充分发挥领导群体智慧和力量的保证。与同级相处，应坚持与人为善，以诚相待——以诚信和善意换取他人的实意和支持；互相补台，积极配合——摆正集体利益和个人政绩关系，主动补位但不越位；见贤思齐，强者为师——以大度胸怀，取他人之长补自己之短。

第三，协调好领导者与下级之间的关系。在现代领导活动中，被领导者不是简单的被动接受者，而是领导活动的积极参与者，协调好与被领导者之间的关系，是做好领导工作的基本保证。古人以民与水作喻称："水能载舟，亦能覆舟。"管理学家孔茨说，领导需要三条腿走路：技术（能力）、概念（概括总结）和人情（人际关系支持）。公共组织的领导行使的是公共权力，谋取的是社会公共利益。公众利益至上、群众利益至上是公共组织领导的本质要求。

协调好与下级之间的关系，要求领导者必须秉公办事，清正廉明——率先示范，以国家、集体和他人利益为重，严于律己，光明磊落；正视权力，缩短心理距离——领导者只是权力的行使者，上下级之间只有职务、分工区别，不存在人格上的高低贵贱，领导者要自觉缩短与下级之间的心理距离；严要求、宽待人，刚柔相济——通过制定规范的规章制度，树立"法理型权威"，对原则性的、复杂的事项，用制度说话，对事不对人；对非原则性问题，不要借批评而挑剔，要待人以诚，着眼帮助教育，做一个既可敬又可亲的上级。

6.3 角色责任管理

道德是代表社会价值取向的一种社会意识形态，是人们共同生活及其行为的准则与规范。马克思主义认为，“一切以往的道德论归根到底都是当时的社会经济状况的产物”。[1] 在社会生活中，“作为确定的人，现实的人，你就有规定，你就有使命，就有任务，至于你是否认识到这一点，那都是无所谓的”[2]。是否能够按照道德规定认识并履行使命，执行任务，是判断人的行为正当与否的重要依据。

6.3.1 角色责任的本质

角色是一定社会位置相关联的符合社会要求的一套个人行为模式，也可以理解为个体在社会群体中被赋予的身份及该身份应发挥的功能。每个角色都代表着一系列有关行为的社会标准，即个体在社会中应承担的责任。

（1）角色责任的基本内涵

角色责任作为一定的道德责任，《中国大百科全书》将其定义为“人们在一定的社会关系中所应该选择的道德行为和对社会和他人所承担的道德义务”[3]。《中国伦理学百科全书》认为：“道德责任是从道德上意识到的对他人、对社会的道德义务、道德使命。”[4] 两个定义如出一辙，揭示了道德责任需要内外兼修的两种属性。一方面，道德责任作为一种社会规范是对角色责任的一种规定性；另一方面，又体现了行为主体道德意识和主动选择的自觉性。

美国芝加哥大学的史维克（W. Schweiker）教授指出：“以前所有的道德责任理论可以归为三种类型：行为者的、社会的和对话式的。”[5] 认为各自理论有其局限性，应从整体方面和综合角度来理解道德责任问题，建立一种整体

[1] 中共中央马克思恩格斯列宁斯大林著作编译局．马克思恩格斯选集（第 3 卷）[M]. 北京：人民出版社，1995：435.

[2] 中共中央马克思恩格斯列宁斯大林著作编译局．马克思恩格斯全集（第 3 卷）[M]. 北京：人民出版社，1960：329.

[3] 中国大百科全书总编辑委员会．中国大百科全书（哲学卷）[M]. 北京：中国大百科全书出版社，1987：131.

[4] 罗国杰．中国伦理学百科全书 [M]. 长春：吉林人民出版社，1993：341-342.

[5] William Schweiker. Responsibility and christian ethics[M]. Cambridge：Cambridge University Press，1995：40.

的、综合的道德责任理论。斯特劳森（P. F. Strwson）认为："我们可以把道德责任理解为一种社会技能，按照这种路径，当社会成员被社会视作一位负责任的行动者时，他们在对他人的反应中赋予一种情感或态度的特性，比如感激、怨恨、爱、尊重、原谅。"[1] 这是目前西方国家占据强势地位的有关道德责任的界定。他指出："我们赋予他人对于我们的态度和意向以极大的重要性，而我们自身的情感和反应也极大地依赖或牵连于我们关于这些态度和意向的信念。"

（2）角色责任的构成要素

人们在谈论角色责任的时候，往往片面强调责任本身，常常忽略角色权利问题。无论在理论上还是在实践中，角色责任都由三个基本要素构成。依据角色责任的运行机理，依次为角色规范、角色权利、角色责任义务。

角色规范是角色责任的基础，任何角色责任都是基于既定的角色规范提出的。角色规范是角色扮演者在享受权利和履行义务过程中必须遵循的行为规范或准则。角色规范包括不同的形式：从范围上可以分为一般规范和特殊规范；从具体要求上可以分为正向规范（即扮演者可以做、应当做和需要做的行为规范）和反向规范（扮演者不能做、不应当做的各项行为规定）；从表现形式上可以分为成文规范（法律、法规、制度、纪律等）和不成文规范（风俗习惯等）。

角色权利由角色权力和角色利益构成，是角色责任的前提，责任是权利的衍生物，离开了权利也就谈不上责任。角色权力是指角色扮演者履行角色义务时所具有的支配他人或使用所需的物质条件的权力，角色利益是指角色扮演者在履行角色义务后应当得到的物质和精神报酬，如工资、奖金、福利、实物等属于物质报酬，表扬、荣誉、称号等属于精神报酬。

角色义务指角色扮演者"必须做什么"和"不能做什么"两个方面，是角色责任体系的核心。对责任的理解通常可以分为两个意义。一是指分内应做的事，如职责、尽责任、岗位责任等；二是指因没有做好自己工作而应承担的不利后果或强制性义务。从这个意义上说，责任是一个伦理现象。责任总是一定角色的责任，在社会生活中一切责任都是角色行为者的道德责任。

[1] John Martin Fischer. Recent work on moral responsibility[J], Ethics，1999，2（110）：93-139.

（3）角色责任的主要特征

“责任是伦理生活和伦理评价的核心。”[1] 道德责任的界定既要体现道德责任的必为性，又要考虑道德责任的当为性；既要体现道德责任的性质，又要考虑道德责任的结构和因果关系。道德责任是衔接道德形而上学性理念与实践性规范的环节，作为个体走向道德完善的必然通道，主要有三方面的特点。[2]

第一，公益目标上的价值性与规范性的统一。道德责任外显为道德共同体的行为规范，其实质性内涵则是道德共同体的价值取向。作为道德准则的行为规范，反映道德共同体成员为追求和维护共同利益而形成的价值诉求，并以此影响和约束共同体成员及其后代的思想和行为。

第二，社会预期上的现实性和理想性的统一。道德责任规范已经形成，便成为道德共同体对其成员角色的社会预期，以基于现实生活的理想和道义的力量不断促进社会进步和个人完善。因此，道德责任不仅意味着现实条件所要求达到的最佳状态，而且意味着期望达到的理想要求，是现有价值和应有价值的统一。

第三，实现方式上的他律性与自律性的统一。道德责任作为一种社会外在规范对个体或群体提出的必为要求，并不是任何主体都能自觉认识到并自愿履行的，因此是通过强制督促和自觉自愿的形式来实现的。责任的强制性主要通过责任的制度化表现出来，而道德责任的实现从根本上说取决于主体的道德信念和行为自觉。

6.3.2 角色责任的困境

所谓道德责任困境，是指社会道德共同体在维护道德则责任秩序和共同体成员履行道德责任遭遇诸多难题而形成的道德失序的处境。

（1）道德责任困境的类型

综合近年国内外道德风尚变迁和学术研究成果，可将道德责任困境分为三种类型：第一，道德滑坡，指道德发展过程中的倒退。这种倒退往往发生于社会矛盾突发期，表现为社会上出现较多道德责任失范，但倒退只能是暂时

[1] G Watson. Two faces of responsibility[J]. Philosophical Topics，1996（24）：227-248.

[2] 单蕊，李景春. 论道德责任困境及其治理方略 [J]. 燕山大学学报（哲学社会科学版），2014（3）：130-131.

或短期的。第二，道德滞后，指道德发展落后于社会经济、政治和文化发展的需要。道德作为人类社会生活的调节系统，客观上要与社会经济、政治和文化同步发展，而事实上不同步性才是它们关系的本质特征。在这个不协调的体系中，道德发展常常是滞后的。第三，道德迷失，指人们在社会道德生活中价值认知、价值选择和价值判断上的模糊性。当社会处于转型期，在新旧道德体系破与立交替过程之中，旧有价值观念解体，新的价值理念尚未成型，致使人们责任行为选择无所适从。

现当代关于道德责任本质的研究主要有两种理论："角色决定论"和"自由意志论"。角色决定论认为，角色是责任伦理的逻辑起点。在道德共同体中，成员角色一经确定其应承担的道德责任也就确定了，而且是其必须履行的责任。被认为是20世纪最重要的基督教神学伦理学家的尼布尔（R. Niebuhr）指出："我们可以把责任这一观念或模式抽象地总结为，某个行动者根据自己对他人行动的理解，以及对他人随后之回应的预期，而对他人行动所进行的一种回应性的行动；这一切都发生在一个持续性的行动者共同体中。"[1]

美国社会心理学家、哲学家米德指出："一种有组织的惯例体现了我们所称的道德，一个人不能做的各种事情是每一个人都会谴责的事。"[2]自由意志论者认为："决定论削弱了对事实真相的判断力，进而影响到一个人的行为在道德上是正确、错误还是被强迫的。"[3]主张人的道德责任应服从人的自由意志，强调道德责任的第一前提是自由意志的存在，没有意志自由就无从谈及道德责任问题。

（2）道德责任困境的表现

对道德责任困境的理论分析一般从道德选择机制入手，研究行为者在道德责任认知与选择时所面临的主客观道德情境，把道德责任困境分为需求性道德困境、利益性道德困境和规则性道德困境三种类型。这三种类型，在家庭道德、职业道德和社会公德等各社会生活领域均有不同的表现。

---

[1] H Richard Niebuhr. The responsible self [M]. New. York：Harper and Row，1978：65.

[2] George H Mead. Mind，Self & Society. [M]. Chicago：University of Chicago Press，1934：167.

[3] I Haji，S E Cuypers. Moral responsibility，authenticity，and education[M]. New York：Routledge，2008：6.

第一，家庭道德责任的弱化。进入工业社会时代，与社会化大生产的需要和现代社会自由开放、平等多变的社会环境相适应，出现了已婚夫妻与未婚子女组成的“核心家庭”，这是现当代社会最主要的家庭类型。“核心家庭”对血缘关系的依赖性较小，具有很强的独立性与灵活性，容易形成家庭中平等关系，但稳定性较差，两代人之间的关系被逐渐淡化，在老人赡养和儿童抚育方面存在一些困难。改革开放以来，出现了单亲家庭、丁克家庭、代孕家庭、同性恋家庭等非常规家庭，甚至衍生出“单人户”“一代户”“隔代户”等特殊家庭现象。家庭规模的小型化、家庭结构简单化和多样化，常态的人伦关系难以为继，家庭道德责任困境凸显。快速增长的离婚率，导致单亲家庭比重逐渐上升，使本该完整的亲情责任出现了明显的失衡和诸多的责任错位现象。在以独生子女为主的核心家庭中，父母对孩子的责任心呈现“超重”趋势，而对父母长辈的尊敬孝顺则渐趋淡化。

第二，职业道德责任的缺失。在各职业领域中，许多人不是依靠履行其职业责任和道德责任来获取财富和利益，而是依仗职权，破坏职业道德准则而获得。很多人过于看重职业的“权”和“利”而漠视自己的职业道德责任。一些拥有组织资源与文化资源的管理者，理应为社会公众的生产、生活服务，但借职务便利或技术优势，“吃、拿、卡、要”，索贿受贿，为个人非法谋取私利。一些部门管理混乱，机构重叠、人浮于事，工作失责，相互推诿，出问题相互包庇、彼此袒护。一些拥有经济资源的私营业主或个体工商户，为了盈利不讲信誉、弄虚作假，损害消费者利益和健康，各种假冒商品不绝于市，假烟酒、假种子、假药、假奶粉、假化肥等。买卖公平、诚信交易本是市场经济的道德行为准则，但他们往往为眼前利益，置法规、道德于不顾，以次充好、以劣代优、任意涨价，不遵守市场竞争规则。这一现象在一些旅游景区尤为严重。

第三，社会公德责任的背离。公共生活的无序化还表现为公共生活产品的无序化。在物流发达、信息畅通的现代社会里，这些公共产品一方面快捷便利地为人们享有，但由此也隐藏了导致危害的可能。近年来，有关公共产品安全的危机案例层出不穷：从玩忽职守、见死不救等渎职失职的医疗事故，到见利忘义、屡教不改而造成巨大人员伤亡的频发矿难，以及越发猖獗的手机短信诈骗、电话诈骗和信用卡盗刷案件等。可以看到，包括了从食品安全、医疗安全、生产安全、资金安全到人身安全等一系列问题，使我们日常生活陷入“诚信贫困”。同样在学生救落水者常牺牲生命的境况中，成为热心的救助者还是冷漠的旁观者，一直是困扰我们的道德选择。“诚信是企业生存和发展的基石，关系到企业的形象和信用。”以食品企业管理为例，“一系列的食品安全事件不仅给人民群众的生命财产造成损失，并且在一定程度上消解着社会诚信。……食品安全危机不仅消解企业诚信，还直接影响顾客的购买行为。频繁的食品安全事件使消费者如惊弓之鸟，人们在购买食品时，对食品的成分、外观标示是否属实存有疑虑”[1]。

（3）道德责任困境的成因

转型期是一个结构多元、过程多变的社会历史时期，发端于社会转型期的道德责任困境的成因也必然是复杂的、动态的，共时性与历时性并存。需求困境源于需求多元，利益困境源于利益多元，规则困境源于规则多元。只有对中国从传统社会向现代社会演化和转型过程中引起社会变迁的本质性因素进行探究，才能准确把握道德责任困境的根本原因。

第一，市场经济的冲击。市场社会从局部看，市场精神与道德精神相悖。市场社会是一个经济主导的社会，也是一个充满风险的社会，这种风险来自经济标准向道德底线的无限渗透，日益侵蚀和剥夺常规道德发挥作用的领域。市场经济冲击社会道德生活，引发一系列道德责任失范，直接原因有三：一是道德信仰的迷失。市场经济社会是物欲至上的时代，后道德主义社会不再将公民或个体的道德责任当作金科玉律来加以推崇，不再彰显高尚的自我牺牲精神，伟大的道德主义宣言销声匿迹，技术“意志”凸显，利益至上取代了信仰的崇高。其二，道德理性的混乱。自从17、18世纪开始，科学理性的思维开始统治人类的整体思维方式。进入到20世纪，科学技术的负面效应逐步显露出来，人类开始对科学技术进行深刻的反思，人类开始意识到：随着人类自身的完善与发展，自然与文明之间的矛盾冲突日益加剧；人类在科学理性的支配下，人类主体性在不知不觉中成为科学技术的附属品。其三，道德情感的偏移。进入

[1] 季芳．食品安全问题与行政腐败的关系及其综合治理[J]．科技致富向导，2012（21）：71-72.

市场经济社会以来，人们的道德情感从集体主义情感向个人主义情感偏移，从道义体验至上向金钱体验至上偏移，并诱发人们对道德责任担当的麻木感、对道德行为正当性的怀疑感和对道德关怀对象的道义感冷漠。

第二，多元文化的碰撞。Markus 及 Kitayama 认为，不同文化背景的人有着显著不同的自我构念（construals of the self），这些自我构念影响到个体认知、情绪及动机方面的经验。[1]现代社会的新事物、新问题、新职业不断出现，人们的自由空间与选择空间越来越大，职业变换、空间流动性更加频繁，原有的“家族人”“单位人”逐渐被“社会人”“虚拟人”取代，原有较为固定单一的预设结构秩序和角色规范不断地被打破。人们普遍感觉到社会信念的失落，社会价值意义系统的紊乱，责任的履行缺乏参照。以至于英国利兹大学和波兰华沙大学社会学教授齐格蒙特·鲍曼说，置身于价值多元规范多元的时代，选择的自由把人们抛入一种从未如此令人烦恼的不确定状态。“我们怀念我们能够信任和依赖的向导，以便能够从肩上卸下一些为选择所负的责任。”[2] 在多元文化激烈碰撞过程中，既有的角色体系及其要求已被打破，个体常因难以辨认自己的现实身份而无所适从。道德濡化的退化，道德涵化的加剧，已成为我国当代道德文化的主流态势。在西方道德意识处于强势的文化格局中，过分张扬主体的自由意志和理性选择，即标志着专横的道德教条时代的没落，也意味着道德责任时代的终结。

第三，道德约束的困乏。道德责任的困境是“后现代道德危机”的真实写照。旧有的价值体系已被打破，新的伦理规范尚未形成，由此引发了道德意识失调、道德行为失范和道德规范失序，社会正处于全方位道德困境之中。首先，责任制度不完善。一方面是责任制度匮乏，另一方面却又出现制度滥用现象。我国传统文化重视人情关系，注重德性自觉，制度建设被疏忽，很多事情的解决并不是按照规定、制度去办成，而是主要依靠彼此之间的交情，公事私办的现象十分普遍，出现了许多“责任不明”“责任混乱”“责任推诿”现象。其次，责任能力不健全。道德责任作为是一种生存智慧，不仅是一种规范和

[1] Hazel R Markus，Shinobu Kitayama. Culture and the self：implications for cognition，emotion，and motivation[J]. Psychological Review，1991（98）：224-253.

[2] 齐格蒙特·鲍曼 . 后现代伦理学 [M]. 张成岗，译 . 南京：江苏人民出版社，2002：24.

约束力量，更是人的一种道德权利和道德能力。“责任要领的核心是我能回答‘为何那样做’的问题，并且能给予一个答案。”[1]提高人的责任意识难，提高人的责任能力更难。很多情况下，责任主体知道自己的角色责任，但不知道怎样选择和落实责任，甚至没有能力履行道德责任。最后，责任教育不到位。随着实用主义、个人主义责任观的盛行，反对道德规范的灌输，主张权利本位、价值个体化，传统美德教育逐渐淡化，甚至走向相对主义和普遍价值的虚无化。家庭和社会的人际关系变得日益淡薄，传统的责任教育基础变得不稳定，青少年反社会的倾向和行为均呈上升趋势。

6.3.3 角色责任的管理

国际间行动理事会1997年发表了《世界人类责任宣言》，主张“所有理性和良知的人必须在团结一致的精神下承担对全人类、对家庭和群体以及对种族的、国家和宗教的责任”。无论作为国家行为还是作为组织行为，角色责任管理应该重点解决以下三个关键问题。

（1）加速推进现代责任伦理建设

责任伦理概念是马克斯·韦伯（Max Weber）提出的；而责任伦理的具体理论思想体系则是汉斯·约纳斯（Hans Jonas）1979年出版的《责任原理：技术文明时代的伦理学探索》一书建立起来的，其成为现当代西方道德伦理建设的主导思想和理论依据。责任伦理思想的核心是指行为者必须具备务实的态度，为自己言论行为的后果承担责任。约纳斯将责任原理的绝对命令表述如下：“你的行为必须是行为后果要考虑到承担起地球上真正的人的生命持续的义务。”[2]

责任是指应该做好自己分内的事，为自己失职的行为承担后果，接受谴责和惩罚。在现实社会生活中，道德和责任总是与人的角色联系在一起，离开了道德主体行为责任也就无从考察道德。因为“责任是伦理生活和伦理评价的核心”[3]，道德只有从责任的履行情况才能找到其现实的客观依据。只有将一切道德都和行为主体的责任联系起来，道德才能最终摆脱“乌托邦”和理想主义

[1] J R Lucas. Responsibility[M]. Oxford：Clarendon press，1993：5.

[2] J C Wolf. Hans Jonas：Eine naturphilosophische Begründung der ethik[C]//.A Hügli & P Lübcke.Philosophie im 20. jahrhundert. Reinbek Verlag，1996：36.

[3] G Watson，Two faces of responsibility[J]. Philosophical Topics，1996（24）：227-248.

的境地。斯特劳森认为："我们可以把道德责任理解为一种社会技能，按照这种路径，当社会成员被社会视作一位负责任的行动者时，他们在对他人的反应中赋予一种情感或态度的特性，比如，感激、怨恨、爱、尊重、原谅。"[1] 被认为是 20 世纪最重要的基督教神学伦理学家的尼布尔指出："我们可以把责任这一观念或模式抽象地总结为，某个行动者根据自己对他人行动的理解，以及对他人随后之回应的预期，而对他人行动所进行的一种回应性的行动；这一切都发生在一个持续性的行动者共同体中。"[2]

（2）完善以公共道德为根基的社会道德责任体系

从伦理学本身的发展来看，道德责任始终是伦理学中的核心概念，各伦理学派几乎都对道德责任问题表明自己的立场和观点。功利主义伦理学家密尔（J. S. Mill）指出："我们的行为应当遵守的规则，是所有的理性人都会采纳的有益于他们集体利益的行为规则。"[3] 现代科技迅猛发展、全球化广泛蔓延，迫切需要人类建构具有普世意义的合理价值和态度，尤其是责任的担当更成为保障和完善人们正常社会秩序的关键性要素。

法国学者利波维茨基（G. Lipovetsky）指出："21 世纪极有可能就是一个伦理的世纪。"[4] 现代责任伦理不仅仅适用于行政伦理建设，也适用于公民道德建设。在社会的舞台上，每一个公民都扮演着这样那样的角色，每一个角色都有相应的责任义务。培育国民道德责任意识，规范国民的责任行为，是当前我国道德伦理建设的首要任务。"责任要领的核心是我能回答'为何那样做'的问题，并且能给予一个答案。"[5] 国民道德责任意识的培育，不仅要使国民知道为何那样做，而且要知道必须对自己的行为承担道德责任后果。为此，要切实抓好三个方面：一是培育全体公民的公共道德社会道德责任意识，守住社会道德底线；二是培育职业道德责任意识，提高职业道德境界；三是培育家庭道德

[1] John Martin Fischer. Recent work on moral responsibility[J]. Ethics，1999（110）：93-139.

[2] H Richard Niebuhr. The responsible self [M]. New York：Harper and Row，1978：65.

[3] John Stuart Mill. Utilitarianism[M]. London：Longmans，Green，Reader，and Dyer，1871：79.

[4] 吉尔·利波维茨基. 责任的落寞——新民主时期的无痛伦理观 [M]. 倪复生，方仁杰，译. 中国人民大学出版社，2007：232-233.

[5] J R Lucas. Responsibility[M]. Oxford：Clarendon Press，1993：5.

责任意识，增进国民家庭的和谐与幸福的感受。

(3) 延伸角色责任伦理的法律介入

一般认为，社会道德的作用主要表现为对人们行为的规范和引导，通过公共舆论、传统习俗和道德良心等对违背道德法则的行为予以谴责。但道德惩罚的执行有其局限性，约束作用较弱。一方面，在道德价值多元的社会结构中，存在着个体如何进行道德选择的问题，社会生活的价值冲突难以避免，仅靠社会舆论和个人自律来调节难于达到预期效果，社会责任体系很难维系；另一方面，对于那些因渎职或失责给社会或他人造成重大损失或严重伤害的行为，仅仅予以舆论谴责显然是不够的，必须依靠法律进行追责与惩治。世界上的许多国家都通过伦理立法来对权力的非正常使用进行相关的限制，并取得了不错的效果。即使是自由意志论者，也承认“道德责任是关于谴责或赞许，制裁或褒奖的说明；道德责任是积极和消极评价的恰当的赏罚的基本条件”[1]。

目前，世界上有100多个国家出台了一系列伦理法规，用以约束人的道德责任行为。我国尚无专门规范人道德责任的伦理法，对许多道德责任失范的整顿、治理、管束、惩罚、打击缺乏具体的法律依据。法与道德具有一致性，两者有共同的经济基础和思想基础，都担负维护一定社会关系和社会秩序的使命。道德规范具有法理性，法律体现人的德性，二者相互渗透，相辅相成。一个社会的良性运行不但需要公民对社会道德规范的认同和自觉维护，更需要严明法律和严格的法治。在公共空间里人与人必须相互顾念，在自己谋取正当利益时不至于妨碍或伤害他人的利益。当道德规范对严重影响他人或社会利益的行为只能谴责不能制裁的情况下，法律的介入就显得十分必要。特别是当社会处于道德困境或道德危机之时，延伸社会责任伦理的法律介入，对维护社会的稳定与发展尤为重要。在一个合法界定的领域里，当基本的原则给定以后，道德就会把这些原则贯彻到各个方面，并把动机、过程和结果关联起来，形成理性、自由、选择、责任的逻辑结构，有效维持社会的基本价值取向。

---

[1] Bruce N Waller. Against Moral Responsibility[M]. Massachusetts：Cambridge，The MIT Press，2011：7.

第 7 章　行为激励理论与管理

激励是管理心理学研究的核心问题。现代管理理论强调，“以最大限度地利用进入生产和消费系统的物质和能量、提高经济运行的质量和效益、实现经济发展与节约资源、保护环境相协调并且符合可持续发展战略为目标”[1]。因此，必须充分调动和发挥各生产要素的潜能，核心是人的潜能。激励在管理中具有重要的意义，通过激发人的行为动机，开发人的潜能，提高工作绩效。西方管理学家得出了一个公式：绩效＝F（能力 × 激励），即两个能力相仿的人，他们工作绩效的高低取决于激励水平的高低。这说明，一个优秀的管理者应该是一个善于不断唤醒人们心理动力的激励者。

7.1 行为与激励

行为是人在日常生活中所表现出来的一切活动的统称。管理心理学中所讲的行为是由动机引发、维持并指向一定目标的活动，即动机性行为。动机性行为总是不断地指向目标，目标越适合人的需要结构，他所受到的激励就越强烈，他的行为也就越积极。激励是指通过某种刺激使人产生某种思想、意识或精神进而对行为产生一定影响的过程。换句话说，激励就是研究如何正确调动人的积极性的一个过程。[2]

7.1.1 行为过程与机制

人的行为不仅有赖于外在刺激，而且还有赖于个体内部因素（如需要、欲望、对周围环境的认识等）及行为结果的反馈。人的行为不是由刺激简单地直接引起，是经过人的一系列内部心理折射实现的，而人的内部心理折射

[1] 李玉杰，季芳，李景春．文明史视域人与自然关系演化的三部曲 [J]. 东北师大学报（哲学社会科学版），2012（6）：246-250.

[2] 胡峰．我国企业激励理论现状分析 [J]. 管理观察，2018（22）：36.

又主要是由个体的内在需要、动机、情绪、态度和兴趣决定的。同一刺激对不同的人，可能会产生不同的行为；相同的行为也可能是由不同的刺激、不同的动机引起；合理的动机也可能产生不合理的行为，错误的动机也可能产生积极的行为。

（1）行为的心理机制

早期行为主义心理学家华生在巴甫洛夫条件反射学说的基础上，主张心理学应该摒弃意识、意象等太多主观的东西，只研究能观察到并易于客观测量的刺激和反应，无须理会其中间环节。他认为人类的行为都是后天习得的，环境决定了一个人的行为模式，无论是正常的行为还是病态的行为都是经过学习而获得的，也可以通过学习而更改、增加或消除，认为查明了环境刺激与行为反应之间的规律性关系，就能根据刺激预知反应，或根据反应推断刺激，达到预测并控制动物和人的行为的目的。因此，他把人的行为模式表达为“S→R”。S代表刺激，“→”代表神经系统的作用，R代表行为反应。在他看来，行为就是有机体用以适应环境刺激的各种躯体反应的组合，有的表现在外表，有的隐藏在内部。按照这种理论，特定的刺激必然引起特定的反应，特定的反应必然由特定的刺激引起，而且人和动物没什么差异，都遵循同样的规律。

以托尔曼（C. Tolman）为代表的新行为主义者发现了华生的偏激，修正了华生的简单而极端观点。他们指出在个体所受刺激与行为反应之间存在着中间变量，这个中间变量是指个体当时的生理和心理状态，它们是行为的实际决定因子，它们包括需求变量和认知变量。需求变量本质上就是动机，认知变量就是能力，需求变量和认知变量的不同决定了面对同一刺激物而不同个体的行为反映不同。他们得出的行为模式为“S → O → R”，其中O代表有机体。这种行为模式，表示一种刺激变量并非直接引起某种反应变量，而是通过有机体的中介变量的作用引起某种反应。这个行为模式得到了绝大多数心理学家的认可，一直沿用至今。

与托尔曼等人不同，新行为主义另一代表人物斯金纳对行为有一种特别的理解。在巴甫洛夫经典条件反射基础上，斯金纳提出了操作性条件反射理论。他自制了一个“斯金纳箱”，在箱内装一特殊装置，压一次杠杆就会出现一粒食物。他将一只饥饿的白鼠放入箱内，白鼠在里面乱跑乱撞，偶然一次压动杠杆就得到食物，此后老鼠学会了通过压杠杆来得到食物的方法，压杠杆的频率越来越高。食物是强化物，运用强化物来增加刺激与反应之间关系的过程叫作强化。在一系列实验研究基础上，他认为行为模式应该是“S → N → R”，其中 N 即是强化。无论斯金纳的理论是否具有普适性，是否反映了人类行为的基本规律，但他根据他的强化原理发明了教学机器，成为机器教学的创始人，被称为“程序教学之父”。

从心理机制看，行为是在内外刺激作用下引起的一连串的彼此关联的心理活动过程及其外在反应（见图 7.1）。这一心理机制是由一系列因果联系的心理活动组成的动态的心理结构，是一个外显行为的发生机理。与复杂的心理活动过程相比，这个图示无疑过分简单。但弄清这一过程的主要环节，足可以揭示行为产生的心理活动过程的基本规律。[1]

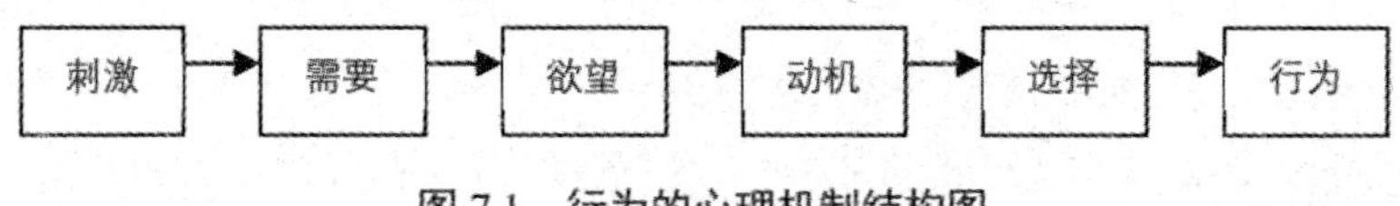

图 7.1　行为的心理机制结构图

刺激是内外环境作用于有机体并引起某种反应的因素。在客观刺激物作用下，引起有机体与环境之间的不平衡状态，从而产生需要。现代心理学研究证明，需要是人的行为的原动力，人的一切行为无一不是满足需要的表现形式。人的需要的不断重复与更新，形成了人的心理活动和行为的发生、发展的内在心理依据。欲望是动机的前提。当某种欲望达到一定程度时就会驱使人通过某种方式获得满足，从而转化为动机。动机就是直接推动个体进行活动的内部驱动力。人们依据个体知识经验、价值取向和价值标准、主客观条件等因素，判断成败，评价利弊，最后做出行为决定。

（2）行为的制约系统

一个已经发生的完整的行为，一般都要依次经历心理过程的各个环节。在上述阐释中我们可以看到，任何相邻的两个环节的联系都不是必然发生的，都有可能受到各种因素制约而中断。这些因素对个体行为构成了一个复杂的制约系统，包括社会制约系统和主体制约系统两个子系统。

[1] 李玉杰，李景春．心理学概论 [M]. 北京：人民日报出版社，2006：168-171.

社会制约系统是由各种行为规范构成的，主要有法律规范、道德规范、社会制度、组织纪律等因素。人类的行为是人和社会相互作用的产物，任何一个社会都将通过各种途径，运用各种方式，使其成员的行为遵循社会行为规范。只有这样才能达到避免社会冲突，维持社会秩序，实现社会安定和保障社会协调的目的。社会制约系统的制约过程构成了人的行为的社会过程，与心理过程和生理过程一起形成人的行为。

主体制约系统是指影响人的行为的心理因素构成的制约体系，主要有行为主体的认知、情感、意志和人格等。社会制约系统以外制的形式发生作用，主体制约系统则是以内制或自制的方式发生作用。由于个体间心理上的巨大差异，不同个体的主体制约系统作用的性质、程度、方式也会有显著差异。

（3）行为的基本模式

德国心理学家勒温的群体动力理论认为，人的行为是个人与周围环境相互作用的函数，其行为公式可以表达为$B=f(P, E)$。其中，B表示行为，f表示函数关系，P表示个人，E表示环境。人的行为动向取决于内部力场和情境力场的相互作用，而内部力场的张力是最主要的决定因素。人类的行为方式、指向和强度，主要受两大因素的影响和制约，即个人的内在因素和外部环境因素。其中，个人内在因素包括生理因素和心理因素，外部因素又包括自然环境和社会文化环境两类因素。如果人的需要没有得到满足就会产生内部力场的张力，而周围环境因素起着导火线的作用。

20世纪60年代以后，心理学家班杜拉在勒温理论基础上，提出人三元交互作用形成理论（见图7.2）。三元交互决定论将环境因素、行为、个人的主体因素三者看成是相对独立，同时又相互作用从而相互决定的理论实体，探讨环境、个人及其行为之间动态的相互决定关系。所谓交互决定，是指环境、行为、人三者之间互为因果，每二者之间都具有双向的互动和决定关系。三者之间相对的交互影响力及其交互作用模式在不同的情境中、对不同的个体或在不同的活动中会有不同的表现形式。

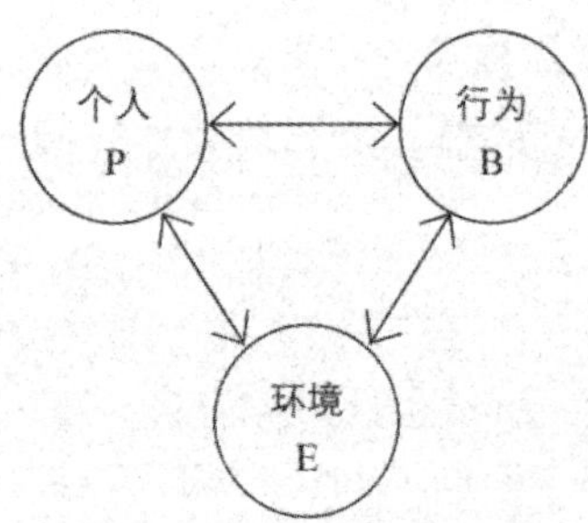

图7.2　三元交互决定论模型

7.1.2 行为的基本类型

当代德国学者哈贝马斯（J. Habermas）在他的《交往行为理论》一书中把行为细分为四种类型，并从各种行为相关联的世界关系的本体论前提和有效性要求的角度具体阐释了诸行为的差别。第一是目的论行为，是行为者通过选择一定的有效手段，并以适当的方式运用这种手段，而实现某种目的的行为。第二是规范调节的行为，是一种社会集团的成员以遵循共同的价值规范为取向的行为。第三是戏剧行为，是一种行为者通过或多或少地表现自己的主观性，而在公众中形成一定的关于他本人的观点和印象的行为。第四是交往行为，是“至少是两个以上的具有语言能力和行动能力”的主体之间通过符号协调的互动所达成的相互理解和一致的行为。

如果就大的类型而言，从行为主体角度可以分为群体行为和个人行为；从行为动机的社会性质角度可以分为亲行为和反行为；从行为服务对象角度可以分为公益行为和利己行为等。其实，这样简单的处理仍然有很多问题，因为对人的行为往往很难做出单一的定性，一类完整的行为往往具有多重属性。

（1）利他行为

利他行为就是有利于他人的行为，有人称之为亲行为，也有人把利他行为和亲行为区别开来，或利他行为从属于亲行为，或亲行为从属于利他行为。有人说，利他行为是一种只想给他人带来利益，行为者没有从中获得任何利益的行为；而亲行为则是没有任何助人目的，而行为结果客观上对他人有利，行为者可能期望从中获益。受国外理论影响，一般认为，利他行为是对他人有利的行为，是一种自发形成的把帮助别人当作唯一的目的，且不期望任何外在酬赏的行为。利他行为是相对于个人的损益而言的，如果行为者在助人过程中害怕牺牲个人利益，只是假借他人或集体利益而助人则应作别论。这样，利他行为应该包括下面四种特征：①以利他为目的；②不期望有精神的（如荣誉）或物质的（如奖品）奖励；③自愿的；④利他者本身会有所损失。其中第二个特征是利他行为的主要特征。如果某人冒着生命危险灭火而不期望得到什么回报，那么这种行为就属于利他行为。

在需要利他行为发生的情境中，行为责任归属判断常常左右着行为动机。斯特布（Staub）认为，一般人都有利他行为和助人的潜能，但激发这种潜能的情境特点也是十分重要的，清楚地显示出需要帮助的情境比模糊情境更容易激起人们的援助。克拉克（Clark）与渥德（Word）的一项实验说明了这种现象：被试无意中听到临近房间传来维修工人从梯子上摔下来的声音，在模糊条件下，被试只是听到梯子撞到墙上和窗帘掉下来的声音；在明显条件下，被试还听到维修工痛苦的呻吟。结果发现，在模糊条件下被试助人的概率显著偏低。拉塔尼（Latane）和达利（ Darley）发现了“责任扩散”（diffusion of responsibility）现象，认为紧急情境中他人在场会抑制人们的助人行为。知道别人能够提供帮助时会将助人责任分给他人，即使别人并未真的看见或听到需要提供帮助也是如此。大多数需要帮助的情境都有些模棱两可，通过观望别人（别人也可能也在观望）发现无人相助，就以为不需要帮助。在各种助人情境中，助人者都可能要付出某种代价，个体都可能会产生自我利益与利他行为的双趋冲突。在这种情况下，如果环境很明确地显示需要帮助就容易得到帮助，即使环境清楚也表明需要帮助，到底需要什么样的帮助可能不一定同样清楚地显示出来。研究表明，人们清楚地知道需要提供何种帮助时更容易去帮助，当一个人认识到紧急情况的特点并具备所需的技术时，助人的可能性显著增加。

对行为主体而言，在明确发现需要救助的情境下是否能够主动采取积极的救助行为，关键取决于行为者的人格。拉塔尼和达利在一项研究中发现，在实验安排的紧急或不寻常的情境中，权威性、主宰性、赞许需求和社会责任感等人格特征与亲行为极小相关。另外马森的研究发现，幼儿园中表现慷慨的男孩，常被人评定为仁慈、少敌意、少竞争性。马森认为，移情不仅是导致利他行为的关键因素。如果我感到忧伤，我会想办法减轻这种心情；同样，如果我对别人的忧伤产生了移情，那么我也会在一定程度上体验到忧伤，因而希望去消除它，于是就做出了利他行为。

（2）侵犯行为

侵犯行为是对他人的伤害行为，指有意伤害别人且不为社会规范所许可的行为。判定一种行为是否属于侵犯行为，有三条标准：第一，行为者是否有伤害动机，凡是有意制造伤害的行为都是侵犯行为；第二，是否采取了伤害行动，如果采取了伤害行动，可能造成伤害和已经造成伤害的行为，都可以认定为侵犯行为；第三，伤害行为是否为社会规范所禁止，侵犯行为是指那种不被社会所允许的伤害行为。之所以有第三条标准，是因为在社会生活中还有一些有意伤害行为是符合行为规范的，例如，正当防卫可能造成对对方的伤害、警察为了制止犯罪而对犯罪者采取的伤害行为、保家卫国的反侵略战争中对敌人的伤害等，均为正当行为而不属于侵犯。

在弗洛伊德看来，人类侵犯性源于本能。他认为人类有两种基本的本能驱力，生本能（Eros）或利比多（Libido）和死本能（Thanatos）。生本能或利比多指的是生存和获得愉快的本能，死本能指的是身体避免刺激，回到“无生命世界的寂静”中去的驱动力。当死的本能占优势时，其结果是自我惩罚和自杀。然而，生存本能常常阻碍死的本能达到毁坏性目标，并且把这些目标导向外部，产生了对他人的仇视和侵犯。侵犯的发起只是存在于个体的内部，并不依赖外部事件。因此，人类一直是具有侵犯性的，不管他们生活的特定情景如何。劳伦兹（Lorenz）和廷柏金（N. Tinbergen）也认为，侵犯本能对于所有动物都是共同的，并认为侵犯本能在外面诱因引发下侵犯行为才会发生。弗洛伊德把侵犯看作是破坏性的本能，而劳伦兹把种族内部的侵犯性看成动物种族赖以生存发展的基础。据此他们认为，侵犯行为也是人类的本能。

和本能论比较接近的是，从生物的和基因的观点出发研究侵犯性的机体内部原因，寻找大脑中“侵犯性位置”。弗林（J. Lynn）等人研究发现，用电刺激外侧下丘脑能使猫攻击老鼠。生理学研究证明，大脑神经中枢控制侵犯行为，简单地激活这些中枢部位就会诱发侵犯行为。有人从人的基因图谱中寻找侵犯性的基因。认为个体的基因的构成可能预先决定行为的形式。20 世纪 60 年代初，有一系列研究者注意到囚犯性基因高度异常，有些囚犯多了一个 Y 染色体。这种 XYY 基因的人常常很高大，容易产生暴力行动。大约 1 000 个正常男子中有一个这种人，而犯罪率在囚犯中却高达 15 ～ 20 倍。这个研究使人们提出 Y 染色体可能与侵犯性行为有关，多一个 Y 染色体的人，在生理上预先就有一种特征，使之以暴力来行动。

本能论和基因论都遭到了激烈的抨击，认为他们的观点都过于片面。许多心理学家研究认为，侵犯行为的原因在于人的个性。梅加吉（E. Megargee）研究了犯暴力袭击罪的罪犯后提出，此类罪犯或具有“控制不足侵犯性”特征，或具有“长期过分控制侵犯性”特征。具有“控制不足侵犯性”特征的人，缺乏对侵犯行为自控能力，很容易发生侵犯行为。具有“长期过分控制侵犯性”特征的人，在任何条件下对自身的侵犯行为有着强烈的抑制力，但这些人平时把愤怒积压在内部，引起“淤积”和“肿胀”，最后将所有积压的情绪和仇恨以一种指向他人的极端暴力行为发泄出来。心理学家相信，侵犯行为一定与个性有关，但由于侵犯行为的普遍性和频发性，因为所有人都有侵犯行为，就说所有的人都有侵犯的个性，这一理论就没有意义了。由于人的个性体系的复杂性，个性理论还有待于进一步研究和发展。

多拉德（J. Dollard）等一批心理学家在1939年提出了一种“挫折－侵犯”理论，引起了心理学界强烈的反响、广泛的认同和长久的影响。该理论认为，侵犯行为是挫折引起的，挫折总会导致某种侵犯性。多拉德等人把挫折定义为“对目标做出的反应受到干扰时所产生的状态”，致使人的愿望不能实现，需要得不到满足。多拉德等人认为，在挫折和侵犯行为之间有着普遍的因果联系。在侵犯对象没有报复情况下，侵犯行为不可能一直继续下去，实际的侵犯行为也会遭到惩罚而受抑制。但是，当挫折来源的对象不在身边或已经受到惩罚，侵犯者会替代性地转移侵犯某些其他的目标。转移侵犯目标寻找“替罪羊”，听起来有点像“狗理论”：丈夫在单位遭到领导批评回家骂老婆，老婆迁怒于孩子而打了孩子一顿，孩子敢怒不敢言踢了狗一脚，狗蒙冤受屈跑出院子咬伤了路人。

（3）从众行为

所谓从众行为，俗称“随大流”，是指个体在社会活动中自觉或不自觉地以某种群体规范或多数人的意见为自己的行动准则，并依此作出判断，改变自己的态度，采取与众人相同的意见时所表现出来的行为。从众行为的主要机理是迫于群体压力，服从于多数人，达到与众人的协调，消除自己的心理紧张。

从众现象是1935年谢利夫（M. Sherif）在自动光点运动实验中首先发现的。几个被试在一起判断光点运动方向时，受前几个被试意见一致的影响，放弃自己的见解而追随多数人观点。1951年，阿希进行了著名的线段长度判断试验，进一步证实了这一经典现象。阿希让被试判断一张卡片上的三条长度相近的线段，其中哪一条与另一张卡片上的标准线段等长。通过多次实验发现，每次所得结果非常接近，所有被试平均从众率为34%，有3/4以上的被试至少有一次追随别人的错误判断。

我们也来模拟一下从众实验：炎炎夏日，你在沙漠中旅行，随身携带的水已经用完，又渴又累。往前走突然发现一片陌生的绿洲，那里有相距不远的三口水井。可是人们都在其中的一口井边排队汲水，另外两口井边空无一人。请问，你会到哪口井汲水解渴？我们的模拟实验结果显示，有 1/3 以上的人选择排队而不去问津另外两口井。

产生从众行为的原因是多方面的。首先，生活的经验告诉我们，违背群体准则的人将会受惩罚，追随多数派常常比较安全。其次，大家都晓得，自己的知识、经验、能力总是有限的，在许多的情况下我们必须依赖别人的洞察力和知识经验，作为自己判断和选择的依据。又次，每个人都不可避免地要接受环境中的许多暗示，使我们自觉不自觉地依从于暗示的引导作出选择。再次，生活中每个人都有一种服从权威的心向，当自己不是权威且没有可以信赖的权威意见时，多数人一致的观点或行为的作用就会自动转化为一种权威功能。最后，人格类型特征对是否从众有很大影响，独立性差的人会有更多的从众行为。

7.1.3 激励机理与功能

无论企业还是其他社会组织，首先应是一个由人组成的人类社区型组织，而不应简单地被视为一种追逐利益的实体。即使有非常远大的战略和非常先进的组织结构，如果组织成员没有得到适当的激励，这个组织也不可能获得较高的业绩水平。因为，组织中的任何资源都要通过人这个载体来运作，如果作为企业运行主体的人没有发挥积极的主观能动性和创造力，那么组织目标的实现只能是镜中花、水中月。所以，激励是管理工作中的一项至关重要的活动，管理者的主要目标之一应当是如何激发出成员的高水平的努力动机，使后者能够获得对组织目标有利的高的业绩水平和努力程度。[1]

（1）激励的含义

激励就其词义就是激发鼓励的意思。所谓激发就是通过某些刺激使人发奋起来，管理心理学中的激励含义，主要是指管理者根据员工的需要，采取外部诱因进行刺激，使人始终保持一种兴奋的状态，高昂的工作热情，朝着所期

[1] 朱志忠，唐和平. 组织行为学 [M]. 北京：北京大学出版社，2005：76-79.

望目标前进的心理活动过程。激励也可以说是调动人的积极性的过程。而一个人的积极性是否被调动起来，主要看其动机是不是被激发。因此，激励又称为动机激发。通常，人们被激发的动机越强烈，完成目标的努力程度也就越高，取得的绩效也就会越大。反之，缺乏完成组织目标的内在动机，则工作绩效也就会小。

斯蒂尔斯（R. M. Steers）认为激励是“给人以行动的动力，使人的行为指向特定的目标和维持人的行为”。凯利认为激励“就是与保持和改变人的行为的方向、质量和强度有关的一种力量”。而琼斯给激励所作的定义则是“激励与行为如何开始、如何被注入能量、如何得以维持、如何被导向确定的目标、如何停止，以及在行为发生的整个过程中在组织内产生的各种反应有关”。通过激励，在某种内部或外部刺激的影响下，使人始终维持在一种积极兴奋状态中，所以激励通常是指调动人的积极性和创造性的过程。因此，所谓激励，是指协调组织成员个人动机与组织目标之间的关系，激发、鼓励、保持与强化有利于实现组织目标的个人动机，调动组织成员工作行为积极性的过程。

（2）激励过程机理

人的积极性可分为四个层次：一是责任心。这不但表现在员工一旦工作失误给组织造成损失后主动承担责任的勇气，更主要的是表现在工作过程中有对工作高度负责的精神，不放过任何可能疏忽的细节，确保工作目标的完成。这是积极性的最起码要求。如果员工连责任心都没有，那就谈不上任何积极性。二是主动性。即员工不但乐于完成组织指派的任务，而且主动给自己增加额外工作，或帮助别人完成任务。不管分内、分外，上班、下班，只要见到有利于组织的事都主动去做。三是创造性。即以创造性的新方法探索新的途径以求更好地完成组织目标，是积极性的较高层次。四是忘我。责任心、主动性、创造性都有个人动机，而忘我则全无个人动机，人们所思所想都是如何更有利于组织，组织的目标完全取代个体的目标，组织目标的需要就是个体的需要，即真正意义上的无私奉献，这是积极性的最高境界。

激励过程的机理，可以表述为五个方面。第一，激励主要是激发人的动机，使人产生一种内在的动力，使之朝着所期望的目标前进。第二，未满足的需要是激励的起点，没有需要，动机也就无从产生。第三，激励必须是管理者利用某种外部诱因，刺激人的未满足的需要。这是因为：人的潜在的需要只有被诱发，才会变为被人意识到的现实需要。只有这种被认识、被体验到的现实需要，才可能引起动机。人们的现实需要产生以后，要引发动机，付诸行动，也需要外部条件刺激。例如，一个人想出国，但根本没有机会，他的这一需要就不会引起动机。管理上需要的动机和行为不是建立在自发的基础上的，而是符合组织目标要求的。第四，激励的实现，必须使外部诱因内化为个人的自觉行为，否则，管理者的意图再好，员工不愿接受，也就没有激励效果。第五，激励的目的，是激发员工按照管理要求行事或干工作的积极性、主动性和创造性，而不是各行其是，任意发展，偏离组织的目标。

（3）激励的功能

大量的研究结果表明：在能力、条件相同的情况下，一个人工作绩效的大小主要取决于激励水平的高低。常见的能力条件相似的人而成绩不同，能力高、条件好的人事业平平，而能力较低、条件较差的人却成就显著，最根本的原因是动机的激发不同。

美国心理学家赫洛克（H. Hurlock）通过实验说明了激励的作用。他将106 名被试分为四组，都练习难度相同的数学题 5 天，每天 150 分钟，但四组被试是在不同激励条件下练习的。第一组为表扬组，即每天练习之后，实验者宣布成绩的名次，予以表扬鼓励；第二组为批评组，即每天做完题后，实验者宣布成绩，给予严厉的批评；第三组为受忽视组，实验者对他们既不批评也不表扬，只是让他们静听其他两组受表扬或批评，采取忽视他们的态度；第四组为控制组，即让他们单独地练习，既不知道自己的成绩好坏，也不知道其他人的情况，不给他们提供任何信息。然后比较不同激励条件下被试的成绩，结果受表扬组的成绩最好；受控制组即没有任何激励措施的被试成绩最差。

赫洛克的实验结果表明：有无激励，用哪一种方式进行激励，对人们的学习或工作绩效影响非常明显。美国哈佛大学教授詹姆斯从调查中发现，按时计酬的员工仅能发挥其能力的 20 ～ 30%，而如果受到充分激励的员工其能力可以发挥至 80%～ 90%，这就是说，同样一个人在通过充分激励后所发挥的作用相当于激励前的 3 倍至 4 倍。

组织理论家兼实业家巴纳德（C. I. Barnard）在《经理人员的职能》一书中曾经指出："如果把一个企业或组织里能够有所贡献的人加以排队便会发现，其中少部分人是愿意积极主动为这个组织做贡献的；大部分人是一般的；还有少部分人是憎恨这个组织的，甚至巴不得它垮台。"巴纳德认为："一个组织如果不能给自己成员以任何激励，那么这个组织绝大部分成员必将站在消极的一边。"

7.2 行为激励理论

激励理论是关于如何满足人的需要、激发人的积极性的理论，其最终目的在于激发人的积极性和主动性，使其能够以正确的行为动机行动，更大程度地调动人的能动性和创造性，发挥人的智力效应，提升行动效能。[1]20 世纪 20 年代以来，管理学家、心理学家及行为科学家们从不同的角度研究了怎样激励人的问题，并提出了各种激励理论。这些理论大体归纳为内容型激励理论、过程型激励理论和综合型激励理论三大类。

7.2.1 内容型激励理论

需要产生动机，动机驱动行为。现代企业"为人的需要而存在，为人的需要而生产，为人的需要而管理"[2]。需要是激励的起点和基础，是动机体系中最核心的成分。管理者只有了解掌握人的需要尤其是优势需要，并设法使其正确合理的部分得到满足，才能构成最大的激励。内容型激励理论的研究重点是激励的内容，也就是个体需要和动机的内容，试图从人的需要出发，解释人的行为是由什么因素引发、激励的问题。由于这类理论所研究的内容都是围绕着需要这一核心要素，故又把它称为需要理论。[3] 这类理论主要有马斯洛的需要层次论、奥尔德弗的 ERG 理论、麦克利兰的成就需要说和赫茨伯格的双因素理论等。

（1）马斯洛的需要层次理论

马斯洛是美国著名的心理学家与行为科学家，是人本主义心理学的创始人。1943 年，他在《人类动机论》一文中最早提出了需要层次论，并于 1954

---

[1] 苗沛．基于动机理论的绩效激励成效分析与思考 [J]. 人才资源开发，2018（7）：62.

[2] 季芳．论企业管理理念的三次飞跃 [J]. 产业与科技论坛，2012（5）：211-212.

[3] 俞文钊，苏永华．管理心理学 [M].6 版．大连：东北财经大学出版社，2018：100-101.

年在其名著《动机与个性》中作了进一步阐述，得到了许多行为科学家和管理实践人士的重视和认可，广泛流传世界各国，在管理实践中产生了重大影响。

马斯洛把人类的多种需要划分为五个层次（后又增加两个层次求知和审美的需要），依次为：①生理需要，主要是指人对食物、水、空气、睡眠、休息和性等方面的需要。这是人类自下而上最基本、最起码的需要。②安全需要，是指人们寻求保护自己免受生理、心理上侵害的需要，这类需要包括人身健康安全、职业生活保障、社会环境安全稳定等。③社交需要，也叫归属和爱的需要。社交需要包含两层意思。一是指个人需要得到亲人、同事、朋友的爱护、关怀、温暖和友谊，得到诚挚的爱情和幸福的家庭，同时也需要爱别人。马斯洛说："爱的需要涉及给予爱和接受爱。"二是指人需要依附一定的组织与团体，成为其中的一员，有归属感。④尊重需要，是指自尊和受到他人尊重的需要。自尊包括对信心、能力、自由、独立等的欲望，来自他人的尊重包括对威望、认可、地位、声望、荣誉、赞赏等方面的愿望。马斯洛认为，一个人的尊重需要如果获得满足，就会对自己充满信心，对社会满腔热情，感到自己有价值、有力量、有能力、有用处。一旦这类需要受到挫折，就会产生自卑、软弱和无能的感觉，甚至使人失去生活的基本信心。⑤自我实现需要，这是最高层次的需要。马斯洛认为：自我实现需要，就是指人们力求充分发挥潜能，实现志向或抱负，最大限度地变成他可能变成的那样的人的愿望。自我实现需要的本质特征是最大限度地发挥自己的潜能。

在马斯洛看来，各层次需要间存在着如下关系：

第一，各层次需要像阶梯一样从低到高逐层递升。最基本的生理需要和安全需要得到满足后，高层次的需要才能依次出现和满足。社会的主要职能应该是促进人的动机的逐级实现。社会不仅应满足人们的需要，而且社会本身也是人类需要所创造的。

第二，同一时期内，一个人可能同时存在几种需要，但必定有一种需要占主导地位，成为推动行为的主导动机。这种占主导地位的需要叫作优势需要。人在不同的年龄阶段和不同的条件下，总有某种优势需要占主导地位。马斯洛认为，若优势需要长期得不到满足，则会引起人的一系列无理行为或个性缺陷。只有满足人的优势需要，才能构成最大的激励。

第三，人的需要的满足是相对的。一个层次需要相对满足了，就会向高一需要层次发展。但这五种需要不可能完全满足，越到上层，满足的比例就越小。例如，美国的一般市民，各层次需要满足的程度是：生理需要85%、安全需要70%、社交需要60%、尊重需要40%、自我实现需要10%。

第四，人对于自己的需要的绝大部分，特别是那些较低层的需要，是意识不到的。但这些无意识的潜伏于内心深处的需要，对于人的行为却有着巨大的影响与支配力。

马斯洛的需要层次理论除将人的需要分为五个层次之外，还有两条重要规律。其一，“剥夺－主宰”律：某一需要被剥夺得越多，就越缺乏、越不足，这个需要就越突出、越强烈。其二，“满足－激活”律：某一需要获得满足的程度越高，这一需要的重要性就变得越低，所起的激励作用就越小。

（2）奥尔德弗的ERG理论

美国耶鲁大学的克雷顿·奥尔德弗（C. Alderfer）在马斯洛提出的需要层次理论的基础上，进行了更接近实际经验的研究，提出了一种新的人本主义需要理论。

奥尔德弗他在大量实验研究的基础上，把马斯洛理论中的五个层次的需要简化为三个层次，即生存需要（exsistence）、关系需要（relation）和成长需要（growth）。所谓ERG，即是这三个英语单词的第一个字母。生存需要是指维持人的生命存在的需要，相当于马斯洛需要层次中的生理需要和安全需要。关系需要是指个体对社交、人际关系和谐及相互尊重的渴求，与马斯洛需要层次论中的社交需要和外部尊重需要相类似。成长需要这是一种要求得到提高和发展，取得自尊、自信、自主及充分发挥自己能力的内在欲望。它包括了马斯洛需要层次论中的自尊需要和自我实现的需要。

奥尔德弗的需要理论总结出行为的三个规律：

①愿望加强律：各个层次的需要得到的满足越少，则满足这种需要的渴望就愈大。如位低境差常受歧视的人，得到他人尊重的需要最强烈，因而对他人的态度较敏感。脸上没有微笑的人最需要微笑，讲的也是这个道理。这同马斯洛的“剥夺－主宰”律相同。

②满足前进律：较低层次的需要越是能够得到较多的满足，则该需要的

重要性便会越衰减，对较高层次的需要就越渴望。例如，人们生存需要的满足程度越高，渴望满足关系需要和成长需要的强度就越大。这同马斯洛的“满足－激活律”相似。

③受挫回归律：当较高层次的需要一再遭到挫折，得不到满足时，人们就会退而求其次，追求较低层次需要的进一步满足。例如，某人想通过承担挑战性的工作来满足自身成长的需要，但由于领导不信任、不安排等外部原因不能如愿，那么他就会转而寻求更多的关系需要或生理需要的满足，以达到心理平衡。

（3）赫茨伯格的双因素理论

美国心理学家、行为科学家赫茨伯格，于 1959 年在其专著《工作的激励因素》中提出了“激励因素－保健因素”理论，简称“双因素理论”。

20 世纪 50 年代后期，赫茨伯格在美国匹兹堡地区的 11 个工商业机构中作过一次大规模的调查。他按照满意与不满意对调查资料进行综合分析发现，造成员工不满意的因素往往是由外界的工作环境产生的，主要是工资报酬、工作条件、人际关系等方面的因素。这些因素即使改善了，也不能使员工变得非常满意，不能充分激发其积极性，只能消除员工的不满，称为保健因素。保健因素的作用就像只能防止疾病，而不能主动治病一样。另一类因素能激发人的成就感、责任感、荣誉感和自信心，增进人的满意感，调动他们努力工作、积极上进的积极性，所以叫激励因素。激励因素都与工作自身的内容有关，如工作兴趣，工作富有挑战性，能发挥自己的聪明才智，工作所赋予的发展机会和责任等。

双因素理论有两个要点：

第一，满意与不满意。赫茨伯格认为，传统的观点认为满意的对立面是不满意，这是不对的。满意的对立面应该是“没有满意”；不满意的对立面应该是“没有不满意”。没有满意和没有不满意就是“零状态”。他认为，与工作内容紧密联系在一起的激励因素，如能得到改善，往往能给员工以很大程度的激励，使之产生满意感和持久的积极性。与工作环境或条件相关的保健因素，如处理不当，对这类需要做不到基本满足，会导致员工的不满；甚至严重挫伤员工的积极性。

第二，内在激励与外在激励。双因素论实际上是说明了对员工的激励，可分为内在激励和外在激励。内在激励，是从工作本身得到的某种满足，如对工作的爱好、兴趣、责任感、成长感等。这种满足能促使员工努力工作，积极进取。外在激励，是指外部的奖酬或在工作以外获得的间接满足，如劳保、工资等。这种满足有一定的局限性，它只能产生少量的激励作用。因为，人除了物质需要以外，还有精神需要，而外在激励或保健因素只能满足人的生理需要，不能满足人的精神需要，因而只能防止反激励，不能持久有效地激励人的积极性。

（4）麦克利兰的成就需要理论

成就需要，无论对于个人、单位乃至社会与国家的发展，都是十分重要而宝贵的。基于这个出发点，美国哈佛大学教授戴维·麦克利兰（David McClelland）通过对人的需求和动机进行研究，于20世纪50年代在一系列文章中提出了成就需要理论。

麦克利兰认为，人在生存需要基本得到满足的前提下，最主要的需要有三种，即权力需要、情谊需要和成就需要。①权力需要。这是一种想直接影响和控制别人的欲望。具有较高权力欲望的人，往往喜欢通过说服、帮助和支持，向他人施加影响和控制，乐于参与组织的决策，在集体活动中，好为人师，爱发号施令，并乐于演讲。②情谊需要。这是指人们对良好人际关系与真挚深厚情感与友谊的追求。情谊需要强烈的人经常考虑如何与人建立和保持浓厚而牢固的友谊，经常担心与别人闹矛盾，经常思考如何取悦别人。如果将情谊需要强烈的人安排在需要众人协作配合的工作岗位上，将会大大提高工作效率。③成就需要。它是一个人追求卓越、争取成功的内驱力。具有强烈成就需要的人，经常考虑个人事业的前途、发展问题；经常琢磨如何把事情做好，超过他人；经常想干些与众不同、独特的事。他们把做好工作取得成就看作人生最大的乐趣。

基于对成就需要的研究，麦克利兰得出了如下结论性观点：

①决定成就需要的因素及高成就需要的人的特征。麦克利兰认为，决定一个人成就需要的因素有两个，即直接环境和个性这两个变量，如下式所示：成就需要＝f（直接环境 × 个性）。具有高度成就需要的人，往往具有三大特

征：第一，有强烈的事业心和独立性，乐于自己独立承担工作任务和责任，喜欢获得能够发挥独立解决问题能力的工作环境。第二，倾心设置有一定挑战性的成就目标，并愿意承担适度的风险。第三，强烈希望获得工作绩效的及时具体的反馈。如果他们能够得到及时的认可、奖赏、提升等，就会产生莫大的成就感。

②成就需要和经济发展密切相关。第一，高度成就需要的人对企业、国家都有重要的作用。一个公司拥有这种人越多，它发展得就越快，获利就越多；一个国家拥有这种人越多，就会越兴旺发达。据麦克利兰的调查，英国在1925 年时，所拥有的具有高成就需要的人数，在 25 个国家中名列第五，而当时英国确实是一个兴旺发达的国家。可是到了 1950 年，英国拥有高成就需要的人数，在 39 个国家中已退居第 27 位。第二，文化中的成就动机先于以后的经济发展。为了说明这一点，麦克利兰提出了一个假设：一个国家如果在某一特定历史时期，对儿童教育注重成就的激励，则三四十年后，这些儿童长到成年参加工作时，就会出现经济发展较快的情况。反之，儿童教育中不注意成就的激励，到时经济发展就较慢。

③高成就需要是可以通过教育培训获得的。一般情况下只有约 10%的人口有高成就的需要，那么怎样使更多的人具有高成就需要呢？麦克利兰的回答是，应该对成年人进行成就激励教育。他组织了很多训练班，每期训练 7～10 人。据报道，这种训练在美国、墨西哥和印度都试过，并取得了较好的效果。在印度卡基纳达市办的一个班上，有 52 个中小企业的经理，受训前 9 人在企业中有成就表现，18 个月的训练后，有成就表现的人上升为 25 名。

④成就需要受组织管理状况的影响。如果把有高成就需要的管理人员放在有困难的工作岗位上，工作的挑战性就会引起成就的动机，接着这种动机又驱动致力于成就的行为。但是，如果把高成就需要的人放在例行的、没有挑战性的岗位上，则成就的动机就难以激发。在这种条件下，就没有理由期望他们很好地完成工作。

麦克利兰成就需要的测定方法有两个：其一，“TAT”法（Thematic Apperception Test，主题知觉测试，又称为主题统觉投射型测验）。这种测验的基本原理是：一个人干什么事总是被一种最强烈的需要和动机所推动。因此，通过让被试者在很短时间内，凭直觉分析一些图片，可以测出这个人内心深处的思想、感情和愿望。其二，系统分析法。由于受资金限制，不能把 TAT 法用于所有学校或个人，麦克利兰便采用了系统分析法，即把民间传说、民间故事、小学课本收集起来，进行成就需要分析，测量一个国家的成就需要高低，从中可以考察其经济发展状况。

7.2.2 过程型激励理论

过程型激励理论主要研究当人的动机被激发起来以后，如何选择行为，导向目标并持续下去的心理过程。其采用动态、系统的分析方法，试图找出影响人的行为选择和努力程度的关键因素，弄清它们之间的内在联系以及如何修正转化人的行为，从而达到诱导和控制人的行为的目的。这类理论主要有弗鲁姆的期望理论、亚当斯的公平理论、洛克的目标理论和斯金纳的强化理论。

（1）弗鲁姆的期望理论

按照行为科学的观点，期望是指一个人根据以往的经验，在一定时间里希望达到的目标或满足需要的一种心理活动。期望理论是一种通过考查人们的努力行为与其所获得最终奖酬之间的因果关系，来说明激励过程的理论。它是美国心理学家弗鲁姆（V. H. Vreem）于 1964 年在《工作与激励》一书中最先提出的。

期望理论认为，激励就是行为的比较和选择过程。当人们有了需要，又有达到目标的可能时，其积极性才能高。激励水平取决于期望值和效价的乘积，用公式表示：激励力量 = 效价 × 期望值。期望值是指人们对自己的行动能否导致工作绩效和达到目标的主观概率，即主观上估计达到目标、得到奖酬的可能性。期望值分为两类：第一类是个人对努力将导致绩效的期望值；第二类是个人对绩效将进一步导致某种奖酬的期望值，这两者综合地影响着激励。

期望值受个体过去的经验和自尊心、自信心的影响。如自尊心强、自信心高的人，判断一定行为能够导致某种结果或满足某种需要的期望值就高，反之则低。效价是指某一目标满足个人需要的价值，也就是说个体对一定行为所导致的结果的评价。同一目标，在不同需要和不同环境的人心中，其价值的大小不尽相同。如升迁在一个热衷权力、追求官位的人心中效价很高，而对一个清心寡欲、淡漠权势的人则价值很低。效价和期望值的不同结合，决定着不同的激励水平。也就是说，对目标的价值看得越大，估计实现的可能性愈高，其激发力量就愈高。

（2）亚当斯的公平理论

公平理论，是着重研究奖酬分配的公平性、合理性对员工工作积极性影响的理论。它是美国行为学家斯塔西·亚当斯（J. S. Adams）1967 年在他的《奖酬不公平时对工作质量的影响》的著作中提出来的。

亚当斯通过大量的研究发现：员工们对自己是否受到公平合理的待遇十分敏感。他们的工作动机，不仅受其所得报酬的绝对值的影响，更受其相对值的影响，也就是说每个人不仅关心自己收入的绝对值，更关心自己收入的相对值。这里的相对值，是指个人对某工作的付出与所得与他人的付出与所得进行比较，或者把自己当前的付出与所得与过去进行比较时的比值。通过比较，便产生公平或不公平感，用方程式表示如下：

$$\frac{O_A}{I_A} = \frac{O_B}{I_B} \cdots\cdots\cdots\cdots \text{公平}$$

I 代表投入，是指个人对自己或他人的努力、资历、知识、能力、经验、过去成绩、当前贡献的主观估计，也就是参与者认为自己所做出的值得或应该获取回报的贡献。人们在考虑自己总的投入量时，是把所有投入因素分别乘以相应的重要性加权，再相加起来的。O 代所得报酬，是指投入后所得到的奖酬，如地位、工资、奖金、福利待遇、晋升、表扬、赞赏、进修机会、有趣的挑战性工作等。

这个公式表示，当事者 A 通过和 B 比较，感到自己的投入与所得之比与 B 的投人入与所得之比相等，便认为公平，因而心情舒畅，努力工作。当事者 A 感到自己的收付比例小于 B，于是产生不公平感，表现为心理紧张，满脸怨气。当事者为求得心理平衡。通常会采取相应对策，改变自己收付比例，如减少工作投入、降低工作质量与数量，或者要求增加收益，以达到平衡。当自己的比值大于比较对象，也就是占了便宜时，当事者也会感到内心不安，有一种内疚感。亚当斯的公平关系方程表明，一个人所获得的奖酬的绝对值与他的积极性高低并无直接的必然的联系，真正影响人的工作积极性的是他所获得奖酬的相对值。

（3）斯金纳强化理论

强化理论，又叫作学习论，是美国当代著名的心理学家斯金纳首创的。他继承了华生等人的行为主义观点、主张，通过操作环境刺激因素来激励控制人的行为。强化理论的基本观点如下：

第一，强化决定人的行为是否再现和持续。强化是指对一种行为给予肯定或否定的后果（奖励或惩罚），从而在一定程度上可以影响、控制该行为是否重复再现。当行为的结果有利于个体时，这种行为就可能重复出现，反之则会消退和终止。这种通过操作，改变某种行为的刺激因素，而使该行为得到强化的学习过程，又称为操作条件反射。

第二，强化过程的三要素。强化过程也就是操作性条件反射，包含有三种因素：第一个要素是刺激，指的所给的一定的工作环境；第二要素是反应，也就是工作中表现出的行为和绩效；第三要素是后果，也就是奖惩等强化物，这三个要素的关系在心理学中被称为基本偶合，对于被强化者未来的行为模式有着极大的影响。

第三，三种强化类型。①正强化，又叫积极强化，是用某种有吸引力的结果或称奖酬，如认可、赞赏、提升、增资等，对某一行为进行奖励和肯定，使其重现和加强。②负强化，又叫消极强化。当某种不符合要求的行为有了改变时，减少或消除施于其身的某种不愉快的刺激（批评、惩罚等），从而使其改变后的行为再现和增加。③自然消退。自然消退有两种方式：一是对某种行为不予理睬，以表示对该行为的轻视或某种程度的否定，使其自然消退；二是对原来用正强化建立起来的、认为是好的行为，由于疏忽或情况改变，不再给予正强化，使其出现的可能性下降，最终完全消失。

（4）洛克的目标理论

目标设定理论（Goal-Setting Theory）于20世纪60年代由洛克（E. Locke）所提出，该理论认为挑战性的目标是激励的来源，因此特定的目标会增进绩效；困难的目标被接受时，会比容易的目标获得更佳的绩效。目标理论既为国际上流行的目标管理提供了依据，同时又发展了目标管理的方法，受到了理论界和实际管理者的广泛重视。

①目标的激励功能。目标理论认为：目标是引起行为的最直接的推动力。

设置合适的目标会诱发人们想达到该目标的成就需要，对人具有强烈的激励作用。洛克等人通过实验发现，从激励的效果来说，有目标比没有目标好；有具体的目标比空泛的、号召性的目标好；有能被执行者接受而又有较高难度的目标比唾手可得的目标好。霍尔经过观察和研究论证了目标在一个成功的心理循环中的作用。

②目标的设置原则。洛克等研究者们在研究目标与人的工作绩效关系的基础上提出了四条目标设置的原则：第一，目标的具体性原则。目标的具体性，即能精确观察和测量的程度。目标理论研究者的 96%的研究结果都证明：目标定得具体、明确，要比笼统、空泛的要求或无目标导致更高的绩效。第二，目标的难度适宜原则。国外 84%的研究结果表明，有一定难度的目标比唾手可得的容易目标更能导致高的绩效。但难度过大、根本无法达到的目标比较容易的目标所产生的绩效还低。第三，目标的可接受性原则。目标的可接受性是指人们接纳和承诺目标或任务指标的程度。一些研究表明，组织或上级提出的目标只有内化为员工个人的目标，才能对个人的行为产生激励作用。第四，目标过程中的及时反馈原则。在通往目标的过程中，如果员工能够得到及时、客观、不断的反馈信息，其受到的激励要比无任何反馈信息大得多。

③目标导向行为与目标完成行为。目标导向行为，是指为了达到目标所表现的行为；目标完成行为，是指直接满足需要的行为，即完成目标达到满足的过程。例如，为演讲收集材料，进行构思、准备，属于目标导向行为；上台演讲到演讲完毕则是目标完成行为。目标导向行为与目标完成行为，各对需要强度产生不同的影响力。对目标导向行为来说，需要强度随着这种行为的进行而增强，越接近目标，动机强度越强；而目标完成行为，需要强度则随其进行而减弱。

7.2.3 综合型激励理论

内容型激励理论主要解决可用什么样的因素来激励人的积极性的问题；过程型激励理论主要是解决怎样用这些因素来激励人的积极性问题。由于这两类理论各强调了自己的侧重面，故都存在着一定的片面性和局限性。综合型激励理论对二者进行了概括和综合，比较全面地反映了激励的全过程。[1]

---

[1] 孙萍，张平. 公共组织行为学 [M].2 版. 北京：中国人民大学出版社，2011：281-286.

（1）波特尔和劳勒的综合激励模式

波特（L. W. Porter）和劳勒（E. E. Lawler）以期望理论为基础导出的更完备的激励模式，较好地说明了整个激励过程。这个激励模式，是激励系统一个比较恰当的描述，他告诉我们，激励并不是简单的因果关系。设置了激励目标，不一定就能获得所需的行动和努力，员工也不一定会满意。要形成激励目标—努力—绩效—奖励—满意以及从满意反馈回努力这样的良性循环，取决于奖励内容、奖励制度、组织分工、目标导向行动的设置、管理水平、公平的考核和领导作风等综合性因素。

波特－劳勒斯期望激励理论是他们在 1968 年的《管理态度和成绩》一书中提出来的。第一，激励导致一个人是否努力及其努力的程度；第二，工作的实际绩效取决于能力的大小、努力程度以及对所需完成任务理解的深度；第三，奖励要以绩效为前提，不是先有奖励后有绩效，而是必须先完成组织任务才能导致精神的、物质的奖励；第四，奖惩措施是否会产生满意，取决于被激励者认为获得的报偿是否公正。如果他认为符合公平原则，当然会感到满意，满意将导致进一步的努力。

1967 年，波特和劳勒还在他们合作的《成绩对工作满足的影响》一文中表示了成绩对满足影响的一种理论模式。该模式认为一个人在做出了成绩后，得到两类报酬。一是外在报酬，包括工资、地位、提升、安全感等，由于其不完全取决于个人成绩，所以成绩与外在报酬并非直接的、必然的因果关系。另一种报酬是内在报酬，即一个人由于工作成绩良好而给予自己的报酬，如感到对社会作出了贡献，对自我存在意义及能力的肯定等。一个人要把自己所得到的报酬同自己认为应该得到的报酬相比较，如果他认为相符合，他就会感到满足，并激励他以后更好地努力。如果他认为自己得到的报酬低于“所理解的公正报酬”，那么，即使事实上他得到的报酬量并不少，他也会感到不满足，从而影响他以后的努力。

波特和劳勒认为，在内容激励和过程性激励因素之外，从激励开始到工作绩效之间有三个因素非常重要：①能力和素质。一个人的能力对完成任务起着巨大的作用。因此，作为管理者，必须要慧眼识才，把人才放在最能发挥其长处的岗位上，如果放错了岗位，不仅浪费了人才，还直接导致不良的工作效果。②工作条件。选好人才后，还必须要为其发挥才干创造必要的条件，配备必要的资源。③角色感知。为了让员工做出优异的绩效，管理者必须要帮助员工充分了解该角色、该岗位或者该项任务对他的具体要求，也就是说，让员工充分地把握好岗位的目的和要求。

（2）豪斯的综合激励力量理论

罗伯特·豪斯（Robert House）通过一个模式把上述几类激励理论综合起来，把内外激励因素都归纳进去了。豪斯的公式强调了任务本身效价的内激励作用；突出了完成工作任务内在的期望值与效价；兼顾了因任务完成而获取外在奖酬所引起的激励，对主管人员将会有极大的启迪。要提高人们的积极性，必须从内、外激励两个方面入手。理论的内容可以用下列公式表示：

$$F=Vit+Eia\times Via+Eia\times\sum(Eej\times Vej)$$

F 为激励力量。等号右边是三项内容之和。

公式的第一项 Vit 为任务本身所提供的内在报酬的效价，i 表示内在，t 表示任务本身。Vit 包括工作内容的丰富性、有乐趣、能引人如胜、富有挑战性等。Vit 所引起的内在激励不计任务完成与否及其后果，故不包括期望因素。Eia 为完成任务的内在期望概率，是对进行该项活动能否达成任务之完成的期望值，即主观上对完成任务可能性的估计。a 表示完成，它与任务的难度、明确性、员工的能力、组织的支持有关。Via 为完成任务的内在评价或效价。它的前提是完成任务，否则就谈不上效价，因而它不是独立变量。

公式的第二项 $Eia\times Via$ 构成了弗鲁姆期望理论的基本模式，它们的综合作用反映了工作完成后引起的激励强度，这也是一种内在激励。公式的第二项仍然突出目标内在效价与期望值，但强调完成目标的重要意义。如提高质量、降低成本、开发新产品等这些目标的实现，本身就对人们起着强有力的激励作用。这对具有开拓精神和强烈成就需要的人更会起到有力的激励作用。

公式的第三项为 $Eia\times\sum(Eej\times Vej)$。其中 Eej 为完成任务后获得相应外在报酬的期望概率，即个人对获得某项外在奖励之可能性的主观估计；e 表示外在的，j 表示喜悦、欢乐。Vej 为完成任务后获得相应外在报酬的效价。$Eej\times Vej$ 的代数和与 Eia 的乘积则综合反映了各种可能的外在奖励所引起的激励效果之和。在该项中，包含了两项期望值，即*Eia*与*Eej*。前者是对任务完成可能性的估计，这是各种外在激励能发挥作用的前提；后者是对任务完成与能否进一步导致某种外在奖励的主观估计。因此，它是各种外在激励能否发挥作用的充分条件。二者结合起来，可以充分体现该项所表示的外在激励作用。

（3）罗宾斯综合激励模式

美国管理学家罗宾斯（T. Robbins）在《管理学》（1984）一书中，回顾了若干理论之后指出，孤立地看待各个理论的做法是错误的。事实上许多理论观点都是互相补充的，只有将各种理论融会贯通，才会加深对如何激励个体的理解。

罗宾斯综合激励模式以期望理论为主线索。期望理论认为如果个人感到努力与绩效之间、绩效与奖赏之间、奖赏与个人目标的满足之间存在密切联系，那么他就会付出高度的努力。并且，每一种联系又受到一定因素的影响。对于努力与绩效之间的关系而言，个人必须具备必要的能力，对个体进行评价的绩效评估系统也必须公正、客观。对于绩效与奖赏之间的关系来说，如果个人感知到自己因绩效因素而非其他因素（如资历、个人爱好等）而受到奖励，那么两者将产生密切联系。当个人由于其绩效而获得的奖赏满足了其与目标一致的主导需要时，他的工作积极性会非常高。

罗宾斯的激励模式也包含有成就需要理论、强化理论和公平理论的内容。高成就需要者不会因为组织对他的绩效评估以及组织奖赏而受到激励，对他们来说，努力和个体目标之间是一种直接关系。实际上，对高成就需要者而言，只要他们所从事的工作能使他们产生个体责任感、有信息反馈并提供中等程度的风险，他们就会产生内部的驱动力。这些人并不关心“努力—绩效”“绩效—奖赏”以及“奖赏—目标”之间的关系。

这个模式中的强化理论是通过组织奖赏强化了个人的绩效而体现出来的。如果管理层设计的奖励系统在员工看来是用于奖励卓越的工作绩效的，那么奖励将进一步强化和激励这种良好绩效。并且，报酬还体现了公平理论的重要作用。个人经常会将自己的付出与所得比率进行对比，若感到二者之间不公平，将会影响个体对要实现的目标的理解，并进而影响个体的努力程度。

7.3 绩效管理

绩效即业绩和效率，指人的学习、工作和生活的行为效果、效率等。“工作效率心理研究工业系统中‘人－机－环境’系统各要素相互作用关系的最优化和劳动效率提高问题。”[1] 绩效管理是组织管理的核心，是一个完整的操作系统，在实现组织战略目标方面也起着举足轻重的作用。

7.3.1 绩效管理一般原理

所谓绩效管理，是指各级管理者和员工为了达到组织目标共同参与的绩效计划制定、绩效辅导沟通、绩效考核评价、绩效结果应用、绩效目标提升的持续循环过程，绩效管理的目的是持续提升个人、部门和组织的绩效。

（1）绩效管理系统

绩效管理是一个动态管理系统，绩效管理的过程通常被看作一个循环，这个循环分为四个环节，即绩效计划、绩效辅导、绩效考核与绩效反馈。绩效计划制订是绩效管理的基础环节，不能制订合理的绩效计划就谈不上绩效管理；绩效辅导沟通是绩效管理的重要环节，这个环节工作不到位，绩效管理将不能落到实处；绩效考核评价是绩效管理的核心环节，这个环节工作出现问题会带来严重的负面影响；绩效反馈是绩效管理取得成效的关键，如果对员工的激励与约束机制存在问题，绩效管理不可能取得成效。

绩效管理发挥效果的机制是，对组织或个人设定合理目标，建立有效的激励约束机制，使员工向着组织期望的方向努力从而提高个人和组织绩效；通过定期有效的绩效评估，肯定成绩指出不足，对组织目标达成有贡献的行为和结果进行奖励，对不符合组织发展目标的行为和结果进行一定的约束；通过这样的激励机制促使员工自我开发提高能力素质，改进工作方法从而达到更高的个人和组织绩效水平。

绩效管理获得良性循环，目标管理环节、绩效考核环节、激励控制环节、评估环节是非常重要的环节。目标管理环节的核心问题是保证组织目标、部门目标以及个人目标的一致性，保证个人绩效和组织绩效得到同步提升，这是绩效计划制订环节需要解决的主要问题。绩效考核是一项系统工程，涉及战略目标体系及其目标责任体系、指标评价体系、评价标准及评价方法等内容，其核心是促进企业获利能力的提高及综合实力的增强，其实质是做到人尽其才，使

---

[1] 李玉杰．现代企业必须重视工业心理学的研究和应用 [J]. 经济师，2001（7）：90.

人力资源作用发挥到极致。[1]激励控制在绩效管理模型中起着非常重要的作用，激励效应取决于目标效价和期望值的乘积，或者说前述所有激励理论都是研究激励控制的。人力资源管理就是站在如何激励人、开发人的角度，以提高人力资源利用效率为目标的管理决策和管理实践活动，包括人力资源规划、招聘与配置、培训与开发、绩效管理、薪酬管理、员工关系管理六大模块。评估环节是绩效管理的关键一环。绩效管理是企业员工对应该实现的目标及如何实现目标形成共识的一个过程，是在一定期间内科学、动态地衡量员工工作效率和效果的管理方式，是通过制定有效、客观的绩效衡量标准，使各级管理者明确了解下属在考核期内的工作业绩、业务能力以及努力程度，并对其工作效率和效果进行评估的过程。只有建立公平公正的评估系统，对员工和组织的绩效作出准确的衡量，才能对业绩优异者进行奖励，对绩效低下者进行鞭策，如果没有绩效评估系统或者绩效评估结果不准确，那么将导致激励对象错位，整个激励系统就不可能发挥作用。

影响绩效的主要因素有员工技能、外部环境、内部条件以及激励效应。由于不同地区环境条件、资源结构的不同，各个企业内部结构和发展情况的迥异，企业生态位影响因子在性质、类别、丰度、走向、构成上的差异，造成不同企业间不同生态位的特征。员工技能是指员工具备的核心能力，是内在的因素，经过培训和开发是可以提高的；外部环境是指组织和个人面临的不为组织所左右的因素，是客观因素，是完全不能控制的；内部条件是指组织和个人开展工作所需的各种资源，也是客观因素，在一定程度上能改变内部条件的制约；激励效应是指组织和个人为达成目标而工作的主动性、积极性，激励效应是主观因素。

（2）全面绩效管理理论

世界著名管理大师德鲁克（P. Drucker）教授认为，并不是有了工作就有了目标，而是有了目标才能确定每个人的工作。“目标管理到部门，绩效管理到个人，过程控制保结果。”这句话清晰地勾勒出了企业目标落实到工作岗位的过程。

全面绩效管理是指公司目标与指标、部门目标与指标、岗位目标与指标

[1] 高山．管理心理学在人力资源管理中的应用 [J]. 人力资源，2018（11）：200-201.

的设定，分解，执行的全过程管理。目标管理到部门，绩效管理到个人，过程控制保证结果，是这一过程的根本逻辑。既要考察因循“岗位—部门—组织”的绩效垂直路径，也要兼顾流程绩效的水平路径。强调经营与管理的平衡：兼顾经营系统和管理系统；兼顾经营性目标和管理性目标（对部门主要是经营性考核，对岗位主要是管理性考核）。全面绩效管理体系蕴含着企业最根本的管理思想（哲学），兼顾企业的管理立场和员工个人立场。

在目标执行的过程中，也存在影响目标实现的个人障碍和组织障碍，为此，全面绩效管理必须注重过程控制环节。通过对 PDCA（工作任务、工作目标、工作计划、工作标准、工作安排、工作检查、工作改善、工作总结）管理循环的详细解读和对绩效辅导、绩效面谈及绩效改进等三种管理手段的生动诠释，为广大中高层管理者提供能够有效指导实践的过程控制框架。为了保证目标执行效果，在关注组织绩效、部门（团队）绩效和岗位绩效的同时，引入流程绩效（流程增值性和流程效率）的概念，以跨部门协作为达成目标的过程保障。

全面绩效管理体系有四个组成部分，分别是目标管理、绩效管理、过程管理和过程保障（跨部门协作），具体内容如下。

①目标管理。根据组织战略规划，确定年度目标，之后将目标分解到目标领域（财务、客户、内部流程、学习与成长），通过组织架构将目标从目标领域分解到各部门，各部门将确定后的目标分解到岗位。

②绩效管理。目标管理体系是企业最根本的管理体系，绩效管理体系包含在目标管理体系之中，目标管理最终通过绩效管理落实到岗位，PDCA 是绩效管理发挥作用的根本逻辑。绩效管理包含六个环节：绩效计划、持续沟通、数据记录、绩效回顾、绩效考核、绩效改进。

③过程管理。在实现目标的过程中，必须关注 PDCA 的全面展开：工作任务、工作目标、工作计划、工作标准、工作安排、工作检查、工作改善、工作总结。同时，做好绩效辅导、绩效面谈和绩效改进工作。

④过程保障。目标管理、绩效管理、过程管理，关注的是垂直绩效路径。在实现目标的过程还有水平绩效路径，那就是流程绩效的概念。流程绩效主要从两个方面考察：流程的增值性和流程效率。跨部门协作就是为了保障流程绩

效的实现以及企业整体目标的达成。首先，要建立内外部客户的概念，以“客户”的要求定义本部门的工作产出。其次，克服跨部门协作障碍，建立沟通协调机制，从信息交流、情感交流、思想交流三个依次深入的层面关注部门之间的沟通。再次，梳理工作流程，流程舒畅才能高效合作。最后，运用技巧有效处理管理部门间的冲突。

总之，全面绩效管理是实现目标的全过程管理。只有组织的管理者和员工全部参与到这一互动过程中来，最终才能实现公司的整体目标。

（3）绩效管理的价值

总体而言，绩效管理是增强战略执行力的一套方法，它将个人业绩、个人发展与组织目标有机结合，通过持续改善个人业绩和团队业绩来持续改善公司业绩，并确保组织战略的执行和发展目标的实现。

第一，促进组织和个人绩效的提升。绩效管理通过设定科学合理的组织目标、部门目标和个人目标，为企业员工指明了努力方向，保证绩效目标的实现。在绩效考核评价环节，对个人和部门的阶段工作进行客观公正的评价，明确个人和部门对组织的贡献，通过多种方式激励高绩效部门和员工继续努力提升绩效，督促低绩效的部门和员工找出差距改善绩效。同时，绩效管理通过对员工进行甄选与区分，保证优秀人才脱颖而出，同时淘汰不适合的人员。通过绩效管理能使内部人才得到成长，同时能吸引外部优秀人才，使人力资源能满足组织发展的需要，促进组织绩效和个人绩效的提升。

第二，促进管理流程和业务流程优化。组织管理涉及对人和对事的管理，对人的管理主要是激励约束问题，对事的管理就是流程问题。所谓流程，就是一件事情或者一个业务如何运作，涉及因何而做、由谁来做、如何去做、做完了传递给谁等几个环节。上述四个环节的不同安排都会对产出结果有很大的影响，极大地影响着组织的效率。在绩效管理过程中，各级管理者都应从公司整体利益以及工作效率出发，尽量提高业务处理的效率，在上述四个方面不断进行调整优化，使组织运行效率逐渐提高，在提升了组织运行效率的同时，逐步优化了公司管理流程和业务流程。

第三，保证组织战略目标的实现。成熟的组织一般有比较清晰的发展思路和战略，有远期发展目标及发展规划，在此基础上根据外部经营环境的预期变化以及内部条件制订出年度经营计划及投资计划，在此基础上制订年度管理目标。企业管理者将公司的年度经营目标向各个部门分解就成为部门的年度业绩目标，各个部门向每个岗位分解核心指标就成为每个岗位的关键业绩指标。

7.3.2 团体士气与凝聚力

“士气”原指军队的战斗意志，现常用来表示群体的斗争意志或工作精神。群体士气是群体成员的群体意识，它代表一种个人成败与群体兴衰休戚相关的心理，是群体的工作精神和成员对组织的态度表现。克瑞奇（D. Krech）曾对士气高昂的群体进行研究，他认为，士气高昂的群体一般具有以下特征：群体的团结来自群体内部的凝聚力，而不是外部压力；群体成员之间没有分裂成小群体的倾向；群体具有外部变化的适应能力和内部冲突的协调能力；群体成员之间有强烈的认同感，成员对群体有强烈的归属感；每个群体成员都明确群体目标；群体成员承认群体的存在价值，并有维护群体继续发展的意向。[1]

有关研究表明，群体士气影响群体行为效率，但士气与生产率并不是对应的线性相关。高士气不一定会导致高效率，低士气有时也会出现高效率，其中的制衡因素是社会组织体制影响下的群体成员的态度。此外，群体成员需求满足情况、是否满意的态度、外部环境的竞争氛围、群体成员间的意见沟通等对群体士气和群体活动效率也产生影响。

群体凝聚力指群体对成员的吸引力，包括群体成员固守于群体内部的向心力和群体成员之间的亲和力。群体成员目标互不关联，容易降低凝聚力。当这种吸引力达到一定程度，而且对群体成员具有一定价值时，这种群体是具有高凝聚力的群体。群体凝聚力可以通过心理测量来了解，计算公式为：群体凝聚力（指数）＝群体成员实际相互选择数 / 群体成员可能互相选择数 ×100%。根据勒温心理场理论，群体凝聚力就是群体的内部力场，内部力场的张力越大，即群体成员相互选择数越多，成员的归属感越强，则群体凝聚力越大。同时，还取决于群体的环境力场，即群体的外部压力。当群体遭受外界压力时，其成员会增强相互间的价值观念，更紧密地结合在一起，以抵抗外力，提高群体的凝聚力。

---

[1] 李玉杰，李景春. 现代组织行为理论与管理心理研究 [M]. 北京：团结出版社，2015：244-246.

群体凝聚力是维持群体存在的必要条件，是增强群体功能、实现群体目标的保证。就企业而言，企业的发育成长必须依赖系统内外各种环境因子的协调搭配，任何一个环节、层次和因素的缺失或破损都可能影响到企业的正常发展。一般说来，在高凝聚力的群体中，群体士气和满意度较高。凝聚力高有利于群体活动的进行和群体任务的完成，但群体凝聚力也不是群体绩效的决定性因素。沙赫特（S. Schachter）的实验研究结果表明，凝聚力与工效之间具有两种相反关系，即凝聚力高，既可增加工作效率也可降低工作效率，其关键在于群体规范。群体凝聚力越高，其成员越遵守群体规范和目标，关键在于群体规范的性质和方向。凝聚力低的群体，如果群体规范严格、明确、积极，也会产生高效率。同时，群体绩效对群体凝聚力有明显的影响。群体成员个人与群体目标有机结合能增强群体观念和凝聚力，群体成就越大，绩效越高，社会对该群体的评价就越高，就越使成员产生成就感、自豪感和荣誉感，促使成员自觉维护群体荣誉，增强了群体凝聚力。

7.3.3 团体的竞争与合作

在哲学、社会学和心理学的历史上，有些人认为竞争是人的本质。第一个对人类竞争作哲学和心理学考察的是英国政治哲学家托马斯。在心理学史上，霍布斯（T. Hobbes）被认为是经验论心理学的创始人，是第一位社会心理学家。他认为人类本性是由饥、渴、性、畏惧、对荣辱的欲望等要素构成的，这一切本性的根源是趋乐避苦，每个人都有希望满足嗜好和避免痛苦。人类的这些本性是人的行为的主要源泉，是社会组织的产生基础。假如没有社会，每个人将独自地避苦趋乐。为此，人不得不与他人作战，从别人那里取得自己想要的东西，并抵御别人对他发起的进攻。因此，人的本性是竞争的，假如独自自卫，由于经常要夺取所需要的东西，还要无休止地自卫，处境必然是可悲的。所以，人们希望组成群体和国家。在国家中，每一个人都必须同意不通过掠夺别人求得快乐，因此也避免了别人的攻击。在社会群体中，每个人都受社会的约束，不得侵犯他人，合理的社会组织就这样防范人性自私引起的混乱。英国社会学家斯宾塞（H. Spencer）首先提出“适者生存”的概念，并且用生物进化的规律来解释社会现象。他支持马尔萨斯的人口论，认为影响人口变异的自然选择过程，将导致最强竞争者的生存和人口质量的不断改进，这种竞争是人类进步的最有力的工具。为使个人有机体与社会有机体保持均衡，应该尽可能扩大个人自由，包括生存竞争的自由，限制国家的职能范围，国家与法律的任务在于保护个人自由。斯宾塞从个体主义价值取向看待社会，认为每个人都应享有追求个人利益、增进幸福的最大自由，社会是人们为了追求各自的利益而达成协议的结果。[1]

在现代心理学研究中，也有很多学者以确凿证据证明人类有一种竞争的本能。奥地利行为科学家、诺贝尔奖获得者劳伦兹的研究发现，无论动物还是人，都有一种攻击性本能。攻击性本能对动物的最重要价值是其生存价值，而动物中的所有竞争方式都能在人类社会中找到。弗洛伊德认为，人有相互对立的两大本能，即生本能和死本能。生本能产生于人类原始的种族延续能力，表现可以延伸到自我保存、爱欲、婚姻、养育子嗣以至各种创造活动；死的本能源于从动物和原始人继承下来的攻击性，表现可延伸到竞争、嫉妒、争斗、毁灭同类、自杀等等。

行为主义心理学否认本能，也否认遗传的作用，认为人的一切行为都是后天习得的，都是对外界刺激的反应。以马斯洛为代表的人本主义心理学既不同意精神分析学派的本能论，也不同意行为主义的习得论，认为人没有产生出人格的本能或内驱力，也不像行为主义者所说的那样可以随意地由环境影响而形成。人格是人类的本质和因环境影响而异化了的人性互相统一的产物，攻击性就属于人的类本质。它是人的一种坏的本性，但是由于社会环境的制约作用，人产生了自尊心，对攻击性有扼制、阻碍作用。

提出群体社会化发展理论的美国心理学家哈里斯（J. Harris）归纳了人类群体的五种特征：群体中的友好行为、群体间的对立和竞争、群体间对比、组内同化、群体内的竞争和异化。这些特征在动物种群中可以见到，在人类群体中也随处可见。同时，从动物到人的研究中还发现，与竞争一样，合作也是人类群体和很多动物群体具有的重要特征。人们对合作的行为常作出合作的反应，而对于竞争的行为往往作出竞争的反应。如果一个人提供了无偿的合作而没有对对方提出什么合作的要求，那么对方有可能会利用这种合作，在合作中获得好处而对自己造成了损害。如果我们认为他人的合作是出自真诚的动机，

[1] 李景春，李玉杰 . 社会心理学概论 [M]. 北京：人民日报出版社，2006：192-194.

同我们把他人的合作归因于别有用心，其目的是使我们到头来会受到损失相比，我们会更愿意作出合作的反应。在我们对其他人的合作动机过分怀疑时，会拒绝其他人善意的帮助。

在有些群体中，群体成员能够互相合作，帮助别人解决困难，共同利用信息和资源，为共同的利益而工作。而在另一些群体中，群体成员却是互相竞争，他们把个人的目标放在第一位，努力超过其他人的成绩。现代管理心理学研究证明，竞争与合作是提高群体行为效率不可或缺的两大要素。虽然竞争与合作看起来是对立的，但也是共存的。如果过分强调合作，群体内部竞争因素太少，这样的群体不会产生高效率；如果群体竞争过于激烈，合作意向太少，矛盾不断激化，群体趋向于一盘散沙，也不可能产生高效率。

7.3.4 团体的思维与决策

邓尼特（M. Dunnit）曾于1963年进行了一项研究。他以科研人员与设计师为对象，分别让他们在两种情境中对两个难题提供解决办法。一种情境为独立思考；另一种情境是以四人一组开展讨论。结果发现，独立思考条件下人们提出的解决办法更多，也更有实际意义。其他一些研究者的类似研究，也得出了倾向相同的结论。这些研究者认为，脑力激励的问题解决方式常常会使个人注意别人的意见，或者表达机会被剥夺，使思维活动受到干扰或中断，因而它并没有脑力激励的作用，无助于新思想的产生。

心理学家奥斯本（A. Osborn）提出，群体一起来解决问题，具有个人所没有的特殊“脑力激励”作用，使人们找到更多、更具有新颖性和独创性的问题解决方法。有人将这一理论称为“脑力冲击创造论”，将其方法称为“智力激励法”。奥斯本认为，创造的根本动力是智慧的相互冲击。在小集体自由讨论的思维交锋中，能够相互启示，相互激发，在冲撞中产生新的概念、理论和方法。该理论核心是利用集体智慧，集思广益。其方法为召集一组人员开会讨论问题，小组中一个成员产生一个灵感，可激励更多的灵感相继产生，因而人们在小组讨论中往往比单独思考更能发挥创造性想象力。

心理学家林格伦（H. Lindgren）研究指出，脑力激励方法的问题解决促进作用表现在它的“预热效应”上。他把大学生分为两个能力相当的组：实验组先采用头脑风暴法进行小组活动，而后再让每个学生独自继续思考创新的意见；控制组则始终用独立思考的方式。结果发现，实验组所提出的创见，无论在质和量上都显著优于控制组。这表明头脑风暴法对预热效应产生的作用，同时也表明预热效应确实存在并在创造性思维中起很大的作用。林格伦分析，问题解决过程中加入脑力激励程序，使群体产生了交流的气氛，并使成员之间得到相互启发。而且，群体一起解决问题的形式，可以激发个人对问题的兴趣和投入水平，使思维达到积极、活跃的高激活状态。

群体决策是指由决策群体成员共同制定决策的过程，是群体思维的一种工作方式。群体决策可分为两种类型：一类是协同决策，二是协商决策。协同决策是指参加决策者的目标一致，彼此之间并没有利益冲突，但因各人的知识和经验不同而有不同的意见，需要通过集体讨论相互交流和启发，从若干方案中选出最佳方案，作出最优决策。协商决策是指参加决策者的目标不一致、彼此之间存在着利益冲突，但又希望能做出一个能为各方所接受的决策。

虽然我们不能用群体决策简单否定个人决策，但与个人决策相比，群体决策确有显著的优势：第一，信息丰富，决策准确性高。通过综合多个个体的资源，增加观点的多样性。经过群体成员充分讨论作出的决定，综合各方面的长处，剔除了不合理的意见，相对而言，作出的决定准确性比较高。第二，群体成员能了解决策的依据和意义，提高了决策的可接受性。许多决策在做出之后，因为不为人们接受而无法实施。由于决策经过群体成员的充分讨论，成员都充分了解决策的依据和意义，从而不仅可以提高群体成员对决策的确信程度，增强执行决策的自觉性，而且能激发群体成员的责任心和义务感。第三，有利于激发群体成员的创造动机，使决策富于创造性。群体决策给群体成员提供了显露自己才华、发表自己意见的机会，满足了他们自尊的需要，提高了他们对自我价值的认识，从而激发了他们的创造动机。经过群体讨论作出的决策，不是各方面意见的平均数，而是集中了各种意见的精华。第四，提高决策群体的凝聚力，有利于大家互相协作。群体决策过程也是群体成员进行信息交流的过程。通过讨论和辩论，会增进群体成员之间的相互了解，并且使群体成员在共同的目标下统一起来，不仅决策过程本身是一种高层次的协作，而且为携手实施决策奠定了基础。[1]

---

[1] 刘永芳. 管理心理学 [M].2 版. 北京：清华大学出版社，2016：199.

对于重大问题、复杂问题、敏感问题，采取群体决策优势最明显，但对于细节问题、简单问题、常规问题的决策，群体决策就会暴露出一系列弊端，不如个人决策更好些。第一，群体决策浪费时间，效率低，不利于解决实效性很强的问题。从召集人员，到集体讨论，再到作出决策，需要很多时间，难于对应急问题作出快速反应。第二，少数人控制决策，不利于个人直抒己见。群体讨论一般由一两个人控制局面，在权力、规范和情境压力下，成员都追求观点的统一，可能会导致不同意见被压制。第三，责任不清，容易出现扯皮现象。群体成员对于决策结果共同承担责任，但谁对最后的结果负责呢？对于个人决策，责任者是很明确的。对于群体决策，由于责任扩散的作用，任何一个成员的责任都会降低。因此，在各种社会组织的活动中，要分清哪些问题应该群体做主，大家参与，实行群体决策，哪些问题应该明确权责，实行个人决策。

第 8 章　群体心理理论与管理

群体中的个体行为并非只是每个人、每个行动的简单相加。任何生存在社会中的人，都不可能脱离群体而单独活动。尤其在现代化大生产中，群体所发挥的团队作用越来越为人们所重视。管理者在组织管理工作中要自觉掌握人的心理和行为规律，积极改善对群体的管理，更好地培养员工的集体主义精神和团队意识，使其形成一种凝聚力，以提高工作效率。

8.1 群体及其类型

群体是社会结构的基本单位，群体生活是人类最基本的生活方式。我们所说的人类、社会、国家、民族、阶级、政党、企事业单位等等，说到底都是群体的存在方式。因此，研究群体心理的发展变化规律，是组织管理心理学的重要任务之一。20 世纪 30 年代以后群体概念逐渐被重视起来，管理部门所面临的是群体，而不是散漫的个人。对于一个企业来说，群体构成了企业的基本单位。现代企业都是由大小不同、多少不一的群体所组成。个人、群体、组织，这三者实际上是不可分割的整体。

8.1.1 群体特征与功能

所谓群体，就是为了实现特定目标，两个或更多的人相互依存、相互影响、相互作用而形成的组合体。群体是一种社会现象。人们总是通过属于一定的群体而意识到自己是归属于社会的，而且通过群体活动参与整个社会的活动。群体不是个体的简单集合而是一个整体，群体建立在其成员相互依存和相互作用的基础之上，同时应该明确群体目标。如果十个人同时在公司餐厅内就餐，不能称其为群体，因为他们没有任何共同目标。但是，如果这十个人是股东，一起就餐，定期讨论最近的股票动态，他们就可以被认为是群体。因为他们有一个探讨股票市场知识和研究投资策划的共同目标。

（1）群体的特征

在日常生活中，我们把各类大大小小的人的集合都称为群体或团体。但是，社会科学中所指的群体则是一个含义较窄的学术性名词。一般来说，社会群体具有这样四个特征：第一，群体成员有共同的行动目标。为了完成共同的目标，成员之间彼此合作。第二，群体是一个相对独立的整体，有其特定的行为规范，一般不因个别成员的去留而改变。第三，各成员之间相互影响、相互依赖、相互制约，彼此都能意识到对方的存在。第四，群体是一个有序的结构，每个成员都在其中扮演一定的角色，承担一定的责任和义务。社会学家霍曼斯（G. Homans）从系统概念出发，建立了适于各类组织的社会系统模型。他认为社会系统由环境所决定的人们的活动、相互作用和人们对环境的感情等因素构成。

一个群体有别于简单人群集合体的原因之一，是群体有一套强有力的约束其成员的行为规范。群体规范可能是由群体领导人根据该群体的情况制定的，也可能是群体成员在人际互动中约定俗成的，但它的功能在于强迫成员共同认可并遵循执行。它虽然不像社会习俗、道德、法律那样具体明确，却与群体成员有着更为直接和密切的联系。人们可以依据它对群体成员的言行的影响做出肯定或否定的判断，使群体成员明确自身言行的准则，知道在群体内应该怎样行事。群体规范明确了群体成员行为的奖惩标准，保障了群体成员行为的一致性，从而维护了群体的相对稳定。

一个组织能够持续存在，必须有种种的活动、相互作用及感情。因为，工作（活动）要靠人们一起来达成相互作用，在相互作用中产生感情。凡构成群体就要具备五个条件：①各成员之间具有共同目标和利益；②各成员之间得到密切协作和配合的组织保证；③群体要满足各成员的归属感；④群体成员之间需要有工作、信息、思想上的交流；⑤群体成员之间需要有感情交往等。群体规模一般不会太大，因为群体人数过多，群体成员就无法意识到对方的存在，也难以相互交往。

美国心理学家詹姆斯曾对符合小群体特征的 9 129 个群体进行了分析。他指出，在多数情况下，小群体的人数为 2～7 人，这是小群体规模的最佳人数。也有一些学者认为，小群体的下限应为 3 人，2 人不能算一个小群体。因为 2

人只构成个人之间的纯感情关系，如 2 人之间发生意见分歧或冲突时，不可能自行解决，必须由第三者进行仲裁。至于小群体的上限应为多少人，意见分歧更大，多数人认为以 7 人为最佳，但也有不少人主张应为二三十人甚至 40 人。群体人数与人均效率的关系是，往往获得最佳工作效率的群体有一个最佳值，当群体规模（人数）为最佳值 n 时，人均效率最高；在群体规模的最佳值 n 的附近作微小的变动，对人均效率的影响不是很大；当变化的范围超过一定的“度”，人均效率会大幅度下降。应当指出，不同的工作任务、不同的工作、不同的机械化程度以及工作的不同熟练水平等因素，决定着不同群体应有不同的最佳人数、不同的上限和下限。据统计，7 ～ 14 人的班组获得先进称号的占 82.3%，超过 15 人以上的班组获得先进称号的很少。正是在这一点上“群体”与“组织”有着明显的区别。一个班级、一个生产小组是“群体”，而一个学校、一个工厂只能视为“组织”。

（2）群体的发展

群体是怎样形成的？群体的发展要经历怎样的过程？人们提出了许多关于群体形成与发展阶段的不同观点，有人认为群体的形成与发展有着特定的过程和规律，而有人则认为群体的形成与发展没有什么特定的过程。“生命周期理论揭示，企业是一个有机系统，它的兴衰不是单一要素造成的，而是系统内外各种因素共同作用的结果，其发展过程主要由初创期、成长期、成熟期和衰退期四个阶段组成。”[1] 和企业一样，群体也有生命周期，有一个形成、发展、结束的过程。

群体行为理论认为，群体的形成与发展要经过五个特定的阶段，即形成阶段、震荡阶段、规范化阶段、执行任务阶段和终止阶段。第一，形成阶段。群体的目的、结构、领导都不明确，群体成员各自摸索群体可以接受的行为规范。第二，震荡阶段。群体成员接受了群体的存在，但对群体加给他们的约束，仍予以抵制，对于谁可以控制这个群体，还存在争议。第三，规范化阶段。成员之间开始形成亲密的关系，群体开始显现出一定的凝聚力。第四，执行任务阶段。群体结构已经开始充分发挥作用，并已被群体成员完全接受，群体成员的注意力已从试图相互认识和理解转移到完成手头的任务。第五，终止

[1] 刘志峰，李玉杰．企业生态位：生命周期理论视角 [J]. 商业研究，2009（1）：103-108.

阶段。群体的目标已实现，群体成员将要离开群体。群体成员有不同的反应，有的人因获得成就感而快乐，有的人则比较悲观，为失去群体中建立起来的友谊关系而感到惋惜。

事实上，这五个阶段的模型只是关于群体发展阶段的一般意义上的假设。群体在形成和发展的过程中受到诸多因素的影响，会呈现出不完全符合标准模式的情况。例如，有的阶段可能会省略，阶段之间并不那么清晰，有些阶段可能会合并到一起出现，等等。

（3）群体的功能

群体是处理好人际关系，调动每个成员的积极性和创造性，达到群体成员的心理平衡，有效发挥组织力量，提高企业经济效益的可靠保证。同时，群体还是人们开展社会活动的重要环境。

第一，力量凝聚功能。统观所有的群体，都是由一定的社会关系、内部联系结合而成的。正因为有这样的联系，群体才不是个体的简单集合，而是对其成员客观存在着凝聚作用。群体靠这种内部的力量，把或多或少的成员联结成一个整体。当群体受到外部的非正常压力时，特别是在面临利害、存亡的抉择情况下，群体的凝聚力尤为明显。比如，在民族危亡、国家多难、企业陷入困难等时刻，群体的这种凝聚力更容易得到激发。如果一个人可以担负起100千克的重量，那么5个人就可以担负起500千克的重量，但群体的力量效用并非如此，群体所表现出来的力量也不是单个劳动者力量的机械总和，它与许多人同时完成同一不可分割的操作有本质的差别。在这里，不仅通过协作提高了个人的生产力，而且创造了一种生产力，这种生产力本身必然是集体的。因此，群体把个体结合在一起之后，会产生更大的优势，这也正是群体的力量效用。

第二，需求满足功能。从马斯洛的需要层次理论中我们看出，人有多层次的需求，而群体则具有满足成员心理需要的功能。生活在一个群体之中，便产生最基本的归属感和荣誉感，特别是一个富有成就的或良好的集体，能增强成员的责任感。这正如许多人随时能够想到“我是一个党员”“我是一名团员”等，有了这样的认识，就能经常提醒自己“我不能给党丢脸”“我不能给集体抹黑”。当所归属的群体有了成就时，成员会由衷地感到自豪和高兴。在这样的情况下，群体对其成员的成长和进步有着重要的支持和鼓励作用。

第三，信息沟通功能。群体是成员了解别人、了解社会的一个窗口。在群体里，人们可以利用各种正式渠道和非正式渠道，互通信息，互换情报，沟通与各方面的联系。这种沟通为群体制定正确的发展方向提供资料、情报和知识，是增进群体中领导与员工相互了解与理解的有力工具，可以调节人际关系，稳定群体成员的情绪。

第四，行为激励功能。群体是成员相互激励、相互竞争的有利环境。一方面，通过成员之间的思想交往，可以巩固自己原来不确定、不定型的看法和意见，增强个人的自信心，完善自我认识；另一方面，通过相互交往，看清别人的优点和长处，也认识到自己的短处和不足，从而激励成员奋发向上的精神。这样，群体在客观上就能达到群体成员你追我赶、互相竞争、共同提高的目的。

8.1.2 群体的基本类型

美国心理学家麦克格拉斯（L. McGrath）根据这些群体之间人们结合的紧密程度把群体分为以下几种：第一，统计集合。常常是根据研究目的对人进行划分，如 65 岁以上的老人、家庭主妇、大学生等。一个统计集合的成员都具备共同的特性，他们可能彼此不认识，也没有产生互动。第二，观众群。如分别在自己家看电视节目的观众，他们彼此不认识、无互动，仅仅因为他们的活动对象针对着同样的事情。第三，群众。当人们在身体上很接近，并且对同一情境作反应的时候，称之为群众。如同一车厢的乘客、同一商场的顾客、同一景区的游客。第四，组或队。一组为了某个特定目标而聚集，且彼此间有互动的人。如工作团体、足球队、高尔夫球俱乐部等。第五，家庭。因血缘、婚姻以及收养关系等而形成，并且共同居住在一起。第六，正式组织。一群人在一起以明确而有结构的方式工作，以完成任务为目标，如企业、学校、党团组织等。

根据不同分类标准，我们还可以划分出不同的群体。首先，根据构成群体的原则和方式的不同，可以把群体划分为正式群体和非正式群体。所谓正式群体，是由组织正式明文规定的，群体成员有固定的编制、明确的职责权限和确定的组织地位的群体。如工厂的车间、班组、科室等。非正式群体，是人们在交往中自发结成的、主要是为满足成员的某些心理需要而产生的群体。其成员之间的相互关系带有明显的情绪色彩，以个人的爱好、喜恶为基础，以感情为纽带，群体领袖自然产生，有一定的相互关系结构和行为规范。如工厂里的“书画协会”、大学里的“校友会”，以及具有反社会倾向的流氓团伙等都属于非正式群体。其次，根据群体是否真实存在，可分为假设群体和实际群体。假设群体又称之为临时群体、实验群体或统计群体，是指名义上存在，实际上并不存在的一种形式上的群体。它只是为了研究的需要，人为地将人群作不同的划分，相当于麦克格拉斯的统计集合。实际群体是指那些实际上存在的有一定规模和组织形态的群体，符合全部特征的群体。最后，根据群体在人们心目中的作用，可分为参照群体和一般群体。参照群体也叫标准群体或榜样群体，是指这类群体的行为标准、目标和行为规范会成为人们行为的指南，成为人们所要达到的标准。个人会自觉地把自己的行为与这种群体的标准相对照，如果不符合这些标准，就会改正自己的行为。例如，人们心目中的英雄群体、儿童心目中的成人群体等。参照群体之外的其他群体就是一般群体。

8.1.3 非正式群体管理

在著名的霍桑试验过程中，心理学家梅奥发现了正式组织中的非正式组织，或正式群体中的非正式群体。在其1933出版的《工业文明中人的问题》一书之中，分析了非正式群体现象，阐述了他的社会人理论，形成了人际关系学说。梅奥的这些发现，不仅对心理学而且对管理学、社会学的发展都是一项重大的贡献，对20世纪心理学、管理学、社会学等科学的发展产生了巨大影响。他不同意泰勒把人只看成“会说话的机器”和“经济人”的思想，认为人是“社会人”。梅奥发现，非正式组织有其特殊的规范、感情和倾向，控制着每个成员的行为，甚至影响整个正式组织的活动。在我国构建和谐社会过程中，研究非正式群体心理及其影响，有着特别重要的意义。

（1）非正式群体的成因

非正式群体的形成，一般是在以下条件下形成的：第一，心理条件，群体成员必须具有相似的心理特征和共同的心理倾向。第二，地理条件，居住上邻近，上下班同路或者是同乡。第三，历史因素，相同的社会历史背景，共同的经历，如同窗共读的老同学、生死患难的老战友或传授技艺的师徒之辈等。

第四，群体条件，群体中具有影响力大的核心人物存在，并以他为轴心，集结志同道合的同类人。第五，工作条件，工作场所的接近，工种或工作地位相同，因而有较多的接触时间和机会等。此外还有相同的风俗习惯、文化传统的影响，以及亲朋好友和各种亲缘关系为纽带的社会联系等。

非正式群体最基本的成因，是非正式群体能够满足人们某些正式群体所不能满足的需要，所以非正式群体对每个人都具有极大的吸引力。根据非正式群体形成的具体原因，可以把非正式群体大致可以分为利益型、情感型、信仰型、爱好型和亲缘型五种类型。利益型非正式群体是出于某种物质和精神利益的一致性而建立起来的；情感型非正式群体是以共同情感为基础而建立起来的；信仰型非正式群体是以共同的信念、理想、抱负或共同的奋斗目标为基础而建立起来的；爱好型非正式群体是以某种兴趣或爱好的一致性为基础而建立起来的；亲缘型非正式群体是以血统上的关系为基础而建立起来的。

（2）非正式群体的类别

按照非正式群体与正式群体目标一致性的程度及其社会影响的性质，也可以把非正式群体分为五种类型：①积极型。这类非正式群体的目标与社会组织目标完全一致或基本一致，对社会生活起着积极带动作用。例如，自发组织起来的学雷锋小组、环境保护宣传队等。②无害型。这类非正式群体虽与正式群体目标未必一致，对社会生活无明显的积极意义，但对社会生活也没有明显的消极影响，多数爱好型非正式群体属于此类。③中间型。这类非正式群体的活动有时和组织目标相一致，有时不相一致，有时起积极作用，有时起消极作用，情感型非正式群体很多是这样的。④消极型。这类非正式群体的目标活动从总体上来说与组织目标基本上不一致，但是他们的活动界限并未超出法律许可的范围，虽然它的作用常常是消极的，然而尚未越轨或构成破坏活动，有些亲缘型非正式群体就是这样。⑤破坏型。这类非正式群体的活动已经超越法律许可的范围，对社会生活稳定和发展构成危害，例如，贩毒走私集团、盗窃团伙、带有黑社会性质的流氓阿飞团伙等均属此类。

非正式群体是以相近的心理特征和共同的心理需求为基础自发形成的，大都以满足成员个人需要为目标，以相互之间的情感为纽带，多数不带有政治色彩，但具有很强的凝聚力和心理与行为一致性。非正式群体内具有很强的群体意识、群体压力和不成文的行为规范，对其成员的心理有着极大的影响，成员的从众行为和标准化倾向也很强烈。任何成员必须遵守这些不成文的规范，都必须与群体保持一致，否则就会受到孤立、惩罚以至被抛弃。有些非正式群体在心理和行为上高度一致性，甚至达到模式化的程度。这种作用实际上是通过群体压力、群体规范的控制下进行的，但是更多的则是在潜移默化中完成的。非正式群体内一般都以影响力大的核心人物为首，其虽非选举产生，但威信很高，具有很强的号召力。多数非正式群体都有比较灵敏的信息传递渠道，成员间的思想交流特别畅通，因而使群体意识强烈，使群体具有很明显的自卫性和排外性。因此，非正式群体对实现组织目标有着巨大的影响。

（3）非正式群体的管理策略

在任何社会条件下，非正式群体的存在都是一种普遍的客观现象，既不能无视它的存在，忽视它的作用，不能一概采取否定态度，更不能试图取缔一切非正式群体。问题的关键在于要正视现实，认真地探讨非正式群体形成原因、类型、性质、特点及作用，掌握其心理和行为规律，并加以合理引导，使之发挥积极作用，减少其消极作用。对积极型的非正式群体应当支持和保护，对消极型的非正式群体应当积极引导，并根据不同情况进行有效的改造。对于那种破坏型的非正式群体，视其情节轻重予以取缔或法律制裁。

正式组织中存在着非正式群体，这是一个客观存在的事实。我们应当正视、研究这个现实，从而加以合理的引导，使之发挥积极作用。

第一，对积极型非正式群体的利用。利用其成员间感情密切、互相信任、说话投机、有共同语言的特点，可以引导他们开展批评与自我批评，相互取长补短，不断提高思想水平和工作能力；利用非正式群体领袖人物威信高、说话灵的特点，在情况和条件允许的前提下，由正式组织授予领袖人物一定的权力或担任相应的职务，从而把非正式群体的活动纳入组织目标的轨道；利用其成员行为的一致性，在条件适宜时，可鼓励其提高劳动效率，促进组织目标的提前完成；利用非正式群体中信息沟通迅速的特点，及时传达组织意图和收集群众意见；利用非正式群体内聚力强的特点，可以创造条件，尽可能满足成员间归属、亲和、社交的需要，有时也可以把一些一时难于顾及的社群工作委托他们去做。

第二，对中间型非正式群体的引导与转化。①坚持积极引导的方针。对这类群体一般不宜责难和斥责，尽量发挥其积极的作用，减少他们对组织的危害。②联络感情。对这类群体切忌粗暴、生硬，应该主动地关心他们，接近他们，加强感情投资，增进感情，促进合作，加深了解，消除隔阂。③加强目标导向作用，提高组织目标的效价，增强对非正式群体的吸引力，促使他们真正体会到，满足个人或群体的需求，只有通过实现组织目标才能达到。④注意做好领袖人物的工作。只要把领袖人物的工作做好，其他问题就会迎刃而解。

第三，对于消极型非正式群体的教育与改造。首先，坚持疏导的方针，加强思想改造。对这类群体，拉一拉能成为辅助力量，松一松则可能成为对立势力。因此，要对其进行思想改造，提高其思想觉悟，变消极因素为积极因素。其次，加强目标改造。由于这类群体的目标大都与组织目标无关，甚至背道而驰，因而必须强化协调好其活动目标与组织目标的关系，促成两者间的互相配合。又次，加强行为规范的改造。要用健康向上的人际关系、道德观念等，去改造非正式群体内约束成员的各种不成文的行为规范。再次，做好领袖人物的工作。做领袖人物的工作必须坚持耐心、细致、循循善诱的原则，不到万不得已之时不可采取“杀鸡吓猴”之法。最后对破坏型非正式群体应当采取必要的措施进行预防和限制。对触犯法律、构成威胁的非正式团体应通过法律途径予以坚决打击、取缔和制裁，决不能够姑息养奸、心慈手软。

总之，“社会组织的合法化困境是其持续发展的障碍之一”[1]。管理者必须认识非正式群体存在的必然性，做好对非正式群体的诱导、利用和改造工作，使之成为正式组织的补充力量。

8.2 群体动力理论

自从勒温创立群体动力学以后，心理学关于群体行为动力功能与机制的研究越来越多，以至于逐渐成为一门独立的学科——群体动力学。勒温借用物理学中磁场的概念，提出了心理场概念和理论，认为人的心理、行为决定于内部需要和环境的相互作用。要测定人的心理与行为，就必须了解完成这一行为的内在的心理力场和外在的心理力场的情境因素。勒温的“场”理论最初只用

[1] 林宏彬，季芳.社会组织存在困境及对策分析——基于社会治理的研究 [J]. 统计与管理，2015（4）：91-92.

于研究个体行为，1933年他迁居美国后，又应用于研究群体行为，提出群体动力的概念。所谓群体动力，是指推动群体行为发生和持续的动因和方向。研究群体动力就是要研究影响群体活动动向的各种因素，研究决定于内部力场和情境力场的相互作用的过程和规律。

8.2.1 生活空间与群体动力场

勒温发现了心理场现象，认为人的行为等于个体与环境相互作用的函数。在群体心理学中，人们把群体心理场所产生的效应，称为场化效应。个体一旦进入群体后就会被群体所产生的心理场所磁化，从而产生两种似乎矛盾的现象：一是使个体具有某些新的个性特征，二是因同化作用使个体丢掉许多原来的个性特点。心理场能产生一致性的群体意向，群体中的人会自动接受社会传染，并模仿他人行动，也易于受到催眠的暗示。群体存在的时间越长，群体关系越是紧密，群体中个体心理和行为越是趋向一致，群体规范就会形成一种相对稳定的群体常模，其去个性化效应越是显著。

勒温在柏林和他的同事及弟子们在一家咖啡馆聚会时，通过观察服务员的行为并受其启发，产生了顿悟的灵感，促使他提出了“心理紧张系统”的设想。心理紧张系统是勒温心理学中的基本动力概念，也是其心理场论中最基本的动力观念。勒温把人的需求分为两类：一是客观的生理需求，另一种是心理需求，即在心理环境中对心理事件起实际影响的目标需求。他认为，只要内部存在一种心理的需求，相应地个体就会处于一种紧张状态的系统中，而紧张的释放可为心理活动和行为提供动力和能量。这一思想为心理场论的理论体系奠定了动力基础。勒温在后来的实验研究中发现，一种目的或一种意向，可以形成一种准需求，产生具有动力意义的紧张系统。他假定在个人与环境之间有一种平衡状态，只有当需求打破了原有的内在心理平衡后，才会引起一定的心理紧张。人的行为不单是由于内在需求和紧张的推动，而且还与目标本身的吸引或排斥有关。在勒温的动力理论中，人与环境是密切相关的，他的心理紧张系统，便包括了这种人与环境的关系，包括了紧张与目标的相互作用。在此基础上，他又提出了“生活空间”的概念，这个“生活空间”就是个体行为的动力场。

生活空间是由个体和环境共同组成的。勒温从他的心理场论和格式塔心理学整体论的原则出发，把群体看作是一个动力整体，其中任何一个部分的变化都必将引起另一部分的变化。这种部分与部分或群体成员之间的相互依存关系，便是勒温群体动力学的要点。他把群体看作一种具有心理学意义的动力整体来加以分析，认为群体的本质在于其所属成员的相互依赖，而不在于他们的相似或差异。也就是说，群体的结构特性是由成员之间的相互关系决定的，而不是由单个成员本身的性质决定的。群体行为是群体成员与社会环境相互作用的产物，而群体内成员的活动和状态依赖于其他成员的活动和状态。这种由群体成员的相互依赖构成的整体，就是群体成员心理和行为的群体动力场。

勒温的场理论认为，人的心理活动和行为表现决定于内在需要和周围环境的相互作用。当人的需要尚未得到满足时，就会产生内部力场的张力，在这种情况下周围环境因素起着导火线的作用。人的行为动向便取决于人的内部力场和情境力场（环境因素）的相互作用，其中主要的决定因素则是内部力场的张力。勒温指出，群体不是个体的简单组合，而是超越了这种组合的有机体。群体对个体能够产生巨大的影响，个体在群体中也能够产生不同于处在个体单独环境中的行为反应。同理，群体作为一个整体也有他的内部力场与环境力场，群体活动的动因也取决于群体的内部力场与情境力场的相互作用。

群体生活既是个体生活的社会基础，也是个体生活重要的心理保障。因此，在人类的进化和发展过程中，从动物心理的生物趋群性逐渐形成人类心理的社会趋群性。群体中每个成员都在寻求体验一种所在群体属于自己群体的感觉，这便是人的归属感。群体成员对一些重大事件与原则问题的认识力求与群体的要求相一致，把群体以及群体其他成员作为自己认同的对象，这便是归属感。当个体的思想、行为符合群体的要求时会得到群体的赞许与鼓励，即个体内部力场与环境力场相协调和平衡，得到群体的动力支持，从而就强化这种思想与行为，满足了成员对归属感和认同感的需求。

8.2.2 社会助长与惰化的机制

心理学研究表明，个人在单独情况下的作业同在群体中的作业效率不尽相同。特利普里特（N. Triplett）在骑自行车试验中发现，三种条件下人们骑自行车的速度有显著差异：竞赛条件下骑车最快，有伴随者次之，无伴随者最慢。这种现象被称为“社会助长效应”，也有人称为“他人在场功能”。扎琼克的研究表明，群体其他成员在场，会使简单的机械手工操作更加出色；而对正在学习并需要进行一系列复杂的判断推理的思维活动的学生来说，其他人在场会起干扰作用。别人在场会造成一个人内驱力增强，高度的内驱力能促进简单的工作，破坏复杂的操作。另外一些实验研究还表明，对于一些复杂的思维活动，先利用脑力激励法，即先大家讨论交流，然后再单独思考，比一开始就单做效果更好。因为，群体讨论的气氛和意见使个体的思维受到激发，产生了预热效应。

社会助长指他人在场或与他人一起活动带来的行为效率提高的现象。最早以科学方法揭示社会助长现象的是心理学家特利普里特。他通过实验研究发现，别人在场，或群体性的活动，会明显促进人们的行为效率。奥尔波特在哈佛大学曾经主持了一系列有关社会助长作用的研究，证明了社会助长作用的广泛存在，社会助长作用不仅可以引起人们行为效率在量上的增加，而且也可以在有些工作上提高行为的质量。他们也发现，他人在场或与别人一起工作并不总是带来社会助长作用，随着工作难度的增加社会助长作用会逐渐下降，甚至最终变为社会惰化。扎琼克（Zajonc）和卡特莱尔（N. Cottrell）等人的研究证实，群体背景究竟是社会促进作用还是社会干扰作用，确实取决于工作任务的性质是否复杂。如果工作为简单的机械操作或手工活动，则群体的背景会造成社会助长作用。如果工作为需要一系列判断、推理的复杂思维工作，则群体背景的作用是社会惰化。扎琼克 1965 年研究指出，社会助长作用的原因，在于群体的背景增加了人们的内驱力。弗里德曼（F. Freedman）1981 年进一步指出，群体背景之所以能够引起行为内驱力的增加，是因为它唤起了人们的竞争和被评价意识。人在社会化的过程中已经学会了将社会情境作为竞争情境来看待，他人在场会使人感到由社会比较引发的竞争压力，从而使人们行为的内在动力增加。

与此同时，他人在场可能导致活动效率降低的现象也在各种试验研究中被证实，并称之为“社会惰化”或社会干扰，亦称社会致弱。弗里德曼等人认为，集中注意是完成复杂的思维工作的重要条件，群体背景所以造成社会惰化作用，是因为他人的存在和由此造成的种种干扰使人注意力不集中所致。他人在场可能会引起人们过多的焦虑，使正常的思维活动受到干扰。达谢尔（J. Dashlell）在实验研究中很早就曾发现，随着共同完成一件事情的人数增加，每个人所作的个人努力程度也会逐步下降。后来，英格汉姆（A. Ingham）、拉特纳（B. Latane）、杰克逊（J. Jackson）、威廉姆斯（K. Williams）所做的大量研究表明，社会惰化现象在现实社会生活中也是广泛存在的。出现社会惰化的原因，是个人的被评价焦虑减弱，使个人在群体中的行为责任意识和行为动力降低。如果让被试相信，自己的行为效率可以被鉴别出来或是对个人行为贡献单独进行测量，即便与群体一起完成一项工作也不会出现社会惰化现象，因为单独测量使人们保持了足够的被评价焦虑，从而使行为动机得到激发。

8.2.3 群体规范及其约束模式

群体规范是指群体为达到共同目标而确立的行为准则，是成员自律的一种潜在标准。它规定了成员的行动范围，什么可以做，什么不可以做。群体规范有三类：一类是组织的明文规定，二是以群体成员的心理契约方式建立的，三是在长期群体生活中约定俗成的。群体规范群体的成员在彼此相互作用条件下会发生一种彼此接近趋同的类化过程，表现为群体成员在心理和行为上的统一。

我们用谢利夫的光点视错觉实验，说明了从众行为的形成机理。而从众行为本身，就是在群体规范的作用下，群体成员心理和行为彼此接近趋同的类化过程。具体的实验过程是这样的：他让被试单独坐在暗室里注视前面呈现的光点，几分钟后光点消失，让被试判断其移动的距离。实际上光点并没有移动，只是此时人的视觉产生误差，感觉光点似乎移动了。这是一种视错觉现象。第一阶段，让被试单独反复判断，有人认为光点向右上方移动，有人认为向左下方移动，形成不同的反应模式。第二阶段，让被试看光点后大家一起讨论，结果大家关于光点移动方向和距离的判断趋于一致。第三阶段，把这些被试分开再次进行单独观察和判断，他们仍保持集体讨论后形成的意见。谢利夫认为，这一结果说明了群体对个人在知觉水平上的影响，个人逐渐形成了以群体的眼光来看光点移动的态度。

谢利夫等人的实验引起了后来的一系列关于群体规范的研究，人们更多用群体规范作用来解释群体成员心理和行为彼此接近趋同的类化过程。普遍认为，群体规范会形成一种无形的压力，约束着人们的行为。群体压力会使人产生一种紧张、恐惧的心理，促使其产生与群体行为求得一致的愿望。群体规范的形成受模仿、暗示等心理机制影响，对改变个体的行为的作用往往胜过某些组织规定，致使个体彼此接近趋同的类化过程中用群体规范代替了个体反应模式。久而久之，群体成员的个性特点不断失去，产生“去个性化”倾向，最后形成群体成员在心理和行为上高度一致的心理常模（见图 8.1）。

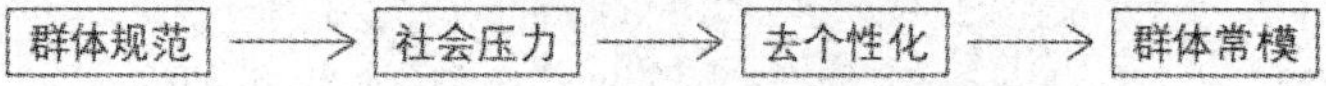

群体规范 ⟶ 社会压力 ⟶ 去个性化 ⟶ 群体常模

图 8.1　群体规范作用机制

群体规范的具体作用在于使群体成员明确自身言行的准则，知道在群体内应该怎样行事。群体规范明确了群体成员行为的奖惩标准，保障了群体成员行为的一致性，从而维护了群体的稳定。但是，群体规范并不对成员的一言一行加以约束，它只是规定了一个可接受的和不可接受的范围。群体规范一方面从外部制约着成员的心理与行为方式，另一方面又从内部为成员提供了彼此认同的依据。尽管对同一件事情不同的人有不同的看法，但群体规范往往能为成员提供衡量自己与他人言行的同一标准，这一标准成为成员认识事物、判断是非的共同心理参照体系，使人更多去个性化而接近群体常模。

在凝聚力较高的群体中，群体规范及其社会压力可以产生群体极化和去个性化两种情况。所谓群体极化，是指群体成员中原已存在的倾向性得到加强，大大超出群体平均水平，甚至走向极端。它能促进群体意见高度一致，增强群体凝聚力，强化群体行为目标。但如果被极化的倾向是错误的，则可能给组织和社会造成危害。去个性化本来是法国社会学家勒邦（G. Le Bon）最早提出的，原指在某些情况下个体丧失其个体性而融合于群体当中，自控力缺失，采取非典型的、反规范的方式行动。心理学的去个性化是指个人在群体规范的压力作用下，原来的某些个性心理特征和个性心理倾向被逐渐弱化，而服从于群体共同的心理和行为倾向。由此观之，群体规范固然是维持群体稳定的重要条件，但群体规范的惰性作用和去个性化现象也会对群体的发展产生一系列消极作用。例如，群体规范有时候也限制成员个体的努力水平，它要求成员不能表现得太好或太差，而是放在一个大家一致的水平上，弱化了个体行为动机，束缚了成员思维，不利于群体的改革和创新。

8.3 团队行为管理

20 世纪 80 年代，管理的热点是“组织文化”；到了 90 年代，管理的热点是“团队工作”。众多的知名企业，如沃尔沃、丰田、通用食品、惠普、摩托罗拉等，都采用了团队方式作为企业的主要运作形式。“企业以人力资源规划能力、管理能力和创新能力为构架，通过优化内部人力资源结构、整合人力资源管理层次而形成的生存力、发展力和竞争力。”[1] 在公共组织中，这种工作方式也已被启用。目前，团队已经成为现代组织中广泛采用的一种组织结构，它是组织提高其竞争力的一种基本手段。

8.3.1 团队的结构类型

团队是一种群体，具备群体的一般特点，但团队是一种特殊群体，有一般群体所不具备的特征。一般情况下，团队是由具有相互补充技能的人组成的群体，团队中的成员彼此承诺为他们共同负有责任的绩效目标而努力。

（1）团队的结构要素

团队是由员工和管理层组成的一个团体，利用每一个成员的知识和技能协同工作、解决问题，达到预定目标。透过这个定义，我们可以认识到构成团队必须具备几项要素，即“5P 结构”[2]。

①目标（purpose）。团队应该有一个既定的目标，为团队成员导航，知道要向何处去。没有目标，这个团队就没有存在的价值。

②人员（people）。人是构成团队最核心的力量。目标是通过人员具体实现的，所以人员的选择是团队中非常重要的一个部分。在一个团队中可能需要有人出主意，有人订计划，有人实施，有人协调不同的人一起去工作，还要有人去监督团队工作的进展、评价团队最终的贡献。不同的人通过分工来共同完成团队的目标，在人员选择方面要考虑人员的能力如何、经验如何、技能是否互补。

[1] 李玉杰．人力资源生态位：现代人力资源管理的新视角 [J]. 科技管理研究，2009（6 下）：483-485.

[2] 肖志雄，刘宇璟．组织行为学 [M]. 武汉：华中科技大学出版社，2008：254-255.

③定位（place）。团队的定位包含两层意思：一是团队的定位。团队在组织中处于什么位置，由谁选择和决定团队的成员，团队最终应对谁负责，团队采取什么方式激励下属？二是个体定位。作为成员在团队中扮演什么角色？是订计划还是具体实施或评估？个体的理想生态位、潜在生态位和现实生态位之间既存在特定的横向关联性，也存在特定的纵向层次性。同一个体的生态位在不同生态环境的作用下会有不同的表现，不同个体的生态位在同一生态环境的作用下也会呈现出不同的特征。

④权限（power）。团队当中领导人的权利大小跟团队的发展阶段相关，一般来说，团队越成熟，领导者所拥有的权利相应越小，在团队发展的初期阶段领导权相对比较集中。团队权限关系的两个方面：一是整个团队在组织中拥有什么样的决定权。如财务决定权、人事决定权、信息决定权；二是组织的基本特征。例如，组织的规模多大、团队的数量是否足够多、组织对于团队的授权有多大，它的业务是什么类型。

⑤计划（plan）。计划有两个层面的含义：一是目标最终的实现，需要一系列具体的行动方案，可以把计划理解成目标的具体工作程序；二是提前按计划进行可以保证团队的行动进程。只有在计划的操作下，团队才会一步一步地贴近目标，从而最终实现目标。

（2）团队与群体的区别

团队通常是一群为数不多的员工；他们知识与技能互补、彼此承诺协作、保持相互负责的工作关系，是为完成某一共同目标的员工组成的特殊群体。20世纪80年代以来，国际上的大公司纷纷在生产作业过程中引入团队管理，因为团队可以快速地组合、重组和解散，同时它还有助于管理中增强组织的民主气氛，提高员工的积极性。今天，团队在世界上已经是非常流行的工种组织形式。

团队与群体不同，一般来说，二者存在以下一些差异：首先，团队成员通过共同努力能够产生积极的协同作用。因此，团队绩效既有赖于个体的贡献，也取决于集体的协作；群体的绩效仅仅是每个工作群体成员个人贡献的总和。其次，团队的工作成果既要个体负责，又要共同负责；群体的工作成果则由个体自己负责。又次，团队不仅要像群体那样具有共同的兴趣与目标，而且还要有共同的承诺。再次，团队成员的技能是相互补充的；群体成员的技能则是随机的或不同的。最后，团队成员具有较大自主权；群体成员则一般受管理者严密的监督及控制。

团队有很多优势。团队设计通常导致对最终产品有更强的拥有感和对团队理念的高水平的承诺感。团队是一种载体，集合各种各样的观点、视角并提出不成熟的理念。团队促进创新，允许跨个体和跨部门的协调。团队给那些在其工作中寻求支持、友谊和帮助的个体提供许多社会回报。[1]

（3）团队的基本类型

团队的类型可以从多重视角或运用多重标准进行划分，可以从存在时间暂分为长、中、短期团队，可以根据核心任务划分为以目标为依据的各类团队等。通常我们根据团队机能来划分，主要分为三个类型。

①问题解决型团队。这类团队常常是为了解决组织中的某些专门问题而设立的。团队的成员通常每周利用几个小时讨论改进工作程序和工作方法等问题并提出建议，但他们通常没有权力根据这些建议单方面地采取行动。

②多功能型团队。它是由来自组织内部同一层次、不同部门或工作领域的员工组成，他们合作完成包含多样化任务的一个大型项目。这种团队打破了部门之间的界限，使得来自不同领域的员工能够交流沟通，有利于激发新观点，协调解决复杂的问题。随着互联网技术的发展，这种团队有了更加广阔的发展空间。成员可以超越时空组成虚拟团队，这更有利于知识的共享与使用，有效地提高完成任务的质量。

③自我管理型团队。自我管理型团队是与传统工作群体相对的一种群体形式。传统的工作群体通常是由领导者来作决策，群体成员执行领导者的指令。而自我管理型团队则承担了很多过去由领导者承担的责任，运行方便快捷，效率高。

8.3.2 高效团队的特征

尽管团队在 20 世纪 90 年代已经很流行，但并非所有团队都会成功。虽然团队可以产生更强的竞争力、更快的决策、更少的层次、更高的承诺和质量以及更高的员工满意度，但团队也难以管理、评估和支持。创建团队要求在培训

[1] 熊有坚．管理心理学在团队建设中的妙用 [J]. 企业改革与管理，2017（2）：93.

和组织设计方面进行投资，这经常意味着，在已有的报酬奖励系统和团队所处的组织文化方面进行改变。[1]

（1）高效团队的内部结构特征

总体而言，“社会组织内部治理是决定社会组织良性、有序发展的重要因素”[2]。高效团队能够将共同愿望具体化为团队的共同目标，并在共同目标的指引下不懈努力，而且因为共同愿望和共同目标包容了个人愿望与个人目标，充分体现了个人意志与利益，所以具有足够的重要性与吸引力，能够引发团队成员的激情。其中包含着一个重要的因素，就是团队成员与团队组织、成员与成员之间默契的心理契约。自“心理契约”由 C. 阿奇利斯提出以来，心理契约的概念作为研究预设得到了广泛关注，产生了“单向”“双向”之争：“雇用双方间所缔结的心理契约究竟是单向还是双向？”莱文森、普莱斯和施恩倾向于将心理契约解释成一套包括权利和义务的交互期望；而 D.M. 卢梭认为，心理契约的实质是雇员的主观感信念，心理契约的形成本质上是个体的、单向的。笔者认为，把心理契约“囚禁”在单向度的做法是欠妥的，不利于心理契约理论的发展。首先，从学理上看，心理契约是一种特殊的契约，具有契约的主体二元、主体平等、互惠让利等契约的一般诉求。单方面的（默）契、约（定）不是民主的产物，违背了契约的平等精神，是“强权契约”“不平等条约”。其次，心理契约是过程的存在。心理契约不是既定主体间的一种隐含静态结构和结果，而是在互动中发展变化的，一方的履约和违背都会引起另一方对既存心理契约的重新审视和新契约的预存。再次，在特定的心理契约过程中，发出心理契约信号的双方是有先有后的，这正是契约的精神反映而不是违背，更不能用来作为心理契约是单向度的证据。[3]因此，团队成员不仅善于相互竞争、相互激励、相互促进，而且善于相互合作、相互帮助、相互学习。

①共同愿景与目标取向。高效的团队对所要达到的目标有清晰的了解，并坚信这一目标包含了重大的意义和价值。而且，这种目标的重要性还激励着团队成员把个人目标升华到群体中去。在高效的团队中，成员之间相互信任，

[1] 朱志忠，唐和平．组织行为学 [M]. 北京：北京大学出版社，2005：113-115.

[2] 林宏彬，季芳．社会组织存在困境及对策分析——基于社会治理的研究 [J]. 统计与管理，2015（4）：91-92.

[3] 聂延庆，季芳．从心理契约属性看其实践困境 [J]. 经济研究导刊，2007（10）：191-192.

对团队表现出高度的忠诚和承诺，清楚地知道团队希望他们做什么工作，以及他们怎样共同工作直至最后完成任务。

②较高的技术与人格素质。高效的团队是由一群有能力的成员组成的。他们具备实现理想目标所必需的技术和能力，而且相互之间又有能够良好合作的个性品质，从而能够出色地完成任务。尤其是后者更为重要，但却常常为人们所忽视。有精湛技术能力的人并不一定就有处理群体内关系的技巧，高效团队的成员往往兼而有之。

③高效的领导与决策能力。领导者的人际关系能力和以团队利益为重、以身作则、身先士卒的品质尤显重要。领导者在领导风格上既重团队绩效，又重人际关系，能在实现团队目标和满足成员的个人需要之间取得有机的动态协调。领导者乐于与团队成员分享领导权，积极地鼓励成员在团队会议中参与讨论、共同决策。领导者对团队成员充分信任，善当教练，能协助培养成员领导能力，积极促成团队成员的迅速成长。

④共享权利与义务的担当。团队成员享有参加会议、参与讨论、进行表决、保留意见的权利，同时也有权充分地运用财力、物力，以及接触有关文件、资料、信息。在团队利益优先的前提下，团队成员理所当然地享有满足个人需要、获得尊重、追求成就、实现个人成长的权利。对于团队决议，团队成员有尽力执行的义务。在接受权利的同时，团队成员也愿意担负起相应的责任，成员对分派给各自的任务负责，全体成员对整个团队的成败共同负责。团队成员有与其他成员通力合作、对其他成员的工作负相关责任的义务。另外，团队成员有承担重要责任的权利和义务。

⑤高效的信息沟通与情感交流。这是高效团队必不可少的一个特点。团队成员通过畅通的渠道交流信息，包括各种言语和非言语的信息。此外，管理层和团队成员之间健康的信息反馈也是良好沟通的标志，它有助于管理者知道团队成员的行动，消除误解。就像一对已经共同生活多年、感情深厚的夫妇那样，高效团队中的成员相互间能迅速而准确地了解彼此的想法和感情。

（2）高效团队的外部环境特征

团队的外部环境一般主要指与团队密切相关联的组织环境，特别是政策与制度方面的环境，对团队的存在和发展，特别是对团队的高效运行至关重要。

①赋予团队以责任与权力。高效团队是被组织赋予了重大责任的团队，而且团队只有在担负重大责任的过程中才能被激发潜力、受到锤炼、提高能力、趋于成熟，最终创造一个又一个辉煌。组织授予团队的责任与团队的愿望及目标有着高度的一致性。充分的权力是取得成就的必要保证。因此，少量授权对团队是不够的，唯有对团队充分信任，赋予团队绝对的决策权，才能使团队发挥效能，取得优异成绩。

②建立激励与约束机制。组织拥有对整个团队的行为与成绩及每个团队成员的贡献进行考评的精密体系。为鼓励协作、杜绝内耗，组织的激励约束体系侧重于对整个团队的成绩实施奖惩，由此来构建团队成员之间共同的利益关系。“利益关系不是社会关系的全部，却是全部社会关系基础与核心。利益的需要是人最基本的需要，社会心理反映利益关系最直接、最敏感。多元化社会不可避免地存在着各种社会矛盾、纷争与冲突，而要协调矛盾，化解纷争，解决冲突，需要社会心理来调节。”[1] 为鼓励带头者、杜绝“搭便车”现象、激发团队精神，组织对为团队作出突出贡献者与承担重大责任者实施选择性激励，包括额外的奖金、特别的荣誉、更多的机会、更重大的权责等，而且对组织内破坏团队的人决不姑息。组织常树立团队或团队成员中的正面或负面的典型，并在整个组织内宣扬或发动学习。

③给予必要的指导与支持。高效团队通常都有专家指导，还能时刻得到关于组织与团队的目标和方向的指导，获得组织在物质与精神上的全力支持，包括完成任务所需要的资源、足够的时间和耐心，容许犯错并能从错误中吸取教训。团队获得的指导与支持来自组织内外的各个方面，尤其是与之直接相关的部门，其中最具决定性影响的是组织最高领导层自始至终明确的言论以及行动上的有力支持。

④保持与外界的和谐与融洽。相关研究认为，“在现代社会，社会组织的定位及发展状况已成为衡量社会成熟程度和民主法治进程的要素之一，只有让社会组织切实高效地参与社会治理，才能充分发挥其积极作用”[2]。高效团队与

[1] 李玉杰. 人力资源生态位：现代人力资源管理的新视角 [J]. 科技管理研究，2009（6 下）：483-485.

[2] 林宏彬，季芳. 社会组织存在困境及对策分析——基于社会治理的研究 [J]. 统计与管理，2015（4）：91-92.

组织内部处于上下级工作关系的其他集体有着密切而融洽的信息与物质上的联系，并与组织内部的计划、人事、研发、后勤等职能部门有着融洽的关系。团队能建设起必要的与社会各界的密切联系，并树立良好的公众形象。团队的规则、文化与组织内传统的规章制度、文化氛围能取得协调，与组织外的相关个人或群体关系也十分融洽，能够通过提供超值服务来赢得更多人的忠诚。

（3）高效团队的主体文化特征

文化是团队的灵魂，是团队成员的精神家园。社会文化是一个复杂的系统，具有整体文化、组织文化和个体文化三个层次。“组织文化是一种亚文化，又称为群体文化。……组织文化是联系整体文化和个体文化之间的桥梁和中介，社会整体文化对个体文化的影响和个体文化对社会整体文化的反作用，都是通过组织文化这一中介来完成的。”[1] 团队文化是一种典型的组织文化，是一个组织由其价值观观念、道德信念、行为准则、文化氛围、处事方式等组成的其特有的文化形象，其中价值观是团队文化的核心。[2]

①团队精神。高效团队的成员对团队有着强烈的归属感、一体感，团队成员强烈地感受到自己是团队的一员，并且衷心地把自己的前途与团队的命运联系在一起，愿意为团队的利益与目标尽心尽力。团队成员对团队高度忠诚，决不允许有损害团队利益的事情发生，并且极具团队荣誉感。个人利益服从团队利益，反对个人主义、本位主义。团队成员之间相互协作、相互依存、彼此信任、互相帮助、和谐相处，以使整个团队极富凝聚力。团队成员对团队事务时刻付出全方位、全身心的投入，勇挑重担，尽职尽责。团队发展出有力的团队规范，团队精神深入人心并在团队氛围中占统治地位。

②工作活力。高效团队能为成员提供挑战自我、个人发展的机会，团队充满活力与热忱。在团队的发展过程中经常会碰到困难与挫折，但高效团队却能使团队成员愉悦相处并享受作为团队一员的乐趣，团队内不乏幽默的氛围。团队内部士气高昂，团队成员不畏艰难，不畏挫折，时刻保持旺盛的斗志。团队在文化氛围上既强调团队精神，又鼓励个人完善与发展，杜绝过于强调团队

[1] 李景春．论社会文化变迁与社会心理现代化 [J]. 华北水利水电学院学报（社会科学版），2000（2）：76-78.

[2] 肖祥银．管理心理学 [M]. 天津：天津科学技术出版社，2018：206-209.

精神而压制个性的文化倾向，由此激发个人的积极性、主动性、创造性。

③进取意识。团队成员不断提高自己的能力、素质与觉悟，整个团队能迎接一个又一个挑战，在失败中崛起，从挫折中学习，团队不断进步。团队充满开放的气氛，鼓励不断吸收新鲜事物，团队成员不抗拒变迁或变革，愿意开放胸襟接受外界的批评，倾听他人意见。团队有着很好的对变化实行监测的预警系统与习惯，能对技术的变迁作出迅速的反应，对价值观的变化作出调整。团队不墨守成规，经常能创造性地解决问题。团队不断进取，有在教育和培训方面进行大量持续投入的传统。

8.3.3 团队的建设管理

团队“是一个企业在不改变内部框架的前提下，建立起的一个组织，不仅具备组织稳定性的特点，而且还能够适应外界的各种变化。所以，高效率的团队的出现能够给企业的发展带来丰富的效益”[1]。团队成员必须团结一致才能有较高的效率，同样，组成整个组织的所有团队都需要积极地配合。作为组织的高层管理者，需要团结所有的团队，形成一个相互配合的组织。

（1）团队的组建

团队建设就是让团队成员检查他们是怎样在一起工作的，查找不足之处，发展更加有效的协调方法，其目的是建立更高效率的团队。高绩效的团队会为了完成任务，学会如何解决问题，形成愉悦和谐的人际关系。在一般情况下，团队的组建应包括以下四个阶段：

第一阶段，建管准备。这一阶段的主要任务是决定团队是否为完成任务所必需，这取决于任务的性质，因为有些任务由个体独立完成效率更高一些。同时，在这一阶段还要明确团队的目标与职权。

第二阶段，条件建设。在这一阶段，组织管理者应为团队提供完成任务所需要的各种资源，如物质资源、人力资源、财务资源等。没有足够的相关资源，团队不可能成功。

第三阶段，组建团队。这一阶段的任务是让团队开始运作。此时，必须做好三件事：首先，管理者应确定谁是团队成员、谁不是团队成员；其次，让成员接受团队的使命与目标；第三，管理者公开宣布团队的职责与权力。

[1] 吴晨茜．如何进行企业团队建设 [J]. 现代经济信息，2018（19）：122.

第四阶段，运行支持。团队开始运行后，尽管可以自我管理、自我指导，但也离不开上级领导者的大力支持，以帮助团队克服困难。

（2）团队效能建设

从团队的建设环节来看，团队的效能建设要抓住四个关键要素：①绩效。团队成员的产出如何，按质量、数量、及时性、效率和创新等加以测定。②成员满意度。团队成员如何通过承诺、信任和满足个人需要产生某种正面经验。③团队学习。团队成员怎样获取新的技能、知识和变化着的环境所需要的行为。④社会满意度。团队成员怎样满足诸如顾客和供应商等外部委托人的需要。

从团队运作的背景来看，团队的效能建设要加强四个方面的管理：第一，内部团队过程。团队成员们彼此相互作用以完成任务并保持他们自己作为一个团队的形象。关键包括沟通、影响、任务和维持职能、决策、冲突管理、氛围和情绪问题。组织层面，积极的冲突管理方式如合作型冲突管理方式会给组织带来团队信任和创新绩效、积极影响团队运营效率和有效增加团队凝聚力；在个人层面，积极的冲突管理方式也会增加管理者决策质量、提高员工心理安全感和建言行为等。但是消极的冲突管理方式比如竞争型冲突管理方式就会给个人和组织带来消极后果，比如降低决策质量、增加下属离职倾向以及降低成本等。[1] 第二，团队边界管理。团队确定它们的边界，辨识关键性的外部委托人并与外人相互协调。第三，团队文化管理。通过符号、故事和仪式传播关于团队和团队工作的价值观和基本的假设。通常情况下，强调合作、相互责任和信息交换的组织文化要比强调壁垒和区别的组织文化更支持团队。第四，奖酬管理。不管是正式的还是非正式的奖励或酬劳，都是决定团队成员之间和团队内外成员之间互动的关键因素。

从团队的运行动力来看，团队的效能建设要加强价值取向管理。一般情况下，高效能团队具有很强的核心价值观，这些价值观决定着每个成员的态度和行为，并与团队的目标保持一致；能够把总的目标转变成各种具体的绩效指标，团队成员不满足于承诺共同的目标，他们善于把目标分解成数量化的、可

[1] 杜鹏程，姚瑶，房莹，等. 组织内冲突管理方式对员工工作态度的影响机制研究 [J]. 经济管理研究，2018（3）：72-73.

测量的指标，以使其更能激励与评估成员的行为；成员具有多种技能组合和高度的创造力，团队常常能利用成员的创造力来提高生产作业水平以及开发新产品、新服务、新市场的能力。

（3）创建高效团队的管理策略

在现代管理中，创建高效能团队已成共识，但团队的建设过程中，失败的概率十之八九。高效能团队能否建设起来，建设起来后能否正常运行，正常运行后能否实现预期目标，关键在于管理，以下管理策略是管理者必须注意的。

第一，澄清团队的使命和目标追求。要想创建一个成功的团队，作为团队成员信念基础的团队使命和目标必须是清楚明了的。而且，应该让团队成员在清晰理解了团队目标后，把自身的目标和团队的目标紧密地结合起来，这样才有利于共同信念和承诺的建立。澄清团队目标可以通过设立长期和短期目标来进行。团队成员要共同工作，建立明确的时间表，说明每一个短期目标应该什么时候完成；同时，这些目标应与系统的反馈形式和对团队的评估相结合。这样，可以通过不断地提供一个个可以实现的目标，使成员将精力集中于主要任务。而且，小目标的不断实现也能增强成员对团队的信心。同时，在团队建设中确立起来的定期评估和反馈制度，还可以肯定成员的成就，培养他们的认同感和自豪感。

第二，设定绩效体系和奖酬标准。有了团队的使命和目标，团队的工作还不具备可操作的控制标准，必须将团队的整体目标细化，形成适当的绩效标准。合理的绩效标准通常是遵循SMART原则的，即具体的（specific）、可衡量的（measurable）、可实现的（attainable）、结果导向的（result-focused）、有时限的（time-bound）。在设定了适当的绩效标准后，还应将团队成员的报酬与其联系起来，这样可以使团队成员更有责任心和工作动力。传统的以个人导向为基础的评估与奖酬系统必须进行改革，加入以群体为基础进行的绩效评估、利润分享、小群体奖励等措施，以强化团队的奋进精神和承诺。采用多种形式的物质和精神奖励措施以及福利政策，包括奖金、奖品、奖状、奖章、先进名称等。

第三，精选并培训团队成员。在创建高效团队的过程中，要注意选择具备团队目标所需技能的团队成员。而且，也要选择那些愿意参加团队工作的人。团队成员应该是多样化的，一方面，在技能上各有专长，形成互补；另一方面，在个性上要能适合不同的角色特点，例如，要有善于完成工作的人，也要有善于沟通协调的人。团队成员不一定从一开始就完全具备团队工作所需的各项技能，因此，需要对他们实施培训。使团队成员在感情上更加接近彼此和减少交往中的障碍，从而提高团队成员的交往技能。

第四，建立清晰的行为准则。一个团队必须建立起一套清晰的行为准则，让团队成员知道自己在团队中应该做什么，不应该做什么，自己在团队中的位置、责任和角色是什么，这样才能称之为高效的团队。这可以通过角色协商法来实现：要求每个成员都坦率地对自己的工作条件进行评估，并列出对其他成员的要求，达成默契的心理契约。

第五，培育团队信念和价值支撑体系。一个成功的团队要有必胜的信念，团队成员必须相信靠自己的力量能够完成目标。所有团队成员都要相互理解，相互信任，这样才能共同关心并支持团队的共同利益和目标。根植于团队成员心目中的共同信念和构想，是决定团队向前发展的重要动力。通过团队所有成员的协商，确保团队中的每个人都拥有共同的价值观，确保团队的工作目的反映这些价值观，这是创建高效团队的一个前提。

第 9 章　领导心理理论与管理

领导行为是领导者利用领导权力履行责任义务的领导活动，是领导者在领导过程的不同阶段中因情境和任务需要所表现的行为。一个组织的绩效高低，很大程度上取决于其领导的优劣。一个领导者或领导班子，可以带来一个单位的兴旺发达，也可能造成一个单位或部门的瘫痪。研究领导心理及其行为的规律和科学化，一直是管理心理学研究的重点之一。

9.1 领导素质结构

领导是领导者为实现组织的目标而运用权力向其下属施加影响力的一种行为或行为过程。领导工作包括五个必不可少的要素：领导者、被领导者、作用对象（即客观环境）、职权和领导行为。关于领导的定义一直众说纷纭，多数心理学家和行为科学家认为，“领导是指引和影响个人或组织，在一定条件下实现某种目标的行为过程”[1]。而致力于实现这一过程的人，即为领导者。在这个意义上，领导的功能是指引和影响个人或组织，领导的目标是实现组织的某一目标，即组织绩效和个人的满意感等，领导是一个达到某种目标的行为过程。

9.1.1 领导心理与行为特征

领导者是指引和影响个人或组织在一定条件下实现某一目标的行为者，在特定组织活动中，组织、带领、引导和影响被领导者实现组织目标的个人或集团。领导心理是领导者对自己在组织中的角色、权利、责任和目标等方面的反映。领导者和领导集团是个人和集体的关系，领导者个人不能脱离领导集团这个集体而单独发挥作用。领导者个人和领导集团，都属于领导者的范畴，其基本内涵是权力、责任和目标。

---

[1] 俞文钊，苏永华．管理心理学 [M]. 6 版．大连：东北财经大学出版社，2018：160-161.

首先，权力是领导者的基本特征。领导者要担负起社会活动的组织、引导、指挥、管理、协调和监督的责任，必须具有组织授予的职位和相应的法定权力，即配置资源的力量。领导者的权力是法定的，与职位相关联。领导者的法定权力包括决策权、指挥权、用人权、监督权、奖惩权等，如果领导者不具有这些法定权，就难以实现有效领导，也就不能成为一名真正的领导者。

其次，责任是领导者的根本属性。领导者是负有一定领导责任的人，在自己的职务和权力范围内应做的工作和应负的使命。凡领导者，都具有一定的职位，都要承担一定的工作任务，都要运用和行使相应的权力，也要对由此产生的后果承担相应责任。领导者的职位、权力和责任是一致的。职位越高，权力越大，责任也越大。相比较而言，责任比权力更本质。权力只是尽到责任的手段，责任才是领导者的真正象征。

再次，目标是领导者的价值体现。领导者运用权力、履行责任的过程，实质上是一个目标心理和行为过程。领导行为是指领导者致力于实现某一目标的行为，是围绕组织目标而受领导意志支配的领导主体行为和职能行为的总和。领导主体行为包括领导者（群体或个体）的主导行为和被领导者的配合行为。领导者在领导中处于主导地位，领导权力和领导影响的力量使决策、计划、组织、指挥、协调等领导职能活动必须以组织目标为中心。

基于上述理解，我们可以这样认为，领导心理是领导者和被领导者相互作用于共同目标而采取行动心理过程。致力于实现这个过程的人是领导者，而该过程又是领导者、被领导者及他们所处的环境共同构成的。领导心理是人类社会心理的一个特殊现象，它具有人类一般心理的共同性质，即意志性、目的性和组织利益性。

（1）领导心理的意志性特征

意志性是人类心理的基本要素，但领导心理的意志性表现尤为突出。从决策过程来看，无论是发现问题、确定目标、选择方案还是领导决策，都是一个主观意志的发展过程。无论其结果如何，都对行为产生及其后果有着直接的影响。

（2）领导心理的目的性特征

领导心理的目的性也就是领导行为的目标性。领导目标的组织特征，即领导目标的非我性。人的行为总是与一定的目标相联系的。环境引起需要，需要产生动机，动机激发行为，行为趋向目标，这是人的行为过程。领导心理一方面是确定理想目标，一方面就是力图由理想轨迹向实践轨迹靠拢以缩小偏角的过程。

（3）领导心理的功利性特征

功利性特征体现的如何，一般是衡量和评价领导行为的标尺。领导的角色决定了他在组织中存在的必然性，组织的特性又决定了位于不同层次的领导在组织中起着不同的作用。高层领导者处于组织最高层次，决定着组织的发展和命运；中层领导者是组织各部门的决策者和管理者，关心局部的事务和群体的工作行为及利益；基层领导者的主要任务是带领组织成员完成每一项具体工作，是实现组织利益的直接执行者。

9.1.2 领导心理的主要功能

组织中的各级领导者在执行共同的功能使命时，有着不同的心理特征，发挥着不同的效用。虽然在某些情况下，领导层次及其扮演的角色划分并不是很明确，特别是中层以下的领导。但是，在我们的头脑中必须对此有较为明确的认识，这是因为它可以帮助我们确定不同层次领导工作绩效评价的标准。

管理心理学的奠基者勒温认为：领导是一个十分复杂的管理过程和心理过程。领导不是领导者个人的行为，领导效能是领导者、被领导者、环境互相作用的函数，用公式表示为：领导效能＝f(领导者，被领导者，环境的特征)。这一函数公式表明，尽管领导行为在组织的健康发展中起决定性作用，但其与被领导者和环境之间仍有着内在联系。因此，在研究领导问题时，不但要重视领导的主导作用，而且要重视被领导者、环境对领导有效性的影响，从实际出发选择适宜的领导方式。为了更清楚地描述领导过程和效能的复杂性和应变性，有的学者提出了一个分析领导过程的框架性模型。旨在说明领导心理及其领导绩效并不直接取决于领导、下级和环境特征，而是取决于领导者对这三者特征的主观感知及在此基础上作出的分析、判断。领导结果，从下级个人来看即他们的满意感和绩效，从组织来看便是整个组织的工作绩效。领导是组织的核心，组织的运行就是围绕着领导展开的。任何组织都具有固定的组织结构、行政体系和工作目标，领导的功能就是在这里体现出来的。

（1）组织设计是领导的第一个功能

“在常规条件下，组织生命周期的每一个阶段，其组织结构、领导方式、职工心态等都各有特点，组织发展力随着组织生命周期阶段交替而呈同步性周期变化。”[1] 任何组织在其发展过程中都是不完善的，因为组织的运行是一个不断补充、完善的过程，不可能每时每刻都保证组织处于最佳的状态。领导对组织的设计和调整就是为了保证组织中的人的心理与行为目标始终处在同一个方向水平上。进行组织设计是组织赋予领导的使命。

（2）内外协调是领导的一般功能

在考虑组织运行与发展问题时，必须考虑到变化中的环境因素对组织的影响。组织中的成员都是以工作为导向的，非管理者组织成员的工作行为大多是在组织内部完成的，他们不关心组织的外部环境对工作的影响，他们在组织中的任务就是各自完成被指定的工作。但是，领导则不然，他们的工作是双向的。一方面，组织内部的各项工作是通过领导者对组织施加影响；另一方面，帮助组织对变化中的环境做出适应性调整，以保持组织的相对稳定性和融合发展的可能性。“融合发展是指不同产业之间基于技术进步、管理创新、需求拉动等原因，相互影响、彼此渗透，实现产品链、技术链、人才链衔接融合的动态过程。”[2]

（3）激励功能是领导的核心功能

组织中的每个成员有着不同的动机、需求，领导必须最大限度地在工作中帮助他们达成各种愿望，提高他们对工作的满意度，与此同时，又不能使之偏离组织的共同目标。领导是组织的内部动力，激励是促进组织和个人发展的手段。领导是组织工作的核心，起着监督、协调、指挥、导向的作用。组织是由不同层次、不同部门构成的，不可避免地会产生各种各样的冲突，从而成为组织的内耗，此时，领导必须缓和、解决冲突，转化不利因素。[3]

---

[1] 李景春，崔松虎，霍群．金融危机背景下中小企业生态位演化机理与调适策略 [J]. 湖北社会科学，2010（6）：85-89.

[2] 李玉杰，李景春．刘志峰．基于恩格尔定律的区域文化产业发展策略研究 [J]. 企业经济，2012（12）：104-107.

[3] 单大明．组织行为学 [M]. 北京：机械工业出版社，2004：174-176.

9.1.3 现代领导的能力素质

传统的领导学谈领导素质，一般总是说领导者必须具备政治、知识、管理、心理和身体五大素质。随着科学技术的进步和人类整体素质的大幅度提高，现代社会的领导及其工作内涵都发生了巨大变化。原来只能由领导来做的事，已经不再是领导者分内工作。特别是随着知识经济的兴起，普通员工受教育水平提高了，他们的能力和素质也提高了，在许多情景下被领导者能够更多地“替代”领导者的职责。据此，1978 年史蒂文・克尔（Steven Kerr）和约翰・杰迈尔（Jemier）首次提出领导替代的概念。所谓领导替代物，是指可以减少下级对领导的依赖，从而降低对领导需要的一些事物。这些替代物主要是：①个人性代替物。下级的工作专长越高，工作经验越丰富，对领导的需要就越少。同样，下级受过的专业教育和训练越多，对领导的依赖也就越少。②工作替代物。工作越丰富有趣，越是有很大的挑战性和内在激励性，对来自领导的激励，要求就越少；工作本身越能提供自我反馈，对领导的反馈、考评和纠正的需要就越少。③组织性代替物。任务规定得越明确，完成任务的程序和规章越清楚，对领导的指导要求就越少。④群体规范代替物。群体规范和群体凝聚力越强，同事们对工作者的影响越大，对领导的依赖就越低。

在有代替物的情况下，领导者应采取放权式领导方式，只控制结果，对其过程不应插手、干涉过多。否则反而引起反感，降低工作绩效。那么作为现代领导者，他们更需要哪些能力素质呢？从组织管理角度看，现代领导的重要能力在于影响力、领导力和执行力。

（1）领导者的影响力

政治家运用影响力来赢得选举，商人运用影响力来兜售商品，推销员运用影响力诱惑你乖乖地把金钱捧上。美国亚利桑那州立大学心理学系教授罗伯特・西奥迪尼（Robert B. Cialdini）写了一本轰动世界的书——《影响力》（Influence：Science and Practice），自 1986 年出版以来，该书已经成为最强大、最征服人心的畅销书，先后被翻译成 26 种文字广为传播，全球销量超过 300 万册。该书以大量典型案例说明，在生活中互惠、承诺、权威、稀缺、社会认同等原理的恰当运用，会产生的巨大的人们难以觉察的影响力“武器”。

管理心理学研究认为，影响力是指一个人在与他人交往中，所表现出来的影响和改变他人心理状态和行为的能力；领导者的影响力是领导者影响和改变被领导者心理和行为使之做出预期反应的一种力量。领导者只有具有一定的影响力，才能实现其领导职能。构成领导者影响力的基础有两大方面：一是权力性影响力；二是非权力性影响力。

权力性影响力由传统因素、职位因素和资历因素构成，是一种强制性的影响力，使人们产生服从感、敬畏感、敬重感。它对人的影响带有强迫性、不可抗拒性。在它的作用下，被影响者的心理与行为主要表现为被动服从，对人的心理和行为的激励是有限的。非权力性影响力由品格因素、才能因素、知识因素和感情因素构成，是一种自然性的影响力，使人们产生敬爱感、敬佩感、信赖感和亲切感。它产生的基础比权力性影响力广泛得多，对人所产生的心理影响是自然的。通过潜移默化的自然过程变为一种内驱力，从而在行为上表现为自愿、主动。因此，提高领导者影响力的关键是提高非权力性影响力。

（2）领导者的领导力

在西方，关于领导力的研究已有近百年的历史，研究成果颇多，尤以詹姆斯 • M. 库泽斯（James M. Kouzes）巴里 • Z. 波斯纳（Barry Z. Posner）所著的《领导力：如何在组织中成就卓越》影响力最大。研究认为，领导力是指在管辖的范围内充分地利用人力和客观条件在以最小的成本办成所需的事提高整个团体的办事效率。领导力与组织发展密不可分，因此常常将领导力和组织发展放在一起，衍生出了更具实战意义的提升领导力的理论和方法。

有关领导力提升的研究，国内有的学者提出，领导者最重要的是从心理自觉上提升领导力。这主要有三个方面：一是出主意、谋全局；二是用干部、带队伍；三是树正气、励士气。这三个方面涉及领导活动中错综复杂地交织在一起的事（任务的方面）、人（人际关系的方面）、心（领导者心理的方面），三位一体。置身于矛盾焦点、风口浪尖的领导者必须内心强大，在人格上成为站得正、立得直、挺得住、有一身正气的领导者。有的学者也提出，领导力的核心是领导者的“心力”。领导者必须增强抵御各种风险和经受各种诱惑考验的“心力”，即必须有坚强的意志、毅力和正气。[1]

领导力是把握组织的使命及动员人们围绕这个使命奋斗的一种能力，这

[1] 季芳．当前我国政府领导力建构研究 [D]. 秦皇岛：燕山大学，2009.

种能力可以表述为两个方面：一是领导力是怎样做人的艺术，而不是怎样做事的艺术，最后决定领导者的能力是个人的品质和个性；二是领导者是通过其所领导的员工的努力而成功的，领导者的基本任务是建立一个高度自觉的、高产出的工作团队。美国前国务卿基辛格（H. Kissenger）博士说："领导就是要让他的人们，从他们现在的地方，带领他们去还没有去过的地方。"领导力是领导者的个体素质、思维方式、实践经验以及领导方法等，这些影响着具体的领导活动效果的个性心理特征和行为的总和，是领导者素质的核心。

领导力理论研究中，积累了一系列现代领导新观念，例如：愿景比管控更重要、信念比指标更重要、人才比战略更重要、团队比个人更重要、授权比命令更重要、平等比权威更重要、均衡比魄力更重要、理智比激情更重要、真诚比体面更重要等等。在这些观念基础上，有关研究曾建构了一个领导力模型，包括以下六种能力：学习力，是领导者超速的成长能力；决策力，是领导者高瞻远瞩的能力；组织力，是领导者选贤任能的能力；教导力，是领导者带队育人的能力；执行力，表现为领导者超常的绩效；感召力，更多地表现为领导者的人心所向的能力。提升领导者的领导力，就要从这些方面做起。

（3）领导者的执行力

执行力是解决具体问题的实力，是现代领导者的另一项优势能力。有关执行力的研究成果也很多，如吉恩•海登（G. C. Hayden）所著的《执行力是训练出来的》，特别是罗杰•道森（R. Dowson）的《优势执行力》和《赢在问题解决力》在我国影响较大。道森等人认为，执行力是指有效利用资源、保质保量达成目标的能力，指的是贯彻战略意图，完成预定目标的操作能力，是把企业战略、规划转化成为效益和成果的关键。

执行力是领导力的有机构成和重要表现。国外人力资源开发与管理专家称之为执政能力与执行力，包括组织执政能力和个人执政能力。执政能力是指领导人才在领导、管理国家事务中所具有的本领和能力，是其理论水平、领导水平和自身素质的综合体现。[1] 国内外研究表明，领导力的执行力是决定事业成败的重要因素[2]。执行力就是在既定的战略和愿景的前提下，组织对内外

---

[1] 季芳. 当前我国政府领导力建构研究 [D]. 秦皇岛：燕山大学，2009.

[2] 保罗•托马斯，大卫•伯恩. 执行力 [M]. 白山，译. 北京：中国长安出版社，2004：3

部可利用的资源进行综合协调，制定出可行性的战略，并通过有效的执行措施从而最终实现组织目标、达成组织愿景的一种力量。执行力包含完成任务的意愿、完成任务的能力、完成任务的程度。对个人而言，执行力就是办事能力，是行动力；对团队而言执行力就是战斗力；对企业而言执行力就是经营能力。执行力是一个变量，不同的执行者在执行同一件事情的时候也会得到不同的结果。执行力不但因人而异，而且还会因时而变。要想解决执行力问题，就必须先剖析影响执行的根源，然后再找执行方法，这样解决问题自然就会变得清楚些、容易些。执行力既反映了组织（包括政府、企业、事业单位、协会等）的整体素质，也反映出管理者的角色定位与角色功能。

执行力包含三个要素：一是意愿。如果不想做，肯定做不好。执行的意愿来自目标、利益和危机。有目标才有愿望，有利益才有动力，有危机才有压力。二是环境。组织文化环境影响行动，要行动就要给自己创造行动的环境。三是能力。想做还要会做，关键是要提升知识、技能和方法。就个人执行力而言，执行力是指一个人获取结果的行动能力。总裁的个人执行力主要表现在战略决策能力，高层管理人员的个人执行力主要表现在组织管控能力，中层管理人员的个人执行力主要表现在工作指标的实现能力。管理者的角色不仅仅是制定策略和下达命令，更重要的是必须具备执行力。执行力的关键在于透过制度、体系、组织文化等规范及引导员工的行为。领导者如何培养部属的执行力，是组织总体执行力提升的关键。

9.2 领导效能理论

国内外的行为科学家和心理学家十分重视对领导理论的研究，他们试图通过研究找出有效领导的途径。综观他们的研究成果，归纳起来可分为：领导素质论、领导行为论、领导情境论三大类。

9.2.1 领导素质理论

领导素质理论，主要是指领导者的品德、知识、才能和身体诸要素在特定的时间和环境内领导成败的综合状态。这种理论认为，只要有一组能用来识别有效的领导者个人素质特征的评价体系，就能鉴别好的领导和差的领导。据此，行为科学家和心理学家对于领导者应具有的知识、智能、个性等素质有许多阐述。

（1）早期素质理论

早期的素质论认为，领导者个人素质是与生俱来的。古希腊哲学家亚里士多德认为，人从出生之日起就已注定了他是治人还是治于人的命运。20世纪50年代初公布的124项研究结果表明，领导者在智商、适应能力、对工作任务的理解、解决问题过程中的坚持与创新程度等个人素质特征上与一般人有着明显的区别。1969年在美国心理学家吉伯（C. A. Gibb）的研究报告中，认为天才的领导者应具备七项天生的品质特征：善言辞、外表英俊潇洒、智力过人、具有自信心、心理健康、有支配他人的倾向、外向而敏感。

早期素质理论研究结果使我们看到，有效领导者与某些素质特征相关。但是，领导效果往往随着环境的不同而变化，仅凭领导者的个人素质的结合而成为有效的领导者，条件显然是不充分的。

（2）现代素质理论

现代素质论研究更多地集中于具体管理环境下对领导者应具有的素质特征的要求。例如领导者应有承担责任、履行职责的强烈愿望，对目标的执着追求和在解决问题过程中力求创新等特征。

美国心理学家吉色利（E. E. Chiselli）通过对美国具有代表性的306名26～42岁的中级管理人员进行差别测量来确定领导者的素质特征，并又采用因素分析法，对实验结果进行了处理，得出了领导素质可分为三大类13个因素的结论。第一类，智能，包括管理能力、智力、创造力。第二类，个性素质，包括自律、决策、成熟度、工作班子的亲和力等。第三类，激励，包括职业成就需要、自我实现需要、行使权力需要、高度金钱奖励需要、工作安全需要。以上所列13个因素，其重要性不是等价的。保证领导者有效性的最强有力的六个素质因素的等级顺序为：管理能力、职业成就需要、智力、自我实现需要、自律与决策。

现代素质论的研究成果比早期素质论研究有明显的进步。但是素质论忽略了对领导情境因素的考虑，孤立地研究领导者个人素质，得不到确切的结论。当行为科学家和心理学家意识到这一点后，就转向领导行为理论和情境理论的研究。

9.2.2 领导行为理论

领导行为论是从领导者和被领导者之间的关系出发，着重研究领导者如何运用他们的职权，以自己的不同行为和作风来影响被领导者，以帮助领导者提高工作的成效。

（1）领导作风理论

心理学家勒温的领导作风论是研究领导者工作作风类型，以及工作作风对被领导者的影响。勒温以权力定位为基本标准，把领导者在领导过程中表现出来的工作作风分为专制型、民主型和放任型。

专制型领导作风是一种独断专行的领导行为。这种领导者将权力高度集中于个人手中，认为权力来自他们所处的领导地位，对被领导者不信赖，只从工作和技术方面去管理。民主型领导作风是一种民主的领导行为。这种领导作风非常重视人际关系，认为领导者的权力是由他领导的群体赋予的，被领导者也应该参加适当的决策，使他们有一种参与感，以激发工作积极性和创造力。放任型领导作风是一种放任自流的领导行为。这种领导作风只从被领导者的福利方面去管理，认为权力来自领导者的信赖，权力可以交给被领导者手中。实际工作中，三种极端的领导作风并不常见。勒温认为，大多数的领导者所持有的领导作风是混合型领导作风，即介于两极端类型之间。

（2）领导体制理论

美国密执安大学社会研究中心利克特（R. Likert）教授等研究人员，经过长期调查研究，于 1961 年提出了领导体制论，把领导方式归结为四种类型：专权独裁型、温和命令型、民主协商型和民主参与型。

专权独裁型的领导者把权力集中在自己手中，基本上不信任下级，下级无任何发言权，只有执行权。下级如果达不到上级领导者的旨意就要受到惩罚。温和命令型的领导者把权力一般控制在自己手中，对下属采取父母对待子女的方式，有时持有一种较谦和的态度，大多数决策由主管领导者制定，有时下级也可作出一定程度的决策，在上下级定位中，下级往往对上级怀有恐惧警戒心理。民主协商型的领导者对下属比较信任，一般能听取并采用下属的意见和建议，但重大决策权仍在领导者手中。领导者与被领导者之间有较为协调的双向沟通。民主参与型的领导者让下属参与管理，共同讨论，制订目标，最后再作决策。上下级平等合作，下级对工作的进展有评估的权力。

利克特认为，一个企业的领导方式愈是专权，这个愈不能达到最佳生产水平，下属对工作也不会有满意感。如果领导方式是参与或民主管理，生产效率就会较高。利克特对很多公司的调查、比较、分析结果表明，采取参与民主管理的领导方式的企业，生产率要比一般企业高 10%～40%；因此，他建议，专权独裁型和温和命令型领导要向民主协商型和民主参与型领导转变。但是在情况紧要危急的情况下，也需要采取第一或第二种类型的领导方式。另外，领导者的领导作风还要适合下属的需要。当下属没有参与决策的积极性或缺乏才干时，采取第四种类型的领导方式可能会把事情搞糟。

（3）领导行为四分图理论

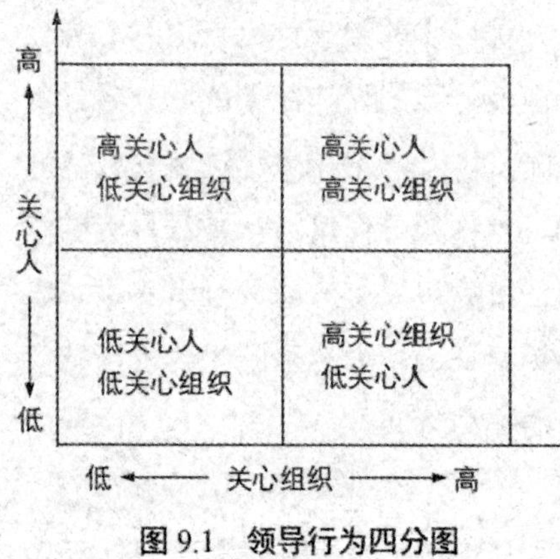

图 9.1　领导行为四分图

四分图理论是美国俄亥俄州立大学领导行为研究组提出来的。一开始，他们列出了一千多种刻画领导行为的因素，通过逐步概括最后归纳为“关心组织”和“关心人”这两大类因素。“关心组织”是以工作为中心，注重利用人力和物质资源实现组织目标的领导类型。这类领导行为包括计划、协调、指挥、明确分工、确定工作目标等。“关心人”是考虑下属人员的需要，并关心与下属人员关系的领导类型。这类领导行为包括友善、与下属人员协商、建立相互信任的气氛、尊重下级意见、注意下级的感情问题。概括起来讲，“关心组织”是以工作为中心，“关心人”是以人际关系为中心。

该理论认为，领导行为是两类行为的具体结合。通常一位有效的领导者，往往是同时具有两种较高的倾向，既关心组织又关心人。领导的行为可以用两度空间的“四分图”来表示，如图 9.1 所示。

从图中可以看出，领导行为可以分为四种情况：①低关心人高关心组织的领导者，最关心的是工作任务；②高关心人而低关心组织的领导者，大多数较为关心领导者与下级之间的合作，重视互相信任和相互尊重的气氛；③低关心组织低关心人的领导者，对组织、对人都不关心。一般来说，这种领导方式效果差；④高关心组织高关心人的领导者，对工作和人都比较关心。一般来说，这种领导方式效果好。

9.2.3 领导情境理论

领导是一种动态过程，领导有效性不仅与领导者个人的素质和领导行为有关，而且与领导者所处环境的变化有很大关系。情境理论（又称权变理论）就是要研究领导者行为在所处环境下的最佳领导效果。

（1）连续统一体理论

连续统一体论是行为科学家罗伯特•坦南鲍姆（R. Tannenbaum）和沃伦•施密特（Warren H. Schmidt）于 1958 年提出来的。他们认为，在专制和民主之间的领导方式不是固定不变的，而是随着环境因素的变化而变化。这种变化了的领导方式形成了一系列民主程度不同的连续统一体。有效的领导者正是在一定的时间和环境条件下依据这种连续统一体来选择所需要的领导行为。

随着连续统一体中民主程度的增加，授予下属的权力相应增加。一个有效的领导者应从实际出发，选择某一种合适的领导方式。一般来说，如果下属有才干，能够独立地处理好问题，就可以采用以下属为中心和较为民主的领导方式。反之，如果下属无能，就可以采用以上级为中心的领导方式。领导方式连续统一体模式，要求领导者要有较强的适应性和应变能力，实事求是地根据自己的能力、下属的素质和组织的工作目标，将权力有效地下放。有效的领导者应是那些适应性强的人。

（2）情境形态理论

菲德勒（F. Fiedler）从 1951 年起，经过多年的调查研究揭示了领导情境形态理论（又称为“权变理论”）。这一理论认为，任何领导形态均都可能有效，关键是要与变动着的环境相适应。具体影响领导效果好坏的情境因素有以下三个方面：第一，领导者与被领导者的关系。这是指下属对其领导人的信任、喜爱、忠诚和愿意追随的程度，以及领导者对下属的吸引力。第二，工作任务的结构。这是指下属担任的工作任务的明确程度。第三，领导者所处职位的固有权力。这是指与领导者职位相关联的正式职权以及领导者从上级和整个组织各个方面所取得的支持的程度。

根据这三种因素，领导者所处的环境从最有利到最不利，可分为八种形态。其中三个条件齐备是领导最有利的情境形态，三者都缺的是最不利的情境形态。领导者所采取的领导方式，应该与情境形态相适应，才能获得有效的领导。实践证明，在最不利和最有利两种形态下，采用以任务为中心的指令型领导方式，效果较好；而对处于中间状态的情境形态，则采用以人为中心的宽容型领导方式，效果较好。为了测定一个领导者的领导风格，菲德勒设计了一种调查问卷，让领导者对“最不喜欢的同事”作正反两极的评分。如果一个领导对其最不喜欢的同事们能给予高的评价，那么认为他是关心人或宽容型的领导；相反，那些对其最不喜欢的同事给予低评价的，被认为是以工作为中心的领导。

菲德勒领导情境形态理论研究表明，不存在独一的最佳领导方式，而是在一定的情境下，某种领导方式可能产生最好的效果。同时，也不是只根据领导者以前的领导工作成绩就能预测他现在能否领导得好，而还要了解他以前的工作形态同现在的工作形态是否相同。因此，管理部门应当考虑某一领导者所处的境况，按照境况形态来选用合适的领导者。按照菲德勒领导情境模式，要提高领导的有效性，可以通过两个途径：或者改变领导者的领导方式，或者改变领导所处的环境，这种改变包括改善领导与被领导的关系、提高下属工作任务的明确度、强化领导的职位权威等。

（3）途径－目标理论

途径－目标论是由加拿大多伦多大学教授伊凡斯（M. Evans）于 1968 年提出的，并由他的同事豪斯补充和发展。该理论认为，领导者必须选择一种最适于某一特定处境的领导方式，阐明对下属工作任务的要求，帮助下属去完成工作任务，顺利达到目标。

领导者在有效地选择领导方式时，要考虑下级的特点和任务的性质这两个变量。一是下级的特点。例如，领悟能力、教育程度、对成就的需求、对独立的需求、愿意承担责任的程度等。下级接受领导行为的程度，取决于领导行为能否满足下级的需要。如果下级认为自己有能力完成任务，需要的是荣誉和交往，不喜欢指令性领导方式，那么领导者就应当选择支持性领导方式。二是任务的性质。如果工作任务性质是常规性任务，目标和达到目标的途径都很明确，在这种环境下，还采取指令性的领导方式，就会引起下级的不满。如果工作任务多变而又模糊不清，下级经常干些自己不熟悉和没有把握的事，在这种环境下，领导者为了能及时告诉下级工作目标和达到目标的途径而采取指令性的领导，下级会满意。

在任务是常规性的情况下，不做指示的领导者会使下级感到满意。如果在任务多变的情况下，指令性高的领导者会使下级感到满意。途径 - 目标理论也表明，“高工作”与“高关系”的组合不一定是最佳组合方式，领导者应该根据不同的情境因素选择不同的领导方式。

（4）领导参与模式理论

领导参与模式，是费鲁姆（V. H. Vroum）和耶顿（P. W. Yeton）于 1973 年提出的一种独特的、规范化的情境理论。这一理论认为，有效的领导者应根据不同情况，让下属不同程度地参与决策。这种模式与菲德勒模式不同之处在于，后者将领导者的行为特点看成固定不变，要通过调整领导者所处的环境以适应其特点，而这一模式则认为领导行为应根据环境的需要而变化。一个有效的领导者在所处环境下，要有正确判断情况的能力，采取适当的领导作风。

领导者在依据决策质量和决策认可水平，选择领导作风时，应遵循以下原则：①信息的原则。如果决策的质量是重要的而又没有足够的信息或单独解决问题的专业知识，那么就应该排除专制决策的领导作风，否则作出的决策就会质量不高。②目标合适的原则。如果决策的质量是重要的，而下属成员似乎又不具备为组织做出合适决策的能力，那么就排除采用高参与决策的领导作风的可能。③非结构性的原则。如果决策的质量是重要的，但却缺乏充分的信息和专业知识，并且问题又是不十分明确的，那么也应排除用专制的领导作风。④接受性原则。如果下属对决策的接受性是有效贯彻决策的关键，那么就排除采用专制的领导作风。⑤冲突的原则。如果决策的接受性是很重要的，下属将不会接受专制的领导作风，那么通过采用参与决策的领导方式能更好地消除冲突。⑥合理的原则。如果决策的质量并不重要，而决策的接受性却很重要，那么最好采用参与决策的领导作风。⑦接受最优的原则。如果接受性是主要的，并且要激励下属实现组织的目标，那么采用高参与决策的领导作风为好。

费鲁姆和耶顿应用上述原则，在各种不同组合的情境条件下所能选择的决策方法。他们设定了八种情境：①如果决策被接受，是否产生不同的行动方案？②是否存在能使某一个解决办法更合理的解决方案？③自己是否有足够的资料做出高质量的决策？④问题是否明确？⑤下属接受决策的程度是否对有效地贯彻执行有重大关系？⑥如果你自己决策，下属肯定会接受吗？⑦下属知道这种解决办法要达到的组织目标吗？⑧在选择方案中，下属可能发生冲突吗？

在充分考虑七项原则和八种情境的基础上，领导者可以选择五种不同的领导方式：①领导者自己作出决策单独解决问题；②领导者向下属取得必要的资料，然后自己作出决策；③以个别接触方式，让下属提出意见或建议，然后由领导者作出决策；④下属集体讨论，提出意见或建议，然后由领导者作出决策；⑤领导者和被领导者协商讨论，共同作出大家一致满意的决策。

（5）动态情境理论

动态情境论又叫领导生命周期论，是俄亥俄州立大学的心理学家科曼（A. Korman）首先提出来，后由柯塞（PaulHersey）和布兰卡（Ken Blanchard）予以发展的。该理论是把“领导行为四分图”与“不成熟－成熟理论”结合起来，将有效的领导行为同工作行为、关系行为和被领导者的成熟程度结合起来，构建了一个三度空间领导效率模型。

员工成熟度是指员工设置高而现实可行目标的能力、承担责任的意愿和能力、个人或群体受教育的程度、经验的多少。越自觉上进，受教育越多，经验越丰富，成熟度就越高。根据员工的心理、年龄成熟程度，领导方式可以依次动态选择以下四种类型：

①命令型。当下级的平均成熟度处于不成熟阶段时，即初上岗位无经验，不知所措，不能自觉承担工作责任，领导者采用高工作、低关系的领导方式最有效，即向下级确定工作任务，提出工作规范要求。

②说服型。当下级的成熟度进入初步成熟阶段，即初知业务，信心和自尊渐增，急于测验自己的潜力，但缺乏工作技巧，这时领导者采用高工作、高关系的领导方式较好，也就是不仅布置工作，而且要说明任务的意义，提供指导帮助，并通过相互交流信息，取得下属心理上的支持。

③参与型。当下级进入比较成熟阶段，即经验甚丰，情绪稳定，自觉积

极，可独当一面，此时，采用高关系，低工作的参与型领导方式最有效。如果领导者过多的指示和监控常常被视为不信任。

④授权型。当下级发展到成熟阶段时，即业务、修养上近于炉火纯青，一切可自律、自主。对这样的下级领导应采用低关系、低工作的授权型领导方式，适当赋予下级一定权力，领导者只是宏观控制。[1] 在实际工作中，究竟采用哪种类型领导方式为宜，要根据被领导者的成熟程度而确定。往往高工作、高关系的领导并不经常有效，低工作、低关系的领导也不一定完全无效，这里主要是看下级的成熟程度，来确定不同的领导方式。

9.3 领导班子管理

领导体制的演变过程，大致经历了四个阶段，从家长式经验领导、硬专家领导、软专家领导，发展到 20 世纪 60 年代以来的专家集团领导。其特点是软硬专家结合，组成专家集团，实施集体领导，用董事长办公室、总经理委员会等，代替过去董事长和总经理个别领导人决策经营的传统方式，凡企业重大决策都要经过共同讨论后才做决定。专家集团式领导并辅以“智囊团”“思想库”等参谋班子，为领导提供各种决策方案和依据。在这种情况下，领导班子管理问题就成为现代管理的核心议题之一。

9.3.1 领导群体凝聚力管理

领导班子要形成有机统一的整体，首先必须具备较强的群体凝聚力。这是因为，领导者是群体凝聚力的核心，要使整个组织有凝聚力，领导班子必须成为强凝聚力群体的典范。领导班子关系融洽，配合默契，就会使整个组织形成一种和谐的气氛；反之，如果领导班子成员间关系僵持，互相拆台，那么“上梁不正下梁歪”，整个组织的团结都会遭到破坏。

依据构成领导群体凝聚力主要因素，领导群体凝聚力管理应重点做好以下几个方面：第一，明确群体规范。群体规范是领导班子每个成员都必须遵守的行为标准和准则。每个成员对群体规范如果能在心理上认同，就可以使大家在行动中自觉维护群体的利益，在思想认识上、行动方式上、价值观点上能趋于一致，从而使领导者之间减少互相推诿和扯皮现象。第二，建立群体目标。

[1] 王永跃，葛菁青，张洋．授权型领导、心理可得性与创新：组织支持感的作用 [J]. 应用心理学，2016（4）：304.

领导群体目标是促使群体成员共同行动的动力。有了共同的目标，就有了各个成员奋斗的共同方向和活动中心。只有具备共同目标的领导群体，才是有活力的群体。第三，加强群体协作。领导班子成员在分工的基础上完成组织的各项工作，由于分工负责，各个成员在工作中会遇到种种困难，成员之间必须相互协作，相互交流，切磋工作，共同克服困难，从而促进和加强相互团结。第四，增进群体交往。凝聚力归根结底是人们之间的相互吸引力。要使领导集体有较强的凝聚力，就应当在领导成员间进行正常的人际沟通和人际交往，形成正常的情感联系，以思想上和情感上的共鸣促使行动上的共进。[1]

9.3.2 领导团队执行力管理

在管理心理的研究中，“领导力不仅指领导者个人的领导力，同时也应当是指一个领导班子、领导团体甚至一个政党的领导力。同时，领导力不应当是素质、权力以及各种能力的简单的总和，它应当是一个动态的过程，是一个领导资源与具体的组织形式机变地、创造性地结合的过程。因而，领导力的广义概念应定为：领导力是指组织中的领导者或者领导集团，在洞察组织的内外形势的基础上，充分利用自身的领导资源（人际关系、权力、权威、以及自身的领导素质等）与具体形势的有机结合认同目标的合力。形成能激发、教化、引导被领导者追随自己，去实现组织的共同的愿景”[2]。团队执行力就是将战略与决策转化为实施结果的能力，就是当上级下达指令或要求后，迅速作出反映，将其贯彻或者执行下去的能力。团队执行力管理目标是把战略决策持续转化成结果的满意度、精度和速度，表现出来的就是整个团队的战斗力、竞争力和凝聚力。

（1）夯实基础：提升团队执行力的前提

执行力不是领导者或领导班子的专利，而是组织每一个成员都必须具备的能力素质。作为领导班子这样一个特殊团队执行力的建设，应有更高的要求，一般应首先加强执行力的基础建设。团队执行力的前提主要有三个：第一，职责明确。责任是每一个班子成员的履职依据。只有职责明确，才能将责任具体落实到位。第二，授权合理。领导班子的职责不仅是制定决策，更重要

---

[1] 肖祥银．管理心理学 [M]. 天津：天津科学技术出版社，2018：184-187.

[2] 季芳．当前我国政府领导力建构研究 [D]. 秦皇岛：燕山大学，2009.

的是执行决策。但领导班子的执行力突出体现在调动每一个组织成员积极性，合力实现组织目标，因此才有“授权比命令更重要”的管理命题。授权是上级工作向下级的垂直分解，一个有序发展的团队首先是一个有着合理授权的团队。第三，制度健全。制度是保障，也是前提。如果一个部门或一个组织连领导班子的管理制度都不健全，可想而知，整个部门或组织一定是执行力孱弱的病态团体。

（2）团队建设：高效团队执行力的培育

无论任何组织，一定是由若干团队构成，一定要把领导班子团队建设成所有团队中最优秀的团队、最富执行力的团队。培养高效的执行力一般要按顺序要做到以下三点：第一，勇于改造团队。当发现团队存在问题时，要勇于解决问题。如果发现问题却没有及时解决，这个团队再好的优秀品质便会不知不觉地丧失。事实上，及时解决问题就是高效执行力的一种体现。第二，建立核心团队。在一个组织中，领导班子一定是或一定要成为该组织的核心团队，甚至在很多理论中的“核心团队”指的就是一个团队的领导班子，是整个执行过程的第一层，上对最高领导负责，下领各位成员，因此在执行事务上显得尤其重要。第三，统一团队规范。制度是相对稳定的，但不是一成不变的，要根据目标、任务和环境的变化，不断修改旧制度的条款、补充新的规约。许多团体都会通过制定统一规则来提高团队的执行力，同时约束、惩罚那些低执行力的行为。卡耐基有句名言：“对于一个上班迟到的人来说，你如果不惩处他，那么工厂里其他所有人也就都有了迟到的理由。”

（3）整体优化：团队执行力管理的路径

生态学原理表明，一个生物能够出现并且能生存下来，必须要依赖于一种复杂条件的全盘存在，如果其中的一种因子超过它的耐度就可以使这种生物消亡或灭绝。任何社会组织都具有这种类生物性：资源对于组织生存而言，不是一种简单的数学上的和差关系，而是一种立体的乘数关系，一个要素为零即整体为零。必须从整体上关注团队执行力的每一个要素，发现“短板”及时修补。第一，及时更新领导班子成员的管理理念，摈弃领导班子只决策不执行的旧式思维。把理念化为行动，把愿望化为现实，增强责任意识、团队意识、创新意识、效率意识。第二，强化领导班子的执行精神，营造知行合一的执行文化，一抓到底，落到实处。第三，增强领导班子团队的执行能力，提高班子成员的认知能力、创新能力、统筹协调能力和团结协作能力。最后，掌握有效的执行方法。管理是一门科学，也是一门艺术，执行力必须讲求方法的科学性和策略的技巧性。

9.3.3 领导班子的结构管理

一个领导班子，要充分发挥其整体效能，必须由各类领导人才优化组合。那么，什么样的领导班子才算优化组合呢？一个优化、高效的领导班子，一般应加强如下结构管理。

（1）梯次的年龄结构

一个领导班子，要保持其最佳功能状态，应由适当比例的老、中、青三个年龄段的人组成，形成一个合理的年龄结构。现代心理学的研究表明，人的年龄与心智活动有某种定量关系。各种能力随着年龄的增加都有增长和衰退的过程。各种智力的发展高峰阶段是 18 ～ 49 岁，以记忆和动作反应而言，最佳期是 18 ～ 29 岁；比较和判断能力的最佳期是 18 ～ 49 岁。一个领导班子的最佳年龄结构，应由“老马识途”的老年、“中流砥柱”的中年、“奋发有为”的青年组成。老年人阅历深广，经验丰富，思虑周密，处事稳健；但年老体衰，精力不济，思维迟钝，容易保守僵化，故步自封，缺乏创新、进取精神。青年人活泼敏捷，热情好学，富有开拓、创新精神；但阅历肤浅，经验缺乏，易偏激、草率。中年人则往往兼有两者的优点。做到老中青合理组合，不仅利于领导集团取长补短，相得益彰，而且还有利于新老交替，保持领导集团的最佳功能状态。那么，老中青占多大比例合理呢？一些研究表明，在通常情况下，按老中青分期顺序排列，“1 ∶ 2 ∶ 2”式为最精干、最有活力的最佳结构。但是在研究领导班子的年龄结构时，应注意两个基本环节：一是根据人的心理成熟、专业成熟、职业成熟的年龄区域范围来考虑老中青的结合；二是根据领导班子的不同层次和职业性质来考虑年龄梯度。一般来说，较高层次的领导班子的平均年龄应高于较低层次的领导集体。

（2）优化的智能结构

智能是智慧、知识和能力的有机综合体。一个领导班子合理的智能结构应由创造型、组织型、实施型等各种具有不同突出能力的人构成。这是因为在领导工作中经常遇到如下情况，即水平相当、智能特点相同的人往往合作不好，而水平不同、智能特点不同的人共事反能同步协调。一般说来，在一个领导集团内，既要有创造能力超群、长于观察、善于思索、富于想象、能够构思出新的思想，创造、设计出新的计划或方案的思想家和战略家；也要有组织才能出众、长于指挥调度、精于组织安排、善于随机应变、能够审时度势、深思熟虑的组织家；还要有精明干练、精通业务、谙熟技术、任劳任怨的实干家。这样将不同智能类型的领导成员组合起来，就可以形成一个多功能、高效率的领导团体。

（3）合理的专业结构

现代科学技术高度分化和高度综合的发展趋势，要求现代领导集体应具有合理的专业结构。专业结构是指在领导班子中，按其专业、职能的不同，形成一个合理的构成比例。既要有精通专业的行家里手，又要有擅长经营管理的软科学专家。同时，每一位领导者都应具有理工结合、文理渗透的合理知识结构。但是，并不是每一个科技专家都具有管理才能，更不是科学家越知名、工程师越高级，他们的管理才能也就越大。管理是一门科学，某一个专业的专家，不一定就是管理领域的内行。看一个人是不是现代管理的内行，最主要的标志看他是否有现代科学管理的才能和专长。片面地拘泥于高级科技人员，不能构成最佳的领导集体结构。现代的领导集体，应该是各类专家合理的组合，决不能单打一。

（4）互补的个性结构

在一个合理而完整的领导班子结构中，领导成员的个性应当是协调互补的。人们的个性有很大的差异性。例如，有的人外向，爱好相互协调，交际广泛；有的人内向，喜欢独立思考，不大合群；有的人性格急躁，工作大胆泼辣，但粗心大意；有的人性格温和，办事谨慎、细心，但遇事易瞻前顾后。一个领导班子，应当把不同个性特点的人科学地组合起来，发挥互补制约作用，才可扬长避短。完全由情绪型、外倾型和独立型性格的人员组成的班子，会热情有余、冷静不足，导致过于冲动，缺乏沉稳，甚至往往会因各自的固执己见而发生争执或纠纷；完全由理智型、内倾型或顺从型性格组成的领导班子，则易出现过分谨慎、拘泥，缺乏创见或魄力的现象，导致难以承担领导职责等弊端。因此，合理的个性结构，可以使整个领导集团心理协调、配合默契，用果断决策去克服优柔寡断，以沉着冷静去制约粗糙草率，以宽容大度去影响气量狭小，形成一个心理相容、团结奋斗、生机勃勃的领导集体。

（5）恰当的职能结构

职能结构是指把具有不同领导职能的负责人，组合成一个配套完整的领导班子。现代组织的领导班子，应该由一个中心（决策中心）三个机构（执行机构、监督机构、反馈机构）的负责人组成。对于各个职能组织的领导人员的配备，必须适合各种职能领导工作的性质和任务的要求。决策领导者要有高瞻远瞩的战略眼光，有永不衰竭的事业进取心，善于系统分析，判断决策；执行领导者要有出众的组织管理才干，善于识人用人，精于指挥协调，勇于承担责任，坚韧性强，服务性好；监督领导者必须公道正派，铁面无私，原则性强，敢于碰硬，同时要熟悉业务，联系群众；反馈领导者必须思想活泼敏捷，知识兴趣广泛，吸收新事物快，综合分析能力强，敢于直言不讳，具有求实精神，抑制权力欲望。

主要参考文献

[1] 俞文钊，苏永华．管理心理学 [M]. 6 版．大连：东北财经大学出版社，2018.

[2] 肖祥银．管理心理学 [M]. 天津：天津科学技术出版社，2018.

[3] 程正方．现代管理心理学 [M]. 5 版．北京：北京师范大学出版社，2016.

[4] 刘永芳．管理心理学 [M].2 版．北京：清华大学出版社，2016.

[5] 李玉杰，李景春．现代组织行为理论与管理心理研究 [M]. 北京：团结出版社，2015.

[6] 李玉杰，李景春．心理学概论 [M]. 北京：人民日报出版社，2006.

[7] 李玉杰．心理学 [M]. 沈阳：辽宁教育出版社，2009.

[8] 李景春，李玉杰．认知心理与社会行为研究 [M]. 秦皇岛：燕山大学出版社，2016.

[9] 李景春，李玉杰．社会心理学概论 [M]. 北京：人民日报出版社，2006.

[10] 刘玉玲，崔德英．新编管理心理学 [M]. 北京：中国经济出版社，2001.

[11] 常若松．健康人格论 [M]. 沈阳：辽宁出版社，2004.

[12] 孙萍，张平．公共组织行为学 [M].2 版．北京：中国人民大学出版社，2010.

[13] 段万春．组织行为学 [M]. 北京：高等教育出版社，2010.

[14] 朱志忠，唐和平．组织行为学 [M]. 北京：北京大学出版社，2005.

[15] 肖志雄，刘宇璟．组织行为学 [M]. 武汉：华中科技大学出版社，2008.

[16] K T 斯托曼．情绪心理学 [M]. 张燕云，译．沈阳：辽宁人民出版社，1986.

[17] 舒尔兹．成长心理学 [M]. 李文湉，译．北京：生活・读书・新知三联书店，1988.

[18] B R 赫根汉 . 人格心理学导论 [M]. 何谨，冯增俊，译 . 海口：海南人民出版社，1986.
[19] 乔纳森・H 特纳 . 社会学理论的结构 [M]. 吴曲辉，等译 . 杭州：浙江人民出版社，1987.
[20] 莫里斯・罗森堡，拉而夫・H 特纳 . 社会学观点的社会心理学手册 [M]. 孙非，等译 . 天津：南开大学出版社，1992.
[21] 弗洛姆 . 为自己的人 [M]. 孙依依，译 . 北京：生活・读书・新知三联书店，1992.
[22] 朱迪斯・巴特勒 . 性别麻烦 [M]. 宋素凤，译 . 上海：上海三联书店，2009.
[23] 大卫・伯恩，保罗・托马斯 . 执行力 [M]. 白山，译 . 北京：中国长安出版社，2004.
[24] 阿德勒 . 自卑与超越 [M]. 黄光国，译 . 北京：作家出版社，1987.
[25] 弗洛伊德 . 精神分析引论新编 [M]. 高觉敷，译 . 北京：商务印书馆，1987.
[26] 弗洛伊德 . 弗洛伊德论美文选 [M]. 张唤民，陈伟奇，译 . 北京：知识出版社，1987.
[27] 弗洛伊德 . 本我与自我 [M]. 林尘，译 . 上海：上海译文出版社，2011.
[28] 安德烈耶娃 . 西方现代社会心理学 [M]. 李翼鹏，译 . 北京：人民教育出版社，1987.
[29] 亚当・库珀，杰西卡・库珀 . 社会科学百科全书 [M]. 翁绍军，等译 . 上海：上海译文出版社，1989.
[30] L A 珀文 . 人格科学 [M]. 周榕，陈红，杨炳钧，等译 . 上海：华东师范大学出版社，2001.
[31] 苏珊・弗兰克・帕森斯 . 性别伦理学 [M]. 史军，译 . 北京：北京大学出版社，2012.
[32] 齐格蒙特・鲍曼 . 后现代伦理学 [M]. 张成岗，译 . 南京：江苏人民出版社，2002.
[33] 西蒙娜・德・波伏娃 . 第二性 [M]. 郑克鲁，译 . 北京：中国书籍出版社，1998.
[34] J B Watson. Psychology from the standpoint of a behaviorist[M].

Philadelphia：Lippincott，1919.

[35] Eva F Kittay. Love's labor：essays on women，equality，and dependency[M]. New York：Routledge，1999.

[36] William Schweiker. Responsibility and christian ethics[M]. Cambridge：Cambridge University Press，1995.

[37] H Richard Niebuhr. The responsible self [M]. New York：Harper and Row，1978.

[38] George H Mead. Mind，self & society [M]. Chicago：University of Chicago Press，1934.

[39] I Haji，S E Cuypers. Moral responsibility，authenticity，and education[M]. New York：Routledge，2008.

[40] J R Lucas. Responsibility[M]. Oxford：Clarendon Press，1993.

[41] J C Wolf. Hans Jonas：Eine naturphilosophische Begründung der ethik[M]//A Hügli，P Lübcke.Philosophie im 20. jahrhundert. Reinbek Verlag，1996.

[42] J S Mill. Utilitarianism[M]. London：Longmans，Green，Reader，and Dyer，1871.

[43] Bruce N Waller. Against moral responsibility[M]. Massachusetts：Cambridge，The MIT Press，2011.